JN102212

# 判例で学ぶ憲法

小林直三・大江一平・薄井信行 [編]
Kobayashi Naozo　Ooe Ippei　Usui Nobuyuki

法律文化社

# はしがき

　本書は、大学での教養教育科目としての「日本国憲法」や専門科目としての「憲法」の授業で用いられることを想定して執筆されたものである。また、国家公務員総合職（大卒程度）や地方公務員（上級職）などの公務員試験の基本書としても活用できるものと考えている。本書の執筆者は、いずれも大学での授業の経験を多くもつ研究者であり、その経験を踏まえて、それぞれ、授業での使い易さや学習のし易さを重視して執筆している。

　こうした本書の特徴は、次の4つに纏められよう。

　まず、第1に、本書では、紙面の都合上、判例の概要のみの紹介に留まっている場合もあるが、主要な憲法判例については、できるだけ判例の文章を抜き出し丁寧に紹介することで、判例解説などの別の書籍を用いなくても、本書だけで十分に学習できるようにすることを意識した点である。実際の憲法の運用を知るには、まず、判例を理解しなくてはならない。もちろん、公務員試験においても、判例の理解は不可欠なものである。憲法の基本書だけでなく、判例の解説書を合わせて熟読することも可能であろうが、はじめて憲法学を学ぶ者にとって、複数のテキストを用いることは、案外、気後れするものである。本書の執筆にあたっては、本書だけで十分になるように意識した。

　なお、本書では、特に重要な憲法判例では、見出しに判例名をあげているものもある。また、安全保障関連の判例などに関しては事実関係の理解も必要な場合もあるため、それに関しても、丁寧に記述している。

　第2に、発展的な学習を促すために、いくつかの「コラム」を加えた点である。本書では、基本的に判例を中心に学ぶ形となっている。しかし、大学の講義や演習では、判例の理解を前提としつつも、さらなる発展的な学習も求められよう。そうした発展的学習のきっかけになるものとして、本書では「コラム」を加えている。

　第3に、憲法の研究者だけでなく、行政法、労働法、国際法、政治学の研究者も、執筆に加わっている点である。憲法は、その国の権利や政治制度の基本

となるものであるため、多様な分野にかかわることになる。そのため、本書では、多様な分野の研究者にも執筆に加わってもらっている。

　そして、第4に、判例のリサーチ方法に関しても、1つの章を割いている点である。憲法に関する学習（そして、研究）を進めていくにあたっては、自ら判例を調べられなくてはならない。また、第1の特徴で述べたように、本書では、主要な憲法判例をできるだけ丁寧に紹介するように努めているが、紙面の都合上、判例の概要を纏めるに留まっていることもある。そうした場合、読者によっては、判例の全文を確認したいと考えるかもしれない。

　いずれにしても、本書をきっかけに、より本格的に学習（や研究を）するにあたって、あるいは、本書と並行して学習するにあたって、ぜひ、実際に判例を検索してみることを期待したい。

　上述のように、本書は、大学の授業で用いられることを想定したものであるが、日本国憲法の運用の現実を理解できるテキストとして、大学の授業に限らず、多くの人たちにも読んで頂き、理解を深めてもらうことができればと考えている。

　最後に、本書の企画・執筆にあたっては、法律文化社の梶原有美子氏に、大変、お世話になったこと、執筆者を代表して、心から感謝申し上げる。

　2022年4月

編者　　小林　直三

大江　一平

薄井　信行

# 目　次

## 凡　例

本書における法令名の略記は以下のとおり

| | | | |
|---|---|---|---|
| 行訴 | 行政事件訴訟法 | 国公 | 国家公務員法 |
| 行組 | 行政組織法 | 裁所 | 裁判所法 |
| 行手 | 行政手続法 | 自治 | 地方自治法 |
| 刑訴 | 刑事訴訟法 | 内閣 | 内閣法 |
| 刑 | 刑法 | 内閣府 | 内閣府設置法 |
| 憲 | 日本国憲法 | 民 | 民法 |
| 国会 | 国会法 | 労組 | 労働組合法 |

# 序章　憲法判例を学ぶ

## Ⅰ　憲法とは何か

　実は、「憲法」という言葉は、色々な意味で使われている。そこで、これから憲法を学ぶにあたって、まずは「憲法」という言葉の意味を確認しておきたい。

### (1)　形式的意味での憲法

　「憲法」という言葉を形式的意味で用いる場合、それは、「憲法」と呼ばれる成文法のことを意味している。通常は、成文法の名称に「憲法」という言葉が含まれているものである。おそらく、私たちが日常的に「憲法」という場合、この意味で用いられていることだろう。

　たとえば、私たちは、（日本の）憲法というときに、日本国憲法のことを意味するのは、その名称に「憲法」とあるからである（逆にいえば、もし、日本国憲法の名称が、「○○条約」であれば、おそらく、それが「憲法」を意味するものとは考えないだろう）。

　しかし、重要なことは、憲法「学」では、しばしば、「憲法」という言葉を別の意味で用いている。

### (2)　実質的意味での憲法

　憲法「学」では、「憲法」という言葉について、しばしば、成文法の名称といった形式にこだわるのではなく、特定の内容をもつ法を意味するものとして用いている。このように内容に着目する場合を「実質的意味」での憲法という。しかも、実質的意味で憲法という言葉を用いる場合には、成文法だけでなく不文法も含まれることになる。

　では、実質的意味で憲法という言葉を用いる場合、どのような内容の法を意味するのだろうか。

　実は、実質的意味での憲法は、さらに2つの意味で用いられている。

　まず、「固有の意味」で用いられる場合である。この場合、憲法は、国の統

治の基本を定めた法を意味することになる。国家が存在し、何かしらの統治が行われるのであれば、通常、この「固有の意味」での憲法が何かしらの形（成文法としてか不文法としてかはともかく）で存在することになる。

しかし、憲法学では、多くの場合、憲法という言葉は、次の意味で用いられている。それが、「立憲的意味（あるいは、近代的意味）」での憲法である。この場合、憲法という言葉は、①基本的人権の保障と、そのための②国の統治の基本を定めた法を意味することになる。この①と②との関係は、①が目的であり、②が①のための手段となる。したがって、この意味での憲法では、固有の意味での憲法と異なって、どのような統治機構を定めていてもよいというわけではなく、基本的人権を保障するのに相応しい統治の基本を定めていなくてはならないことになる。

日本では、多くの人がこうした意味の使い分けを意識していないものと思われる。なぜなら、通常、日本で（日本の）「憲法」という場合には日本国憲法を意味するだろうが、日本国憲法の場合、それは形式的意味でも実質的意味でも当てはまるため、必ずしも、こうした使い分けを意識しなくてもよくなるからである。しかし、特に歴史や外国法も含めて考える場合には、こうした使い分けが重要になる場合もある。

### (3) 分 類

憲法は、色々な観点から分類されることもある。たとえば、①成文憲法（法典になっている憲法）／不文憲法（慣習法などによる憲法）、②硬性憲法（法律の改正手続よりも厳格な改正手続の憲法）／軟性憲法（法律の改正手続と同じ改正手続の憲法）、③欽定憲法（君主が制定する憲法）／協約憲法（君主と国民の合意によって制定する憲法）／民定憲法（国民が制定する憲法）などである。


## Ⅱ　法の支配と法治主義

さて、前述のように、立憲的意味での憲法は、基本的人権を保障し、そのための統治の基本を定めたものである。こうした憲法が、私たちにとって、大切なものであることは容易に理解できるところだろう。そうであるならば、そうした憲法を守らせていく仕組みが必要となる。そのための原理の1つに、「法の支配（rule of law）」がある。

　この「法の支配」は、英米法系の原理といわれている。その内容は、憲法の最高法規性、基本的人権の保障、法の内容・手続の公正さを求める適正手続の要請、裁判所の役割の尊重、などが含まれるとされている。

　そして、それは、おもに、裁判所による違憲審査制度として具体化されるものである。

　なお、ドイツなどのいわゆる大陸法においては、「法治主義」が強調されることもある。これは、民主的に選出された議員による議会が制定する法律によって、政治を行うとするものである。かつては、法律に基づいてさえいればよいとされ、そこでの法律の内容は問われないものであった。そうした法治主義を「形式的法治主義」と呼ぶ。しかし、現在においては、そこでの法律の内容も問い、憲法に違反する法律は排除するものと考えられている。このように法律の内容（つまり、実質）も問う法治主義を「実質的法治主義」と呼ぶ。

　実質的法治主義は、法の支配と類似したものとなるが、それでも、議会を通じた民主的コントロールを重視するか、それとも、議会も含めた政治権力に対する裁判所のコントロールを重視するのかについて、違いも指摘できるだろう。もちろん、法の支配か実質的法治主義かの二者択一というわけではなく、どちらをどの程度、重視し、どのような制度に具体化するのか、あるいは、解釈・運用するのかが問われることになる。

　そして、このことは、裁判所による違憲審査権の行使のあり方（積極的に違憲審査権を行使する司法積極主義か、それとも、国会などの民主的決定を尊重して、裁判所は違憲審査権の行使を抑制する司法消極主義か）に関連するものである。

## Ⅲ　本書の構成

　ただし、いずれにしても、日本国憲法では裁判所による違憲審査制度が定められており、実際、裁判所は、少なからず憲法判例を下している。日本において判例法を正式な法源（法の存在形式）として認めるかどうかについては、議論のあるところであるが、少なくとも、実質的には判例が法として機能しているとまでは、いってもよいだろう。

　したがって、憲法の現実の解釈・運用を知るためには、憲法判例を理解することが不可欠となる。そのため、本書では、憲法判例を踏まえつつ、日本国憲

法の解釈・運用のあり方を確認し解説していこうと思う。

　以下、本書の構成に関して、簡単に述べておきたい。

　第1章「安全保障と平和主義」では、憲法9条に関して扱っているが、それに関する法解釈や政府見解、関連法制の概要、そして、判例理論を解説している。第2章「国民主権・国会・財政」では、タイトルにあるものに加えて、選挙権に関する判例も扱っている。第3章「行政権と内閣・地方自治」では、行政権と内閣、そして、地方自治をめぐる憲法や関連法令を踏まえた法的構造と関連する判例について解説している。第4章「裁判所と違憲審査」では、裁判所組織や制度に関するものと同時に、司法権の範囲と限界に関する判例を扱っている。

　第5章「人権総論」では、二重の基準論をはじめ、憲法上の人権に関する総論的な内容に関する判例について扱っている。第6章「平等権」では、憲法14条および24条の平等権をめぐる憲法判例について解説している。

　第7章「思想・良心の自由」では、国旗掲揚・国歌斉唱などに関するものも含めて、憲法19条の思想・良心の自由をめぐる判例について解説している。第8章「信教の自由と政教分離原則」では、孔子廟訴訟など、比較的新しい判例も含めて、信教の自由および政教分離原則に関する判例を扱っている。第9章「表現の自由」では、多岐にわたる「表現の自由」をめぐる憲法問題に関する判例と学説を俯瞰的に解説している。第10章「経済的自由権」では、主として、22条1項（職業選択の自由）と29条（財産権）に関する憲法判例について解説している。第11章「人身の自由と刑事手続」では、比較的新しいGPS捜査に関する判例も含めて、人身の自由と刑事手続に関する判例について解説している。

　第12章「生存権・労働者の権利」では、社会権のうち、憲法25条の生存権、27条・28条の労働者にかかわる権利をめぐる判例について解説している。第13章「教育を受ける権利」では、26条の教育を受ける権利とともに、憲法23条の学問の自由に関する判例について解説している。

　第14章「国際法と憲法」では、日本での条約や慣習国際法の位置づけ、条約の成立手続、形式上の効力（憲法・法律との効力の優劣関係など）、条約に対する裁判所の違憲審査権行使の可否を解説している。第15章「新しい人権」では、

日本国憲法には明文規定のない人権に関する判例について解説している。

　第16章「判例のリサーチ方法」では、これから本書の読者が憲法を学習、あるいは研究するにあたって必要となる判例の調べ方について解説している。

　なお、判例を検索・調査し、実際に判例の全文を読みながら学習したい読者は、第16章から読み始めることをお勧めする。

# 第1章　安全保障と平和主義

## I　憲法9条の解釈と自衛隊

### (1)　法解釈とその限界──「解釈改憲」ということばをめぐって

　立法者の意思内容（原意）が直接明瞭に明らかにならないとき、法解釈は、「拡張」解釈や「制限」解釈により立法者の意思内容の確定作業を行う。この場合、明白な文言に抵触する解釈（たとえば「人」の概念のなかにカワウソを読み込む拡張解釈や、禁猟対象からムジナと呼ばれるタヌキだけを除外する制限解釈）は、法創造（発展的法形成ないし法の継続形成）となり立法作用とされる。憲法9条と自衛権に関するいわゆる「解釈改憲」との論難はこの見方に立つが、他方、立法段階で想定していなかった国際情勢の変化や日々刻々と不確定・不確実・複合的に変動する安全保障情勢を踏まえた拡張解釈と発展的法形成との区別については、論者の憲法観により評価が異なる場合が少なくないため通常の法解釈とは若干性質が異なる。この点で法解釈のあり方を考えさせる事件がある。

### (2)　恵庭事件（札幌地判昭42・3・29下刑9巻3号359頁、第4章も参照）

　本件は、自衛隊の通信ケーブル切断行為を、「武器、弾薬、航空機、その他防衛の用に供する物」（自衛隊法121条）の破壊にあたるとして起訴された事件である。本判決は、この条文の構成要件の解釈について、「自衛隊の対外的武力行動に直接かつ高度の必要性と重要な意義をも」ち、「自衛隊の物的組織の一環を構成するうえで、いわば、不可欠にちかい枢要性」があり、かつ、「ひとたび損傷行為が加えられたばあいにもたらされる影響が深刻なものとなる危険性が大きい物件であり、同種の物件によっても、用法上の代たいをはかることの容易でない等の特色」をもつ物と極端に制限解釈し、検察・弁護側双方の憲法論への判断を一切回避して被告人を無罪とした。本判決には、事件解決に不必要な憲法判断を回避する準則（ブランダイス・ルール）に即した案件処理とみる見方がある一方で、「法律の書き直し」との疑問がある（芦部信喜）。

【図1　戦争放棄と自衛権】

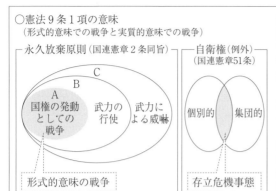

○憲法9条1項の意味
（形式的意味での戦争と実質的意味での戦争）

永久放棄原則（国連憲章2条同旨）　　自衛権（例外）（国連憲章51条）

A　国権の発動としての戦争　　B　C　武力の行使　　武力による威嚇

個別的　集団的

形式的意味の戦争　　　存立危機事態

A：宣戦布告手続きによる戦争 ex.日米開戦
B：軍事力の行使、他国侵入部隊の組織・養成、叛徒の支援（ニカラグア事件）➡国連による軍事的措置（憲章42条）や自衛権は例外的に許容
C：軍事力による示威、軍艦派遣 ex.三国干渉

※1　武力の行使とは、武器の使用も含む実力の行使であり、他国の軍隊の武力行使と一体と評価される協力・支援活動は許されず（97・2・13内閣法制局）、後方地域（非戦闘地域）に限る（99・5・10内閣法制局）

※2　主権国家には自衛権が認められており（国連憲章51条）、自国の平和と安全を維持し存立を全うするため（憲法前文）自衛の措置をとりうるが、駐留米軍はわが国自体の「戦力」（憲法9条2項）にはあたらない（砂川事件最判後述）

〈出典：著者作成〉

## (3)　「戦争放棄」（1項）と「戦力不保持」（2項）の解釈の枠組み

　解釈の分岐を説明する前に、最初のステップとして1項の戦争放棄の文理を明らかにしておきたい。憲法9条1項については上記図A／B／Cの領域のことばの意味が区別される。この文言は国連憲章2条と共通しているが、国連憲章51条は武力攻撃が発生した場合、加盟国は安全保障理事会が平和および安全の維持に必要な措置をとるまでの間、個別または集団的自衛の固有の権利を害するものではないとする。

　なお交戦権（憲9条2項）については戦争開始に関する権利（ius ad bellum）を放棄していることについては争いがない。これに対して、国際法上発生した武力紛争の遂行方法（交戦法規・武力紛争法）すなわち戦時国際法（ius in bello）が確立しており、軍事的必要性（紛争被害の極小化と戦力資源の消耗を紛争早期勝利に必要最小限まで抑えること）と人道性（敵対勢力を減殺する軍事目的の達成に必要のない、苦痛、障害、破壊を禁じる倫理的考慮）に適合する、敵勢力の殺傷・捕虜の拿捕などを適法化する。国際法と憲法の関係をどのように理解し、自衛隊法による臨検・拿捕・武器使用による敵対勢力の殺傷をどう位置づけるかにつ

いては、憲法解釈により見方が大きく異なる（後述Ⅱ）。

憲法9条をめぐる解釈論は主に図2のヴァージョンに展開する。

（i）**全面放棄説**　解釈論のうち、全面放棄説（図2①A）は図1のA＆B＆C全てを放棄対象とする。そのうちさらに、自衛権行使のため武力の発動をともなう措置を戦争と区別し憲法上許容するとみる説（多数説）と、それをも放棄しているという見解（自衛隊違憲説）に分かれる。後者に立ち、自衛隊を9条2項で禁止される戦力にあたり違憲とする長沼ナイキ事件（後述）第一審判決（札幌地判昭48・9・7訟月19巻9号1頁）は、「国際法上認められている戦争行為にいたらない事実上の戦闘行為」も放棄対象とし、主権国家として「自国の平和と安全を維持しその存立を全うするために必要な自衛のための措置をとりうること」を「国家固有の権能」とする砂川事件最高裁判決（後述）を引用しつつ、軍事力なき自衛権を示唆するがその趣旨は明らかではない。外交交渉等の平和的施策が万策尽きた場合、他国からの侵略的打撃をうけたあとの占領協力拒否（サボタージュ）やレジスタンスは、侵略勢の攻撃対象となるうえ、民衆の実力抵抗が指揮・組織体系・軍律をともなうと国際法上は、「国際的武力紛争に関する第一追加議定書」（1977年）により（捕虜の特権を受ける）交戦団体すなわち軍事力と解される。武力なき自衛力論はこれを違憲とするため、侵略勢のほしいままになる事を憲法が国民に要請するという不条理に帰結する。個人の思想信条は別として、法解釈としても、公共政策としても疑念がのこる。

（ii）**限定放棄説と遂行不能説**　国際連盟の不戦条約（1928年）により確立した侵略戦争違法原則（国際法上の慣習）と日本国憲法を同旨と解するのが限定放棄説である（図2①B）。同説は、9条2項の「前項の目的を達成するために」（いわゆる芦田修正）の文理解釈を、侵略目的の戦争放棄のためとし、自衛、制裁、報復目的の戦力の保持を許容する説（図2②β）と、9条1項全体の目的のために戦力を不保持とする結果あらゆる戦争が遂行不能となる点で全面放棄説と同じ帰結に至るとの説（図2②α；遂行不能説）に分節化される。前者は、国連憲章の武力不行使原則のもとで自衛権行使のための戦争や安保理決議に基づく軍事的強制措置は禁止されないとするが、国際法一元論に立たない以上国際法原則と主権国家固有の憲法との関連性を十分に説明できず、また軍法裁判

【図2　憲法9条解釈の分布（自衛権の存在を前提とするものに限定）】

⓵9条1項（戦争放棄）国際紛争解決手段として放棄する対象は何か？

―A全面放棄説：自衛戦争・制裁戦争含む全ての戦争の放棄（通説）

―B限定放棄説：侵略戦争のみを放棄（不戦条約と同旨）

―C「武力による威嚇又は武力の行使」留保説：全面放棄説を前提（有力説）

⓶9条2項（戦力不保持）保持が禁止されるべき「戦力」とは何か？

ⓐ「前項の目的」＝「……国際平和を誠実に希求」するための戦力禁止

―A自衛・侵略含む一切の戦力放棄説 ×（⓵A又は遂行不能説）
→戦争に役立つ可能性のある実力部隊の保持は許されない

―B自衛のための「武力」留保説×⓵C→　政府見解（佐藤達夫54・5・20）

ⓑ「前項の目的」＝「国際紛争を解決する手段として」の戦力の禁止

自衛のための「戦力」留保説×⓵B
→自衛力の行使のみならず自衛軍による自衛戦争可能

〈出典：著者作成〉

等の規律をもたない憲法典の体系的解釈としても難がある。

　(iii)　**自衛権留保説**　全面放棄説を前提としつつも、武力による威嚇または行使については放棄の対象とされず、国際紛争解決のためではなく、わが国における人権擁護・立憲主義保全のため自衛権の行使が「武力の行使」に及ぶことを許容する説も有力である（佐藤・憲法）。政府見解による「戦力≠自衛力」概念【図3・4、及び図5⓸など】もこのヴァージョンに親和的である。なお、日本国憲法制定時に内閣法制局官僚であった佐藤達夫は法制局長官在任中、自衛のための武力の保持は禁止されないとしている（詳細はⅡで説明する）。

## Ⅱ　「戦力」と「自衛権」の解釈理論と平和主義

### (1)　政府の憲法解釈と自衛隊の活動

　(i)　**自衛権と自衛隊**　政府の9条憲法解釈は高い変動幅を持つ（図5）。1950年に朝鮮戦争勃発によりGHQ警察予備隊設立指令をうけた当初、警察予備隊は警察力の一環として説明された。サンフランシスコ講和条約および日米安全保障条約締結の年である1952年の政府見解は「近代争遂行説」にたちそれに至らない実力は戦力（軍事力）ではないとした。その後、日米相互防衛援助

（MSA）協定による自国防衛能力増強義務の明示および自衛隊の設立後（1954年）、近代戦争遂行説から自衛のための「必要相当範囲の実力部隊」説（図5 ③）へとシフトし、さらに、憲法上許容される自衛権行使の3要件（図5 ②）を明示するに至り、個別的自衛権限定説を導いた（図5 ④）。その後、1997年の日米安全保障ガイドラインの改定をうけた周辺事態法（1999）により、自衛権行使の射程は「周辺事態」へと拡張され、武力攻撃事態法（2003年）により、攻撃に至っていない武力攻撃予測事態への対応と同時に、事態における財産権の公用収用や役務への従事（人的公用負担）をともなう避難・救援の措置を規定する国民保護法が定められた（2004年）。

　上記の解釈枠組と文民統制（シビリアンコントロール）の原則（憲66条2項）に基づき、自衛隊法では、内閣を代表し文民（自衛官ではない者）である内閣総理大臣に、自衛隊への行政法上の最高指揮監督権が与えられ（自衛隊法7条）、防衛出動（同76条1項および2項）に際しては閣議決定に加え、原則、国会の事前承認を要する。これに対し、海上警備行動（同82条）、海賊対処行動（同82条の2）などの命令権者は防衛大臣となり国会決議は不要であり、大臣による災害派遣（同83条）については閣議決定と国会決議の双方が不要である。

　(ⅱ)　**いわゆる「平和安全法制」と集団的自衛権**　　集団的自衛権とは、自国と密接な関係にある外国に対する武力攻撃を、自国が直接攻撃されていないにもかかわらず、実力をもって阻止する国際法上の権利をいう（内閣法制局平15・7・15答弁119号）。国際慣習法上の権利としての長い歴史をもつ個別的自衛権と異なり、集団的自衛権は、加盟国が地域的取決めに基づいて強制行動をとる際に安保理事会の許可を要件としたこと（憲章53条）に対するラテンアメリカ諸国の反発をうけて国家の固有の権利として位置づけられた比較的新しい政策的概念である。そのため、自衛権概念から集団的自衛権が当然演繹されるわけではなく、また、日米安全保障条約の下でも、あくまでわが国は個別的自衛権を行使して対処することが想定されていた（昭35・4・20衆・安保委、首相答弁）。

　自衛権に関する旧解釈枠組では（図5 ②）、PKO法（1992年）のPKF参加5原則（2001年削除：後述）のもと国連の決議による多国籍軍への武力行使（憲章43条）、停戦監視や巡回などの国連平和維持軍（PKF）への参加活動は禁止さ

れ、PKO などの後方支援活動に自衛隊を派遣した。また、私的テロ組織アル
カイダによる9・11同時多発テロに対し、米英は個別的および集団的自衛権に
よりアフガニスタンへの軍事攻撃やイラク戦争を行い、国連決議に基づかない
多国籍軍（PKO ではない）が組織された。この対テロ国連決議は、憲章第7章
の措置として資金提供や支援供与の禁止を定めるが、国家対国家の紛争ではな
く武力攻撃発生（憲章51条）の認定はなされていない。わが国は、「組織テロ対
策特別措置法」(2001年)・「イラク復興特別措置法」(2003年)を根拠に自衛隊
を派遣した。

　そして2014年、従来の政府見解の「基本的論理の維持」と安全保障環境の根
本的変容を理由に集団的自衛権の禁止を一部限定的に解除し、従来の解釈を新
要件（図5⑥）に改め、そのうちbが、集団的自衛権を限定的に承認する。た
だしこれは、あくまで自らの存立がおかされる場合を要件とするため、集団的
自衛権そのものではない。この解釈変更のもとに、翌年、10本以上の関連法を
一括し、自衛権行使・国際協力・平和支援関連に関する「平和安全法制」の法
改正を行い、自衛隊法その他関連法制を一括して改正した（図6）。

　同法をめぐって、法内容の違憲説、政府の説明過程や強行採決の是非など、
国会内外での激しい論戦や抗議活動が展開した。違憲論としては、①存立危機
事態および国際平和協力支援法はわが国への武力攻撃事態への対処を前提とし
た従来の政府解釈とは異質であり法的整合性をもたず、憲法の文理や趣旨に反
し、9条2項の戦力不保持や交戦権否認の意味を説明できないとするもの、②
存立危機事態・重要影響事態における「明白な危険」の認定における政府の政
策裁量への客観的・憲法的統制が困難であること、③これらの後方支援活動は
実際には弾薬などの「消耗品」を「現に戦闘がなされていない」地点で運搬す
るため突如出現した敵勢力からの攻撃を受け戦闘行為に巻き込まれることなど
が指摘される。他方日米同盟積極推進論からは、同盟国の要請にわが国の存立
がおかされない場合に自衛隊は武力行使できないため日米同盟協力という観点
から不十分とする見解もみられる。なお、従来のPKO やイラク特措法の改正
である図6（C）については(3)で説明する。

　憲法は9条のほかに、前文で平和的生存権に言及する。その法的性質をめぐ
る裁判例は、防衛政策にも少なからぬ影響を与えている。百里基地訴訟最高裁

## 【図3　自衛力・自衛隊についての政府の憲法解釈の推移】

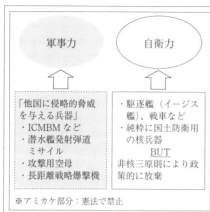

1950年：警察予備隊
1952年：旧安全保障条約
1954年：日米相互防衛援助協定
　　　　→自衛隊編成
[1]1952年2月5日（防衛庁長官 衆・本会議）
「近代戦争を有効に遂行するに足る装備」
[2]1954年4月6日（法制局長官 衆・内閣委）
「厳格な」自衛権発動3要件の定式化
[3]1954年12月22日（防衛庁長官 衆・予算委）
「自国への武力攻撃に対して国土を防衛する手段としての武力行使は憲法に違反せず、その目的のために必要相当な範囲の実力部隊設置は」可能
[4]1996年11月20日（法制局長官 衆・内閣委）
「自衛のための必要最小限度の武力行使」は可能
[5]2014年7月11日（国家安全保障委員・閣議決定）
集団的自衛権を加味した新3要件の定式化

**軍事力**

**自衛力**

「他国に侵略的脅威を与える兵器」
・ICMBM など
・潜水艦発射弾道ミサイル
・攻撃用空母
・長距離戦略爆撃機

・駆逐艦（イージス艦）、戦車など
・純粋に国土防衛用の核兵器
　　　BUT
非核三原則により政策的に放棄

※アミカケ部分：憲法で禁止

## 【図4　政府見解における「自衛力」（防衛力）の規模】

[1] 昭和46（1971）年5月15日（防衛庁防衛局長　衆・内閣委）

攻撃的兵器と防御的兵器の区別は困難であるが、「外国が脅威を感ずるような、脅威を受けるような攻撃的兵器」である。たとえば、

A）ICBM（大陸間弾道ミサイル）、IRBM（中距離弾道ミサイル）など「非常に距離が長く、しかも破壊能力が非常に強大である」もの、あるいは潜水艦発射弾道ミサイル（SLBM≠巡航ミサイル）など

　※令和3年度予算に、F35Aに搭載可能な長距離巡航ミサイル（スタンドオフミサイル）の開発費（335億円）が計上された

B）米軍B52のように数百マイルもの行動半径をもつもの

[2] 昭和53（1978）年3月24日（総理大臣　衆・外務委）

「核といえども、必要最小限の自衛でありますればこれを持ち得る、こういうのが私どもの見解でございます。

　ただ、実際上の政策問題といたしますと、我が国は非核三原則というものを国是としておる、それからまた核拡散防止条約に加入しておる、また原子力基本法をもっておる、こういうことでございますので、現実の問題として核を持つ、こういう核を兵器として持つということはあり得ませんが、憲法解釈の問題とは別の問題であるというふうに御理解願います。」

※米軍による我が国領域内への核の持ち込みについては、非核三原則により認めないとするが、法的には憲法9条の射程外であり、規制する国内法も存在しない

〈図3・図4とも著者作成〉

## 【図5　政府見解における「戦力」概念の推移と自衛権】

①　昭和27（1952）年2月5日（防衛庁長官　衆・本会議）

　「近代戦争を有効に遂行するに足る装備」≠戦力（軍事力）

②　昭和29（1954）年4月6日（法制局長官　衆・内閣委）

　厳格な自衛権発動（武力行使）三要件の定式化
　┌ a　わが国への急迫不正の侵害があること（武力攻撃の発生）
　├ b　これを排除するために他の適当な手段がないこと（補充性）
　└ c　必要最小限度の実力行使に止まること（比例性）

③　昭和29（1954）年12月22日（防衛庁長官 衆・予算委）

　自衛のための任務を有し、かつその目的のために必要相当な範囲の実力部隊を設けることは、何ら憲法に反するものではない

④　昭和47（1972）年10月14日（政府意見書 参・決算委）

　・「平和のうちに生存する権利」（前文）、幸福追求権（13条）により、自国の平和と安全を維持しその存立を全うするために必要な自衛の措置は可能である。
　・ただし、外国の武力攻撃によって国民の幸福追求権が根底からくつがえされるという急迫不正の事態に対し、これらの権利を守るためのやむを得ない措置として容認されるので、その措置は上記自体を排除するために必要最小限度の範囲に止まる。
　・それゆえ、他国に加えられた武力攻撃を阻止するいわゆる「集団的自衛権」の行使はこれを超えるため、憲法上許されない。

⑤　昭和61（1986）年11月20日（法制局長官 衆・内閣委）

　「自衛のための必要最小限度の武力行使」は可能

⑥　平成26（2014）年7月11日　国家安全保障会議・閣議決定

　・上記④の基本的論理を維持しつつも、「パワーバランスの変化や技術革新の急速な進展、大量破壊兵器などの脅威等によりわが国を取り巻く安全保障環境が根本的に変容し、変化を続けている状況を踏まえ」、「今後他国に対して発生する武力攻撃であったとしても、その目的、規模、態様等によっては、わが国の存立を脅かすことも現実に起こりうる」
　・新三要件の定式化
　a　我が国に対する武力攻撃が発生した場合のみならず、b 我が国と密接な関係にある他国に対する武力攻撃が発生し、これにより我が国の存立が脅かされ、国民の生命、自由及び幸福追求の権利が根底から覆される明白な危険がある場合において、c これを排除し、我が国の存立を全うし、国民を守るために他に適当な手段がないときに、必要最小限度の実力を行使することは、従来の政府の見解の基本的な論理に基づく自衛のための措置として、憲法許容される
　・「憲法上許容される上記の「武力の行使」は、国際法上は、集団的自衛権が根拠となる場合がある」が、「他国に対する武力攻撃が発生した場合を契機とするものが含まれるが、憲法上は、あくまでも我が国の存立を全うし、国民を守るため、すなわち、我が国が防衛するためのやむをえない自衛の措置として初めて許容される」

**【図6　「平和安全法制」の主なポイントと集団的自衛権】**

```
── (A)武力攻撃事態法
    ① 個別的自衛権の行使（2条1〜3号）
      ── 武力攻撃（1号）：自国への外部からの攻撃
      ── 武力攻撃事態（2号）：自国攻撃の発生又は明白な危険の切迫
      ── 武力攻撃予測事態（3号）：事態が緊迫し、武力攻撃が予測される事態
    ② 集団的自衛権の限定行使（2条4号）：存立危機事態（図2⑥2新要件）
        例）シーレーン防衛、国民が避難のために乗船した米戦艦の防衛、公海上の
           監視活動中の米戦艦に対する防衛など
── (B)重要影響事態安全確保法（「周辺事態安全確保法」の改正）
      内閣の閣議による基本計画に指定された範囲（4条）で、武力行使に至らない
      対応措置（後方支援活動、捜索救助活動、船舶検査活動）の実施
── (C)国際平和協力法・国際平和支援法（後述(3)）
── (D)自衛隊法改正
      存立危機事態への防衛出動（76条1項2号）、在外邦人の保護措置（84条の3）、
      米軍の武器等防護など他国と連携して我が国の防衛に資する活動への武器使
      用（95条の2）等が新設
```

判決は、憲法前文が裁判所の法的判断の基準となること（裁判規範性）を端的に否定している。下級審は、裁判規範性の肯定・否定双方の立場にわかれる。

(2)　平和的生存権をめぐる判例

(i)　**百里基地訴訟判決（最3小判平元・6・20民集43巻6号385頁）**

【事案の概要】　　最高裁判所が自衛隊の憲法判断を行ったことはない。憲法9条と私法秩序との関係、平和的生存権につき判示する本判決は、基地建設土地売買契約をめぐる民事裁判である。航空自衛隊基地建設予定地の土地所有者X1（原告＝反訴被告・被控訴人・被上告人）は、基地反対住民Yとの間で本件宅地甲1・土地甲2の売買契約を締結（306万円）し甲1の所有権移転登記および甲2の所有権移転の仮登記を経た後、Yは内金110万円の支払のみで履行期を徒過したので、Xは上記契約を債務不履行解除（民415条）して、X2（国：原告＝反訴被告人・被控訴人・被上告人）と甲1・2の売買契約を締結した。X1・X2によるYへの甲1・2の所有権確認ならびに移転登記抹消請求に対してYは反訴（民訴146条）として、X1—X2の契約が憲法9条に反し公序良俗違反

無効（民90条）、ならびに、「国務に関するその他の行為」（憲98条1項）にあたるＸ2の甲1・2取得行為の違憲無効を主張した。第一審および控訴審はＸらの請求を認容したため、Ｙが上告した。

【判旨】　最高裁は、①98条について、「行政処分、裁判などの国の行為は、個別的・具体的ながらも公権力を行使して法規範を定立する行為であるから、かかる法規範を定立する限りにおいて国務に関する行為」に該当するため違憲立法審査権の対象となるが、「私人と対等の立場で行う国の行為」は対象にならないとした。②憲法9条は「私法上の行為の効力を直接規律することを目的とした規定ではなく、人権規定と同様、私法上の行為に対しては直接適用され」ず、本件Ｘ1―Ｘ2契約はＸ1―Ｙ契約の解除後になされ、Ｘ2の「自衛隊基地の建設という目的とは直接かかわり合い」はなく憲法9条の「直接適用」の余地はないとした。③本件契約の目的・動機として表示された基地建設を民法90条の「公序」の解釈にどう読み込むかについて、憲法9条は、「憲法より下位の法形式によるすべての法規の解釈適用」の「指導原理」となりうるが、「自衛隊基地の建設という目的ないし動機が直接憲法9条の趣旨に適合するか」の判断により本件契約の有効性を判断すべきではなく、あくまで、契約が「私法的な価値秩序のもとにおいてその効力を否定すべきほどの反社会性を有するか否か」によるべきとし、憲法9条は「私法的価値秩序のもとで確立された私的自治の原則、契約における信義則、取引の安全等の私法上の規範によって相対化され」て民法90条の「公の秩序」の内容の一部を形成するものであり、憲法9条が民法90条の「公の秩序」の「内容を形成し、それに反する私法上の行為の効力を一律に否定する法的作用を営む」余地を否定した。そして、本件契約時点の「私法的価値秩序」において基地建設が「反社会的な行為であるという認識が、社会の一般的な観念として確立していたということはでき」ないので、Ｘ1-Ｘ2の売買契約を有効とした。

　原告が主張する平和的生存権については、「理念ないし目的としての抽象概念であるから、憲法9条をはなれて」民法90条の「公序」の内容の一部を形成するものではなく「私法上の行為の効力の判断基準とはならない」とした。

【伊藤正己裁判官補足意見】　国の私法上の行為に憲法98条が及ばないとの趣旨について、国の私法上の行為のすべてが「憲法の直接適用をうけない」趣旨

ではなく、「憲法という法規の性質からみてその射程範囲がどこまでか、その名宛人はなんびとかという問題」と位置づけ、3つの場合を分節化した。すなわち、私人間の行為について憲法規範が直接及ぶ場合、私人の行為も「一定の条件のもとに国の行為とみなして、その私法上の行為について憲法の適用を認めることもありうる（いわゆる「ステート・アクションの法理」参照）」場合、政府の私法上の行為が「憲法の直接の規律を受けることがありうる」場合である。そして、私法上の形式をとる国家行為でも「一定の行政目的の達成を直接的に目的とするものであるときには、（中略）私法上の行為であることを理由として憲法上の拘束を免れることができない場合もありうる」とし、9条や自衛隊に関する論点について「社会通念に照らして、私法的な価値秩序のもとでその効力を否定されるだけの反社会性を有するかどうかで判断」すべきとした。

(ii) **平和的生存権肯定論にたつ裁判例**　　前述の長沼事件一審は、航空自衛隊の対空ミサイル（ナイキ）基地建設のため農林大臣（当時）が森林法25条1項1号の「公益上の理由」にあたるとして水源涵養林にあたる部分の保安林の指定解除処分の取消を反対派住民が訴えた行政訴訟である。同判決は、住民の原告適格にかかわる「法律上の利益」（行訴9条）を、前文の「平和的生存権」の侵害またはその危険性を理由に認め、平和的生存権は「憲法第三章の各条項によって、個別的な基本的人権の形で具体化され、規定されている」とし、自衛隊は憲法9条に反するとして本件指定解除処分を違憲無効とした（本件上訴審については下記(iv)を参照）。

　なお本判決を担当した福島重雄裁判長（青年法律家協会所属）に、札幌地裁有賀健太所長が本件を不適法却下するようすすめるメモが発覚し、裁判官の独立の観点から問題になり（平賀書簡事件）、両裁判官を批判する勢力からそれぞれに対する弾劾裁判が提起された。

(iii) **イラク特措法に基づく自衛隊のイラク派遣違憲訴訟（名古屋高判平20・4・17判時2056号74頁）**

【事案の概要】　　反戦活動家Ｘらは、イラク人道復興特別支援特法（2003年）に基づき2004年よりイラクおよびその周辺地域への航空自衛隊の派遣が、平和的生存権を侵害するとして派遣の違憲確認・差止めの民事訴訟と国家賠償訴訟を提起した。一審（名古屋地判平18・4・14裁判所ウェブサイト）は違憲確認

ならびに差止訴訟を不適法却下し国家賠償請求を棄却したためＸが控訴した。

**【判旨】**　まず違憲確認につき、抽象的違法確認にとどまり「現在の権利又は法律関係に関する」確認の利益を欠き不適法とした。次に民事差止請求につき大阪空港訴訟（最大判昭56・12・16民集35巻10号1369頁）に依り行政権の行使の取消変更または発動を求める請求に私人の民事給付請求権は認められず、また、法定外抗告訴訟（当時）としての差止訴訟につき、Ｘらは「法律上の利益」を欠き不適法とした。そして、国家賠償請求について、被侵害利益を欠き請求を棄却したが、傍論中で違憲性および平和的生存権の権利性を認定した。すなわち派遣地域を「一国国内の治安問題にとどまらない武力を用いた争いがおこなわれており、国際的な武力紛争」が展開する戦闘地域と認定し、航空自衛隊による多国籍軍武装兵員の空輸は、「他国による武力行使と一体化した行動であって、自らも武力の行使を行ったと評価を受けざるを得」ず、「政府と同じ憲法解釈に立ち、イラク特措法を合憲とした場合であっても、武力行使を禁止したイラク特措法2条2項、活動地域を非戦闘地域に限定した同条3項に違反し、かつ、憲法9条1項に違反する活動を含んでいる」とする。

平和的生存権は「基本的人権が平和の基礎なしには存立し得ないことからして、全ての基本的人権の基盤にあってその享有を可能ならしめる基底的権利であるということができ、単に憲法の基本的精神や理念」の表明に留らず、「法規範性を有するというべき憲法前文」が「平和のうちに生存する権利」を明言し、「憲法9条が国の行為の側から客観的制度として戦争放棄や戦力不保持を規定し、さらに、人格権を規定する憲法13条をはじめ、憲法第3章が個別的な基本的人権を規定していることからすれば、平和的生存権は、憲法上の法的な権利として認められるべき」とした。

なお本件の請求却下ないし棄却により本判決への国による上告の途が封じられて、本判決は確定した。その後政府は自衛隊を平成20年度中に撤退した。

**(iv)　平和的生存権論否定論にたつ裁判例**　平和的生存権の裁判規範性を端的に否定する百里基地訴訟のほか、長沼事件第二審（札幌高判昭51・8・5訟月22巻8号2021頁）は、平和的生存権の理念は、抽象的で現実的個別的内容が具体化されていないとして裁判規範性を否定した。そして統治行為論の適用について、事案（小前提）および法規範（大前提）の双方に統治事項があることをあ

げ、憲法9条2項は一義的に明確な大前提ではなく、かつ、一見極めて明白に自衛隊が違憲とはいえないとした。また、保安林指定解除後の代替施設完成により渇水・洪水に対し生命・身体が害されるおそれがなく、判決により救済する実益（訴えの利益）が消滅しているとして、請求を棄却した（上告審である最1小判昭57・9・9民集36巻9号1679頁も同様）。

**(3)　集団安全保障（collective security）体制と国際協力**

　いわゆる「平和安全法制」の憲法9条との合憲性にとり最も論争的であるのは、旧PKO法を改正した国際平和協力法と、旧イラク特措法等を改正した国際平和支援法であろう。これらは自衛権そのものではないが、不確実性が高く流動的な情勢の展開地域で活動する自衛隊員の武器使用が認められ、その要件が、憲法9条2項が禁止する武力行使にあたるかが争点になっている。なお、憲法9条と98条2項を併せて「国際協和」の観念が含意され、わが国が平和の維持と人権保障を目指す国際社会の営みに積極的に関わる趣旨があるとの根拠論もありうる（佐藤幸治）。

　**(i)　国際平和協力法（旧PKO法の改正）**　　PKO参加五原則は、①停戦合意の存在、②活動への関係者の合意の存在、③活動の中立性、④上記が破綻した場合の撤退、⑤自己または他の隊員の生命身体を守るため必要最小限度の小型武器使用を要件としていたが、冷戦崩壊後ソマリアや旧ユーゴ地域の内戦では紛争主体が四分五裂するなか上記②が得られず部隊撤退に至り民族浄化などに介入できなかった。そこで、部分的に、国連憲章7章の強制措置と結合し多国籍軍を編成し軍事力を背景に平和強制にあたるようになった（いわゆる拡大PKO）。

　2015年の新法では、上記②にかえ、紛争当事者がその場に存在しないこと（同3条1号）を要件とする選挙監視、停戦監視のための駐留・巡回などの「国際平和協力業務」のほか、国連決議による多国籍軍のみならず、国連が統括しないEUなど地域的機関の要請による活動への参加（同6条1項）が定められた。また、武器使用については、正当防衛のほか、上官の命令や管理下にあるものの保護への拡大（同25条1〜4項）、他国PKO活動軍部隊の宿営地の防衛（いわゆる駆けつけ警護）（同25条7項）などに拡張された。

　同法に対して、国際法上「軍隊」とされる自衛隊が戦闘行為の当事者となる

リスクが高いことから、憲法解釈の限界を超えるとの批判がある。なお、これまで PKO 関連法の合憲性に関し下級審は、訴えの利益を欠き不適法却下とした（大阪地判平8・5・20訟月44巻2号125頁）。

**(ii)　国際平和支援法（旧イラク特措法等改正）と「共同対処事態」**　　本法は、従来時限法の「組織テロ対策特別措置法」・「イラク復興特別措置法」をもとに人道復興支援活動や安全確保活動に従事していた自衛隊活動に対して、恒久法の根拠を与え、「国際社会の平和及び安全を脅かす事態であって、その脅威を除去するために国際社会が国連憲章の目的に従い協働して対処する活動を行い、かつ、我が国が国際社会の一員としてこれに主体的かつ積極的に寄与する必要がある」（同1条）事態（「国際共同対処事態」）に対して、「外国軍隊等に対する物品及び役務の提供」などの「協力支援活動」、「捜索支援活動」「船舶検査活動」への自衛隊の任務と自衛隊員の武器使用を認めた（同2条2項）。

「国際共同対処事態」の協力支援活動（同3条）には、多国籍軍への後方支援、戦闘参加者の捜索救援活動のほか、「重要影響事態」や「存立危機事態」における他国軍隊への後方支援が含まれる。代表的な協力支援活動の内容としては、戦闘行為に従事する外国軍隊に対する弾薬の提供、戦闘準備発進準備中の航空機への給油や修理・整備など、人員および物品の輸送、傷病者への医療提供がある（同別表1および2）。武器使用については、正当防衛のほか、上官の命令や管理下にあるものの保護のための使用範囲の拡大（同11条1～3項）、他国軍隊の宿営地防衛（いわゆる駆けつけ警護）（同11条5項）に拡張された。

国際法上「軍隊」とされる自衛隊の後方支援は、国際的な紛争当事国軍隊の自衛権行使として展開される戦闘行為に境を接するリスクが高いとして、違憲論が主張されている。

## Ⅲ　日米安全保障体制と憲法9条の関係をめぐる判例（砂川事件）

砂川事件では、1955年より東京都北多摩郡砂川町（当時）に存在していた米軍立川飛行場の拡張に反対する住民に、労働組合その他各種団体が加わり激しい政治闘争に展開するなか、国と地権者は合意に至らず、国は「日本国とアメリカ合衆国との間の安全保障条約第3条に基づく行政協定の実施のための特別措置法」および土地収用法による収用のため測量を開始したところ、反対活動

家数百名が柵を破壊して敷地に乱入し、後日うち数名が同行政協定に基づく「刑事特別法」違反により逮捕起訴された。

(1) **砂川事件一審**（東京地判昭34・3・30下刑1巻3号776頁、第14章も参照）

全面放棄説（前述）に立ったうえで駐留米軍は、わが国防衛のみならず、米国の戦略的判断による国外出動時に「わが国が提供した国内の施設、区域は勿論この合衆国軍隊の軍事行動のために使用されるわけであり、わが国が自国と直接関係のない武力紛争の渦中に巻き込まれ」る可能性が高く、「わが国が外部からの武力攻撃に対する自衛に使用する目的で合衆国軍隊の駐留を許容していることは、指揮権の有無、合衆国軍隊の出動義務の有無に拘らず、日本国憲法第九条第二項前段によって禁止されている陸海空軍その他の戦力の保持に該当」し同法を違憲無効とし、被告人らを無罪とし、その後、国が跳躍上告（刑訴406条、刑訴規則254条）。

(2) **砂川事件上告審**（最大判昭34・12・16刑集13巻13号3225頁、第3・4・14章も参照）

(i) **自衛権**　「わが国が、自国の平和と安全を維持しその存立を全うするために必要な自衛のための措置をとりうることは、国家固有の権能の行使として当然のこと」であり、憲法9条2項の戦力の不保持「によって生ずるわが国の防衛力の不足は、これを憲法前文にいわゆる平和を愛好する諸国民の公正と信義に信頼することによって補ない、もってわれらの安全と生存を保持しようと決意した」とする。その手段について、「国際連合の機関である安全保障理事会等の執る軍事的安全措置等に限定されたものではなく、わが国の平和と安全を維持するための安全保障であれば、その目的を達するにふさわしい方式又は手段である限り、国際情勢の実情に即応して適当と認められるものを選ぶことができることはもとよりであって、憲法9条は、わが国がその平和と安全を維持するために他国に安全保障を求めることを、何ら禁ずるものではない」とした。

(ii) **駐留米軍の合憲性**　憲法9条2項が「保持を禁止した戦力とは、わが国がその主体となってこれに指揮権、管理権を行使し得る戦力をいうものであり、結局わが国自体の戦力を指し、外国の軍隊は、たとえそれがわが国に駐留するとしても、ここにいう戦力には該当しない」とした。

(iii)　**統治行為論**　　安全保障条約は、「主権国としてのわが国の存立の基礎に極めて重大な関係をもつ高度の政治性を有」し、その合憲性判断は、「その条約を締結した内閣およびこれを承認した国会の高度の政治的ないし自由裁量的判断と表裏をなす点がすくなくな」く、その法的判断は「純司法的機能をその使命とする司法裁判所の審査には、原則としてなじまない性質のものであり、従って、一見極めて明白に違憲無効であると認められない限りは、裁判所の司法審査権の範囲外のものであって、それは第一次的には、右条約の締結権を有する内閣およびこれに対して承認権を有する国会の判断に従うべく、終局的には、主権を有する国民の政治的批判に委ねらるべきものである」。わが国が米軍の駐留を許容したのは、「わが国の防衛力の不足を、平和を愛好する諸国民の公正と信義に信頼して補なおうとしたもの」であり、「憲法9条、98条2項および前文の趣旨に適合こそすれ、これらの条章に反して違憲無効であることが一見極めて明白であるとは、到底認められない」。

(iv)　**各裁判官の意見の分裂**　　藤田八郎・入江俊郎裁判官補足意見は、三権分立のもとでの司法権優位とは「司法権の万能」ではなく、「司法権の憲法上の本質に内在する制約」として統治行為論が要請されると説く。対して、小谷勝重裁判官意見は、安全保障条約の憲法適合性審査を断念する法廷意見は、「国の重大事項との関係において憲法を軽視」し「やがて力（権力）を重しとし法（憲法）を軽しとする思想に通ずる」と苦言を呈している。また、奥野健一・高橋潔裁判官補足意見は、安保条約の国内法上の効力をめぐる憲法9条との適合性について「純法律的に審査することは可能」であり統治行為論を採用する特段の理由も見いだせないとし、安保条約は「自衛権に基づく防衛目的のための措置」であり、かつ「侵略を目的とする軍事同盟」ではなく、端的に合憲とする。

# 第2章　国民主権・国会・財政

## Ⅰ　国民主権

### (1)　代表制民主主義

　憲法前文には「ここに主権が国民に存することを宣言し、この憲法を確定する」とあり、国民が国政のあり方を最終的に決定する権力をもつとされている。ただし、国民が常に政治的決定を直接行うわけではない。同じく前文に「日本国民は、正当に選挙された国会における代表者を通じて行動」、「国政は、国民の厳粛な信託によるものであつて、その権威は国民に由来し、その権力は国民の代表者がこれを行使」とあるように、国民が自ら選んだ代表者（国会議員）を通じて間接的に政治的決定に関わる代表制民主主義を基本としている。

　国民主権と代表制の関係をめぐっては、様々な議論が展開されてきた。1つには、特定の選挙区や支持母体ではなく国民全体の利益を考えて、代表者は自己の信念に基づいてのみ発言・表決するべきとの考え方がある（純粋代表、政治的代表）。これに対して、現に存在する人々の具体的な意思と代表者の意思が類似することを重視し、代表者は有権者に委任された意思を忠実に反映すべきとする考え方がある（半代表、社会学的代表）。

### (2)　参政権

　国民が主権者として政治に参加する権利の規定として、公務員の選定罷免権（憲15条1項）、国会議員の選挙権（同43条1項・44条）、最高裁判所裁判官の国民審査（同79条2項）、地方公共団体の長・議員等の選挙権（同93条2項）、地方自治特別法の住民投票（同95条）、憲法改正の国民投票（同96条1項）がある。また、請願権（同16条）を参政権に分類することもある。

　国民の選挙によって選出された代表者が重要な政治的決定（法律の制定、予算の議決など）を行う代表制民主主義において、選挙権は政治参加のための中核的な権利となる。「両議院の議員及びその選挙人の資格」および「選挙区、投

票の方法その他両議院の議員の選挙に関する事項」は、「法律でこれを定める」と規定されており（憲44条・47条）、選挙制度の具体的な内容について国会の立法裁量が認められる。しかし、普通選挙（同15条3項）、平等選挙（同14条1項・44条）、秘密選挙（同15条4項）、直接選挙（同93条2項）、自由選挙（明文規定はないが同15条4項・21条1項等）といった基本原則を守らなければならない。

　(3)　在外日本人選挙権訴訟（最大判平17・9・14民集59巻7号2087頁、第4章も参照）

　国外に在住していたため、衆議院議員選挙で選挙権を行使できなかった在外日本人の原告らは、選挙権を行使する権利を有することの確認、公職選挙法の規定が違憲であることの確認等を求めた。

　最高裁は、「在外国民は、……憲法によって選挙権を保障されていることに変わりはなく、国には、選挙の公正の確保に留意しつつ、その行使を現実的に可能にするために所要の措置を執るべき責務がある」とし、「在外国民に投票をすることを認めないことについて、やむを得ない事由があるということはできず」、選挙権の制限を違憲と判断した。

　(4)　衆議院議員定数不均衡訴訟（最大判平23・3・23民集65巻2号755頁）

　2009年の衆議院議員総選挙で最大2.304倍となった「1票の格差」と、いわゆる「1人別枠方式」が争点となった。1人別枠方式とは、当時300あった小選挙区を各都道府県に配分する際に、47都道府県にまず1つずつ割り振り、残り253を人口比例で配分するものであった。これにより、単純に割り振るよりも、人口の少ない県に議席が多く配分される。

　最高裁は、1人別枠方式の温存が、憲法の要請する投票価値の平等に配慮して選挙区間における人口の最大較差を2倍未満とする原則（区画審設置法3条1項）に沿うものとはいいがたいとして、違憲状態と判断した。その後、2012年11月に1人別枠方式の廃止と0増5減の法改正が成立したが、改正法に基づく選挙区の見直しは同年12月の解散総選挙には間に合わなかった。

　(5)　参議院議員定数不均衡訴訟（最大判平26・11・26民集68巻9号1363頁）

　2013年の参議院議員通常選挙の選挙区選挙において、選挙区間の最大較差が4.77倍であった。こうした1票の格差が存在する定数配分は憲法に違反し、これにより実施された選挙は無効であるとして、訴訟が提起された。

　最高裁は、「違憲の問題が生ずる程度の著しい不平等状態にあると評価され

るに至ったのは、……都道府県を各選挙区の単位とする選挙制度の仕組みが、長年にわたる制度及び社会状況の変化により、もはやそのような較差の継続を正当化する十分な根拠を維持し得なくなっていることによるものであり、……上記の状態を解消するためには、一部の選挙区の定数の増減にとどまらず、上記制度の仕組み自体の見直しが必要である」と述べた。そこで、国会は、2015年の公職選挙法改正によって、10増6減の定数是正とともに、2つの県（鳥取県と島根県、徳島県と高知県）を合わせて1つの選挙区にする「合区」を導入した。

## Ⅱ　国会の地位

### (1)　国民の代表機関

憲法43条は、国会の衆参両議院が「全国民を代表する選挙された議員」で組織されると規定しており、国会に国民の代表機関としての地位を与えている。「全国民を代表する」が意味するところについては、様々な捉え方がある。「純粋代表」の理論によると、議員は、特定の選挙区や支持母体の意思に拘束されず（命令委任の禁止）、国民全体の代表者として自由に活動する（自由委任の原則）。これに対して、「半代表」の理論は、議員が民意をなるべく正確に反映するような選挙制度等の仕組みを要請する。

### (2)　国権の最高機関

憲法41条は、「国会は、国権の最高機関であって、国の唯一の立法機関である」と定めている。三権分立を採用する以上、「最高機関」という表現を、他の機関に優越する決定権が国会にあるというような法的意味に解することはできない。それゆえ、最高機関とは、国会が主権者である国民に直接選ばれた代表者によって構成される機関であり、立法権をはじめとして重要な権能を付与されていることから、国政の中心的な地位を占めるという理念を表明した「政治的美称」だと考えられている（政治的美称説）。

ただし、憲法が付与した立法権や国政調査権などを行使して、様々な統治機関を監視・調整する機能や、国政の適正かつ円滑な運営を図る責任があるとする見方もある（総合調整機能説、最高責任地位説）。この立場では、所属不明の権限は、国会の権限だと推定されるとしている。

### (3)　国の唯一の立法機関

　国会は、「国の唯一の立法機関」と規定されており、立法権を独占する。この「唯一」には、2つの意味があるとされる。

　第1に、国民生活に関わる一般的・抽象的なルールである法を定立すること＝立法は、憲法に特別の定めがある場合を除いて、国会だけに認められる（国会中心立法の原則）。つまり、原則として国会以外の機関は立法をすることができない。国会の制定する法のみが「法律」となる。例外として、衆参各議院または裁判所が内部の組織・運営について定める「規則」（憲58条2項・77条）がある。これは、各機関の活動の独立性・自律性を確保するために認められている。内閣が発する「政令」（同73条6号）は、法律の下位にあり、法律を執行するための細目を定めるもの（執行命令）と、法律が具体的に委任した事項を定めるもの（委任命令）に限られる。地方公共団体が制定する「条例」（同94条）は、法律に違反しない限りにおいて認められる。

　第2に、国会による立法は、他の機関の関与を必要としないで成立する（国会単独立法の原則）。すなわち、法律の制定は国会の手続のみで完結する（憲59条1項）。例外として、地方特別法の住民投票（同95条）がある。内閣が72条の「議案」の1つとして法律案を国会に提出することは、国会が法律案を自由に修正・否決できるなどの理由から、違憲とは考えられていない。とはいえ、成立する法律案のほとんどが内閣提出法案である現状に対して、議員が主体となる法案の提出をいかに活性化するかが課題となっている。

### (4)　国会議員の地位

　国会議員は、国民の代表者として国政のうえで重要な役割を担っている。その議員の自由な活動を保障するために、いくつかの特権が認められている。憲法では、歳費の支給（憲49条）、会期中の不逮捕特権（同50条）、議院での発言・表決に対する免責特権（同51条）が定められている。

　不逮捕特権は、行政側の逮捕権濫用によって議員の職務遂行が妨害されるのを防ぐことが目的である。国会開会中の不逮捕と、開会前に逮捕された場合に議院の要求で釈放されることが認められている。「法律の定める場合を除いては」と、例外が設定されており、院外での現行犯逮捕の場合と、議員の所属する議院が許諾した場合がそれにあたる（国会33条・34条）。

発言・表決の免責特権は、狭い意味での「演説、討論又は表決」に限定され
ず、意見の表明とみられる行為や、それらに付随する行為にも及ぶとされてい
る。ただし、暴力行為までは保護されない。「院外で責任を問はれない」と
は、民事・刑事の法的責任（損害賠償や刑罰）を負わないことを意味する。政党
が、党議拘束（国会での議案の採決に際して、各政党が党内の手続で賛否をあらかじ
め決めておき、その通りの投票行動を所属の議員に指示すること）に反する投票行動
をした党所属の議員に、何らかの制裁（除名など）を加えることは、政治的責
任を問うものであり、ここでいう責任にはあたらないと解されている。だが、
政党の拘束をあまりに強いかたちで制度化すること（たとえば、所属政党の変更
を否認したり、除名と同時に議員資格を喪失させたりすること）は、43条が議員を全
国民の代表としていること（自由委任の原則）に抵触すると考えられる。

(5) **病院長自殺事件**（最3小判平9・9・9民集51巻8号3850頁）

本件では、免責特権に関して、議員の発言による名誉毀損への法的救済が問
題となった。医療法改正の審議に際し、ある衆議院議員が、質疑の中で、特定
の病院長を名指して、女性患者に破廉恥な行為をしたなどの発言をした。問題
のある病院に対する所管行政庁の十分な監督を求める趣旨でなされたもので
あったが、この病院長が質疑の翌日に自殺した。これに対し、遺族が、議員の
発言により病院長は名誉を毀損され自殺に追い込まれたとして、議員個人に対
する損害賠償請求訴訟と、国に対する国家賠償請求訴訟を提起した。

最高裁は、どちらの賠償責任も認めなかった。ただし、国会議員が、職務と
無関係に違法・不当な目的で、あるいは虚偽と知りつつ事実を摘示して、名誉
を毀損した場合には、国の賠償責任が成立することもあるとしている。

# Ⅲ　国会の組織と権限

(1) 二院制

国会は、「衆議院」と「参議院」で構成される（憲42条）。2つの議院で構成
される理由としては、審議を慎重に行い拙速な決定を避けること、民意を多角
的に反映させること、一方の議院が解散等で活動停止中に議会の機能を継続で
きることなどがある。

衆議院は、議員定数465人、任期4年（解散あり）、被選挙権25歳以上であ

る。参議院は、議員定数248人、任期 6 年（解散なし）、被選挙権30歳以上である。両議院の議員は、選挙で選出される（憲43条 1 項）。任期は、憲法で規定されているが（同45条・46条）、定数、資格、選挙制度は、法律で定めることになっている（同43条 2 項・44条・47条）。衆議院議員と参議院議員を兼職することは禁止されている（同48条）。

#### (2)　国会の権能

憲法が規定する国会の権能としては、法律の制定（憲41・59条）、予算の議決（同60・86条）、条約の承認（同61条・73条 3 号）、弾劾裁判所の設置（同64条）、内閣総理大臣の指名（同67条）、財政監督権（同83条以下）、憲法改正の発議（同96条）がある。

憲法は、法律案の議決、予算の議決、条約の承認、内閣総理大臣の指名において、「衆議院の優越」を定めている。両院が全く同等の権限を有するよりも、一院の優位を認めることで、国会の意思形成を容易にしている。衆議院に参議院よりも強い権限が与えられているのは、衆議院は参議院に比べて任期が短く、しかも任期 4 年の途中で解散（任期満了前に議院の全員が国会議員の資格を失い総選挙を行うこと）もありえるため、選挙というかたちで国民の審判を受ける機会が多く、国民の意思をよりいっそう反映することが期待されるからである。

#### (3)　議院の権能

国会の各議院は、他の国家機関や議院から干渉を受けずに、内部の組織・運営に関する決定ができる自律権を有している。憲法では、議員の資格に関する争訟の裁判権（憲55条）、議長やその他の役員の選任権（同58条 1 項）、議院規則制定権・議員懲罰権（同58条 2 項）が認められている。

各議院には国政調査権が与えられており、国政に関する調査をするために、証人の出頭・証言、記録の提出を要求できる（同62条）。議院証言法に基づく証人喚問は特に強力な手法であり、虚偽の証言や、正当な理由なく出頭・宣誓・証言を拒否することに対して、罰則がある（議院証言法 6 条・ 7 条）。なお、手続や制裁措置が厳格な証人喚問に対して、簡素な手続と制裁抜きで意見を聴く方式として参考人招致がある。これは、出頭や証言は任意で、偽証罪に問われることもない。

国政調査権の性質については、国会や議院に与えられた権限を有効かつ適切に行使するための補助的な権能とみなす説（補助的権能説）と、国会の最高機関性に基づき国政を統括するための独立の権能だとする説（独立権能説）がある。立法権など国会の権能は広範に及ぶので、補助的権能説に立った場合でも、国政調査権の及ぶ範囲は広いが、人権保障や権力分立の観点から限界がある。思想・良心の自由（憲19条）や黙秘権（同38条）など基本的人権を侵害するような調査は許されない。また、国政調査権は、司法権の独立との関係が問題となる。「浦和事件」（親子心中をはかり子どもを殺害したが生き残り自首した母親の裁判）について、参議院の法務委員会が裁判所の事実認定・量刑を不当とする報告書をまとめたところ、それは司法権の独立を侵害し国政調査の範囲を逸脱するとして、最高裁から抗議を受けた。なお、裁判所に係属中の事件に対し議院が国政調査できるかどうかの問題については、司法権や検察捜査権とは異なる国政調査の目的であれば、司法権・検察権との並行調査は認められると解されている（［二重煙突事件］東京地判昭31・7・23判時86号3頁）。

内閣不信任決議（憲69条）は衆議院のみが可能であり、50人以上の署名が必要である（衆議院規則28条の3）。衆議院で可決されれば、内閣は10日以内に衆議院を解散させるか総辞職しなければならない。ただし、法的拘束力はないものの、参議院でも、いわゆる問責決議は可能である。

(4) **警察法改正無効事件**（最大判昭37・3・7民集16巻3号445頁、第4章も参照）

本件は、衆議院の会期延長議決の違法性が争われた事案である。1954年の警察法改正の審議において、与野党が激しく衝突する混乱の中、会期延長が決定され、その無効を主張する野党議員が欠席する状態で、法案が可決された。

最高裁は、「両院において議決を経たものとされ適法な手続によって公布されている以上、裁判所は両院の自主性を尊重すべく同法制定の議事手続に関する所論のような事実を審理してその有効無効を判断すべきでない」と判示し、議院行為の司法審査を回避している。

(5) **日商岩井事件**（東京地判昭55・7・24判時982号3頁）

本件は、自衛隊がダグラス社製の戦闘機を採用するにあたって、日本の代理店であった日商岩井を通してダグラス社側から政府高官に金銭が支払われた疑いで、日商岩井の重役らが外国為替管理法・議院証言法違反などで起訴された

刑事事件である。参議院予算委員会での被告人の証言が偽証にあたるかどうか
の判断に関連して、国政調査権の性質・範囲が争点となった。

　東京地裁は、補助的権能説に立ったうえで、行政作用に属する検察権の行使
との並行調査は原則的に許されるとした。ただし、「それがひいては司法権の
独立ないし刑事司法の公正に触れる危険性があると認められる場合」に限り、
国政調査権行使の自制が要請されると述べている。

## Ⅳ　国会の活動

### (1)　会　期

　国会は、会期（議会が活動する期間）の違いにより、「常会」（憲52条）、「臨時
会」（同53条）、「特別会」（同54条1項）の3種類に区別される。常会の会期は、
1月から150日間である（国会2条・10条）。臨時会と特別会の会期は、両議院
一致の議決で定める（同11条）。会期の延長は、常会では1回、臨時会と特別会
では2回、両議院一致の議決により可能である（同12条）。上記のどちらの場合
も、衆参で一致しないときは、衆議院の議決したところによる（同13条）。

　なお、衆議院解散と同時に参議院は閉会となるが、衆議院が解散され特別会
が召集されるまでの間に緊急の必要がある場合には、内閣の求めにより、参議
院のみで「緊急集会」が開かれる（憲54条2項）。ここでの措置は臨時のもの
で、「次の国会開会の後十日以内に、衆議院の同意がない場合には、その効力
を失ふ」とされる（同54条3項）。

　各会期は独立したもので、会期中に審議が完了しなかった案件は、審議未了
で廃案とされ、次の会には持ち越さない「会期不継続の原則」が法律で定めら
れている（国会68条）。ただし、各議院の議決によって、会期後に継続審議する
ことができる（同但書）。

### (2)　議事手続

　議事を進め、議決をするのに最小限必要な議員数（定足数）は、総議員の3
分の1以上とされている（憲56条1項）。表決は、憲法に特別の定めがある場合
を除いて、出席議員の過半数による（可否同数のときは議長判断となる）（同56条
2項）。両議院の会議は、公開が原則である（同57条）。

　国会の議案審議では、国会法40条以下で規定されている委員会が重要な地位

を占めている。本会議での議決に先立って、議案の実質的な審議を、国会議員の中から選任された委員による各種の委員会で行う。常に設置される「常任委員会」（衆参に17ずつ）と、特別な案件について随時設置される「特別委員会」がある。委員会制度のねらいは、議会として取り組むべき課題を分担して集中的に討議することで、立法を効率的に行うことである。また、同じ委員会に長く属する議員が、党派を超えて蓄積した専門知識を活用して政策に関する判断を行うようになるという効果も期待される。委員会は、重要な案件について、利害関係者・学識経験者等の意見を聴く「公聴会」を開くことができる。特に予算や重要な歳入法案については必ず開かれる。

### (3) 政党の役割

　日本国憲法には政党への言及がないが、最高裁判例は、政党を「議会制民主主義を支える不可欠の要素」、「国民の政治意思を形成する最も有力な媒体」とし、「憲法の定める議会制民主主義は政党を無視しては到底その円滑な運用を期待することはできないのであるから、憲法は、政党の存在を当然に予定しているものというべき」と述べている（［八幡製鉄政治献金事件］最大判昭45・6・24民集24巻6号625頁、第5章も参照）。憲法21条により結成・活動の自由が保障される「結社」の1つではあるが、各種の法律（国会法、公職選挙法、政党助成法など）により統治機構に組み込まれた公的性格の強い団体でもある。なお、政治資金規正法3条2項は、①国会議員を5名以上有する、または、②直近の選挙での得票総数が有効投票総数の2％以上である政治団体を政党と定義している。

　議会に議席を有する政党のうち、政権を担当している政党を与党、それ以外の政党を野党という。日本の国会では、議会で多数派となった政党に所属する議員を中心として内閣が組織される議院内閣制を採用しているので、内閣を組織している政党を与党と呼ぶ。多数派の与党が支持する内閣提出法案（閣法）の審議が優先され高い割合で成立するのに対して、野党の議員提出法案の成立はかなり難しい（審議の対象にすらならないことが多い）。ただし、法律や予算の成立において内閣・与党が主導権を握る一方で、野党案が閣法に影響を与えたり、与野党双方から議員が参加して提出した法案が成立したりすることもある。また、与党が内閣側につくため、行政府（内閣・省庁）が法律や予算を誠

実に執行しているかどうか、不正行為をしていないかどうかを監視・追及する役割は、野党が中心的に担うこととなる。

(4)　**日本新党繰上補充事件**（最1小判平7・5・25民集49巻5号1279頁）

　原告は、参議院議員選挙における日本新党の候補者名簿に登載されていたが、後に党から除名された。これにより、原告は参議院議員の繰上補充による当選の対象者となることができなかった。そこで、党のした除名は違法・無効であると主張して、当選の効力に関する訴訟を提起した。

　最高裁は、公職選挙法が「除名について選挙長ないし選挙会の審査の対象を形式的な事項にとどめているのは、政党等の政治結社の内部的自律権をできるだけ尊重すべきものとしたことによる」のであり、政党から除名届が提出されているのに、「その除名の存否ないし効力という政党等の内部的自律権に属する事項を審理の対象とすることは、かえって、右立法の趣旨に反することが明らかである」として、本件当選人決定を無効とする余地はないと判断した。

# V　財　政

## (1)　財政民主主義

　国家が活動するには莫大な資金が必要であり、それは国民が負担することになる。ゆえに、憲法は、「国の財政を処理する権限は、国会の議決に基いて、これを行使しなければならない」（憲83条）と定め、国民の代表機関たる国会が財政をコントロールすることを基本原則としている（財政民主主義）。

　憲法の「あらたに租税を課し、又は現行の租税を変更するには、法律又は法律の定める条件によることを必要とする」（同84条）という規定は、課税権の濫用により国民の財産権が侵害されないように、国会が制定する法律で課税の要件・手続を定めることを要求している（租税法律主義）。なお、公的機関が一方的に決定・賦課する公共的料金について、法定ないし議会の議決を要するとする解釈が従来みられたが、現在では管轄大臣の認可で行われるようになっているため、当該問題については、84条の租税法律主義ではなく、83条の財政民主主義の適用事例とみる解釈が有力になっている。

　国費を民主的にコントロールするために、「国費を支出し、又は国が債務を負担するには、国会の議決に基くことを必要とする」（憲85条）が、国会の議決

によってどのような支出も可能であるというわけではない。「公金その他の公の財産は、宗教上の組織若しくは団体の使用、便益若しくは維持のため、又は公の支配に属しない慈善、教育若しくは博愛の事業に対し、これを支出し、又はその利用に供してはならない」（同89条）と規定されている。この前段は、信教の自由を保障（政教分離）すること、後段は、政府による私的な事業への不当な干渉や公の財産の濫費を防止することが目的と考えられている。後段については、私学助成（私立学校に対して行う経費補助）の合憲性が問題となる。「公の支配」を、業務内容への強いコントロールと解釈すると違憲の疑いが生じることになるが、しかし、業務や会計の状況について報告を要求したり予算について必要な変更を勧告したりする程度の監督権として緩やかに解釈するならば、合憲だと考えられる。また、教育事業の公共性や教育の機会均等も、合憲性の根拠として考慮されるだろう。

(2) **旭川市国民健康保険条例事件**（最大判平18・3・1民集60巻2号587頁、第12章も参照）

原告は、収入が生活保護基準以下であったことを理由に、旭川市に対して保険料の減免を申請したが、条例の減免事由に該当しない旨を通知された。そこで、保険料徴収が実質的には租税の賦課にあたるにもかかわらず、条例の賦課総額の算定基準が不明確であり、保険料率を条例で定めずに市長の告示に委任することは、憲法84条に反するなどとして、賦課処分の取消し等を求めて出訴した。

最高裁は、「租税以外の公課であっても、その性質に応じて、法律又は法律の範囲内で制定された条例によって適正な規律がされるべき」であり、保険料方式であっても「賦課徴収の強制の度合い等の点において租税に類似する性質を有するものについては、憲法84条の趣旨が及ぶと解すべきである」とした。しかし、本件条例は、「保険料率算定の基礎となる賦課総額の算定基準を明確に規定した上で」、専門的・技術的な細目に関わる事項を市長の合理的な選択に委ねたものであるなどとして、憲法84条の趣旨に反しないと判断した。

(3) **予算・決算**

国の1年間の収入と支出の計画である予算は、毎年、国会で審議・議決される。憲法は、「内閣は、毎会計年度の予算を作成し、国会に提出して、その審

議を受け議決を経なければならない」（憲86条）としており、予算案の作成と提出は内閣の職務であるが（同73条5号）、国会は原案のプラスまたはマイナスの修正をすることができる（国会57条の2・3）。予算は、単なる見積表ではなく、政府の行為を拘束する法規範である。この点について、予算を、法律の一種と解するか（予算法律説）、それとも法律とは異なる形式の法規範と解するのか（予算法形式説）という学説上の対立がある（なお、かつては予算行政説、あるいは承認説と呼ばれる立場もあったが、現在はほとんど支持されていない）。審議・議決の方式が法律と異なり、政府だけを拘束の対象とし、効力が1会計年度に限られていることを根拠に、予算法形式説が多数説となっている。

　国の1年間の歳入・歳出を総計した決算は、「すべて毎年会計検査院がこれを検査し、内閣は、次の年度に、その検査報告とともに、これを国会に提出しなければならない」（憲90条1項）とされている。会計検査院は、内閣から独立した行政機関で、3人の検査官による検査官会議と事務総局で組織される（会計検査院法1条・2条）。会計検査院の検査官は、両議院の同意を経て内閣が任命し、その長は、検査官のうちから互選した者を内閣が任命する（同3条・4条1項）。また、「内閣は、国会及び国民に対し、定期に、少なくとも毎年一回、国の財政状況について報告しなければならない」（憲91条）とされ、国会・国民への財政状況の報告が内閣に義務づけられている。

# 第3章　行政権と内閣・地方自治

## I　行政権と内閣

### (1)　行政権の意義と議院内閣制

　行政権は内閣に属する（憲65条）。内閣は行政権の主体として行政各部（中央官庁）を全体として統括・調整し、指揮監督する（同72条）。伝統的には、三権分立の要素のうち、立法権の作用と司法権の作用を除外した残余が行政権であるとされた（控除説）。

　議院内閣制とは、イギリスの憲政に由来し、議会と行政府（政府）を独立・対等の地位としたうえで、内閣の成立（指名）・消滅（不信任）などの局面で衆議院（下院）の信任の上に存立し、議会は政府を批判・監視する権限をもつ統治体制をいう。内閣が行使する行政権は、単に法律の執行（憲73条1号）にとどまらず、立法（憲72条、内閣法5条）・予算議決（憲73条5号・60条）・条約承認（同73条3号・61条）など、国家の基本プログラムを決定する作用（国家嚮導）をはたし、国家の総合的・全体的な施策につき、選挙による民主的正統性を根拠に議会と協働・総合調整し、高度な政治判断のもとに統治作用（執政）を行う「協働執政体制」の側面をもつ。そうすると、行政権のうち、執政作用と、内閣の指揮監督の下で法律を執行し、様々な行政作用（警察・防衛・金融財政政策、公衆衛生作用、経済的自由権への規制、社会福祉など）を実施する「行政各部」（憲72条）とを区別する必要がある。特に、執政作用は他の機関を圧倒しうるため、現代的な権力分立のもとでは、国民の前で執政作用を実効的に批判・監視・統制するために、立法・行政・司法全体の機能的な役割分担を具体的に考えながら（違憲審査の密度や方法もふくめ）憲法秩序の形成をみる見方が有力になってきている（機能的権力分立論）。

### (2)　内閣の組織・権限

### (i)　**内閣の権限と「連帯責任」の公法的意義**　　行政権の主体は内閣であり（憲65条）、内閣総理大臣を首長とする合議制の機関である（同66条1項）。内閣

**【図1　指名権と任命権の主体】**

| | 国　　会 | 内　　閣 | 天　　皇 |
|---|---|---|---|
| 指名 | 総理大臣（67条） | | |
| 任命 | | 国務大臣（68条1項）<br>最高裁判所裁判官（79条1項）<br>裁判官（80条） | ・総理大臣（6条1項）<br>・最高裁判所長官（6条2項） |
| 認証 | | | ・国務大臣（7条5号）<br>・最高裁判所長官及び高等裁判所長官（同） |

※認証とは、確定的に成立した行為にあたえる公法上の行為で、認証が欠けたとしても効力に影響は生じない 〈筆者作成〉

は、国会議員の中から国会により指名（同67条）される内閣総理大臣、ならびに、総理大臣によりその過半数が国会議員のなかから任命される国務大臣により（同68条1項）構成される（内閣の任命権限については上の図を参照）。

　戦前は、総理大臣と国務大臣とは「同輩中の主席 primus inter pares」という立憲君主制の伝統のもとで各大臣が天皇の大権を輔弼する（大日本帝国憲法55条）とされた。そのため、軍部出身大臣が文民（シビリアン）に対抗するため閣内不統一にもちこみ内閣総辞職に追い込む作戦に対抗することができなかった。そこで日本国憲法は、総理も含め大臣資格を文民に限定したうえで（憲66条2項）、総理大臣に国務大臣を任意に罷免する権限を与え（同68条）、内閣の同一性を総理大臣が担保しその去就が内閣の存立をにぎる点で（同70条）、戦前と大きく異なる。閣内不統一が生じた場合、国会に対する連帯責任として不信任（同69条）の理由となりうる。「総理大臣が欠けたとき」（同）とは、落選、死亡または自己都合による辞職をいい、病気・事故・行方不明などの一時的事情については「事故あるとき」（内閣9条）にあたり、臨時代理を選び、臨時代理が閣議を開き総辞職をする。

　内閣は国会に連帯して責任を負う（憲66条3項）。ここでいう責任は、民法の連帯債務のように一部の者に生じた事情が他の者の地位を左右するような法的責任、あるいは議会による内閣への監督権ではなく（「議会支配性」との相違）、議会における質疑へ出席応答義務（同63条）・問責決議・議案への否決・国政調

査権の発動などを通じた政治責任を意味する。内閣が衆参両院で安定的な政権基盤を確立することにより審査・問責機能が低下し、連帯責任を梃として極めて求心力の高い政府を出現させる特徴がある（石川健治）。

(ⅱ) **内閣総理大臣の地位および職務権限**　　総理大臣は合議制である内閣を代表し、内閣の職務は、総理大臣が首長として主催する閣議により行い、総理大臣は「内閣の重要政策に関する基本的な方針その他の案件を発議する」（内閣4条2項）。通常の「定例閣議」の外に、緊急時の「臨時閣議」と、閣議開催の時間がない場合や軽微な案件の処理の場合に、内閣参事官が閣議書をもって各大臣に連署させる「持ち回り閣議」の形式がある。閣議は慣行上、全会一致とするため、大臣には罷免を覚悟した不同意を背景に交渉力が留保される反面、実務上は、全会一致の運用の結果、閣議前に省庁間で調整がととのった案件しか閣議にかけないため、閣議が形骸化しているという問題が指摘される。

　内閣は国会への（法案ふくむ）議案の提出権限、一般国務および外交関係についての報告権限、行政各部への指揮監督権（憲72条）、訓令権（内閣6条）・主任大臣間の権限疑義への裁定権（同7条）、行政処分を中止する権限をもつ（同8条）。これらの法定の職務行為外の、行政指導などによる事実上の総理大臣の権限をめぐって法的争点となった事件が、戦後を揺るがしたロッキード事件の最高裁である。

(ⅲ) **「ロッキード事件」と総理大臣の行政指導**（最大判平7・2・22刑集49巻2号1頁）

【事案の概要】　　本件は、A社日本販売代理店B社長X１が、当時の総理大臣X２に、運輸大臣への行政指導を通じC航空がA社航空機を選定購入するようはたらきかける依頼をし、X２は売買契約成立の暁には報酬として5億円（当時）をA社から受領する旨合意した。一審と控訴審は、X１の贈賄罪（刑198条）およびX２の受託収賄罪（同197条1項）につき有罪とした。

【判旨】　　最高裁は、収賄罪（刑197条）の成立の前提となる、賄賂と対価関係に立つ法律上の職務行為性の有無について、「行政機関は、その任務ないし所掌事務の範囲内において、一定の行政目的を実現するために、特定の者に一定の作為又は不作為を求める指導、勧告、助言等をすることができ、このような行政指導は公務員の職務権限に基づく職務行為である」とした。そして、閣議決定によらない場合でも、内閣総理大臣の地位および権限にてらし「流動的

で多様な行政需要に遅滞なく対応するため……少なくとも内閣の明示の意思に反しない限り、行政各部に対し、随時、その所掌事務について一定の方向で処理するよう指導、助言等の指示を与える権限を有するものと解する」とした。

**【補足意見】**　園部逸夫裁判官らの補足意見は、憲法72条の指揮監督権限と、内閣法6条の場合を区別し、法的強制力を持つ場合を後者に分類し、前者については国務大臣の「任意の同意、協力を期待するもの」という憲法解釈を提示したのに対して、叩部恒雄裁判官らの補足意見は、総理大臣の裁量と閣議決定の方針との関係について、閣議決定が個別具体的に決定されていることを要さず、「一般的、基本的な大枠が決定されていれば足り、……その大枠の方針を逸脱しない限り」自由裁量のもとで権限行使できる、とした。

**(iv)　行政組織と行政各部・いわゆる「独立行政委員会」と外局**　国家の行政組織の体系は、内閣の統括のもと、系統だった任務と所掌事務が割り振られた行政機関（行政各部）により構成されている。加えて総理大臣は重要政策の企画・調整のため内閣府に特命担当大臣を国務大臣として設置できる（内閣府9条）。

内閣官房は内閣補助部局であり、官房長官がその事務や職員を統括する。内閣府は、内閣補助部局としての性格と、内閣総理大臣を主任の大臣とし独自の行政事務を分担（たとえば消費者庁など）する性格をあわせもち、前者の面では、各省を最終的に調整・統括する上位の地位にあり、後者の面では、各省（各大臣）と並列的地位にある（それゆえ、内閣府令は省令と同格となる）。

以上に対し、内閣の指揮監督から独立した合議制の行政機関を、独立行政委員会という。憲法上の根拠を持つ会計検査院（憲90条）以外には、人事院（国公3条）や金融庁・公正取引委員会・国家公安員会など（内閣府64条）の内閣の補助機関や、公安審査委員会（法務省）・運輸安全委員会（国土交通省）など国家行政組織法3条3項を根拠に設置された外局（図2参照）など、法律上に根拠をもつ。

独立行政委員会は、内閣により任命され、総理大臣または国務大臣の統括をうけるが、専門知識に基づく中立的判断を確保する必要から、職務の独立性と身分保障が確保されている。これらの作用は、性質上、政党政治から独立して行われる作用であり、違憲とはいえない。下級審判決であるが、国家公務員が

```
─ 会計検査院（憲法90条2項、会計検査院法1条）
─ 人事院（憲法73条4号、国家公務員法3条）：内閣の補助部局
─ 省、委員会及び庁（国家行政組織法3条）（合憲性につき論点化したもの）

（A）省の内部部局（内局）：官房、局、課、室……（行組7条）
─┌─ ①地方支分局：国の地方での出先機関として権限を分掌する（行組9条）
 │      例）国税局、税務署、法務局、地方陸運局、運輸管理部……
 └─ ②附属機関：諮問機関として法的拘束力のない審議・提言を行う（行組8条）

（B）外局：内閣総理大臣又は国務大臣の統括をうけつつも、内局から一定の独立性
      をもち、専門的知見をもとに特殊な所掌事務を遂行する機関（行組3条3項）。
      法規命令としての規則制定権を持つ。

─┌─ ①庁 ┈ 政策の実施に当たるもの（実施庁）：海上保安庁、気象庁、特許庁……
 │       ┈ 企画立案機能を担うもの（政策庁）：消防庁、文化庁、林野庁・水産庁……
 └─ ②委員会：合議体の委員会が対外的に権限を行使し、各大臣との関係では職務権
           限の独立性が確保されているもの（行政委員会）

           内閣府 公正取引委員会、国家公安委員会、個人情報保護委員会
           各省庁 公害等調整委員会（総務省）、公安委員会（法務省）、労働委員会（厚労省）
           運輸安全委員会（国交省）、原子力規制委員会（環境省）
```

政党の影響を受け一部の奉仕者となることを極力避けるために、内閣と国家公務員との間に独立の国家機関を設けることは民主主義に適合するため憲法65条に反するとはいえないとするものがある（福井地判昭27・9・6行集3巻9号1823頁）。なお人事院は、国家公務員法16条に基づき政令と同格の人事院規則を定めることができる（公務員の政治活動に対する処罰については最1小判昭33・5・1刑集12巻7号1272頁を参照。なお、第9章参照）。

(3)　**法律と行政立法**（国法の形式と委任の範囲）

(i)　**委任立法（行政立法）とその限界**　　内閣が担う国家作用は憲法73条各号に例示されており、6号の「政令」について解説する。法律（憲41条）、条例（憲94条、自治14条）などの議会制定法のほかに、法律の細部を定め、国民に対する権利義務の変動をもたらす、行政権により策定されるルールである政令（憲73条6号）・内閣府令および省令（内閣府7条、行組12条）などの「法規命令」があり、法律の委任がなければ罰則を設けることができない（憲73条6号、行組

【図3　成文法の構成要素】

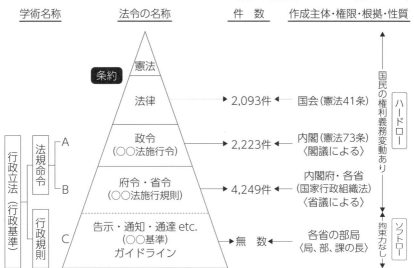

※件数：総務省法令データベース（閲覧 2021.11.10）

12条3項）。これに対して、行政庁が、個別具体的ケースに法令を適用・判断し行政処分を行う際の、法令の解釈基準・審査基準・技術水準・行政指導の指針などを定めるルールが「行政規則」（行組14条、行手2条8号・5条・36条）であり、通達・訓令・要綱・告示・ガイドラインなど統一名はなく、数も膨大である。これらは行政機関を拘束し、市民の権利義務を変動させる効果（外部効果）がないが、審査基準を信頼して申請をした市民に、審査基準を適用せず不許可処分にすることが取消訴訟で違法と判断される場合もある（行政規則の外部化）。これらを総称して行政手続法2条8号は「命令等」と定義し、行政法学では「行政立法（行政基準）」といい憲法学では「委任立法」という。なお地方自治法は、条例のほか、普通地方公共団体の長（自治15条）による規則制定権を定め、5万円以下の過料（地方自治法の場合、長の行政処分）を定めることができる。

　上記のような国法形式は、立憲君主制の体制下で、国民代表たる議会が、国民の権利や義務を変動させる「法規」（ドイツ語でそれを Rechtssatz という）の制定権限を独占させるという法治国家思想すなわち「法治主義の原則」と深く関

> ── ①**法律の優位**：法律の規定と行政活動（行政基準・命令、行政処分など）とが矛盾する場合、法律があらゆる行政活動に対して優先する。
>
> > 違反する行政活動は無効となり、裁判所による是正（取消、無効判決等）の対象となる
>
> ── ②**法律の留保**：特定のタイプ（特に、市民の自由や財産を侵害する内容）の行政活動を実施する場合、行政には必ず議会による承認（法律）が事前に存在しなければならない（侵害留保理論）。
>
> > 「法律の委任がなければ、罰則を設け、又は義務を課し、若しくは国民の権利を制限する規定を設けることができない」（内閣府設置法 7 条 4 項、国家行政組織法12条 3 項）→憲法 73 条 6 号の趣旨
>
> ── ③**法律の法規創造力の原則**：一般的な法規範の定立は原則として法律事項である（＝憲法41条「国会中心立法の原則」）。
>
> > ただし、法律の委任に基づく法規命令（委任立法＝行政立法）は憲法73条 6 号により許容される

わる。それは、一方では、法規としての性質をもつルールに対して、議会が排他的決定権限を確立しつつ、他方で同時に、法律の細部を行政立法に委任する、という構図をとる。国民の権利義務を侵害する行政活動に対して、被治者の代表者（議会）に同意を留保すること、つまり法律の授権により正統性が調達されるという法思想である（「法律の留保」の原則）。この法思想は、同時に、議会の同意を要しない行政の活動範囲を、政令省令などの「法規命令」（特に権利義務に関する作用をおよぼす一般的規範を、法規 Rechtssatz という）に委任する（委任立法）。法規命令の制定権は内閣にあるが（憲73条 6 号）、それらはあくまで憲法・法律に劣後するものであり（同98条 1 項、「法律の優位」の原則）、かつ、法規の制定は立法権の専権に属するため、行政は法律の授権の範囲でのみ法規を定立することができる。「国会中心立法の原則」（同41条）の趣旨は「法律による法規創造力の原則」を承認する条文とされる。これらの論点は、憲法学と行政法学の交錯領域であり、法律の委任の範囲をめぐっては、いくつかの違憲判決が存在するので以下概観しておく。

　(ⅱ)　**判例理論**　犯罪の構成要件の一部（帳簿の記載義務を法律が規定し、記載事項の詳細）を政令に委任したことの違憲性が争われた刑事事件で最高裁は、

「義務の内容の一部……の詳細を命令の定めるところに一任しているに過ぎない」として合憲とした（最大判昭33・7・9刑集12巻11号2407頁）。監獄法50条の委任に基づく省令（監獄法施行規則120条）に基づき当時10歳の親族との接見不許可処分に対する取消訴訟の中で、「法律によらないで、被拘禁者の接見の自由を著しく制限」し法律の「委任の範囲を超えた無効なもの」であるとした（最3小判平3・7・9民集45巻6号1049頁）。

　また、婚外子を出産・養育し児童扶養手当の支給を受けていた者が、父の認知により準正されたため、「父から認知された児童を除く」との但書で除外する政令（児童扶養手当法施行令1条の2第3号）を根拠に受給資格喪失処分をうけた。同処分に対する取消訴訟において最高裁は、解釈原則として、法律の「文言はもとより、法の趣旨や目的、さらには、同項が一定の類型の児童を支給対象児童として掲げた趣旨や支給対象児童とされた者との均衡等をも考慮して解釈すべき」旨を示したうえで、処分の根拠となる児童手当法4条1項各号が、①父の扶養を現実に期待できない児童への支給の類型を規定しているが、②認知をうけたとしても当然に世帯維持者が存在する状態にもならずまた実際に扶養が得られるとは限らないため、当該児童を除外することは「法の趣旨、目的に照らし」①と②との取扱において「均衡を欠き、法の委任の趣旨に反する」とした（最1小判平14・1・31民集56巻1号246頁）。

　第一類・第二類医薬品のネット販売を禁止し対面販売を義務づける根拠が薬事法（現薬機法）ではなく省令（薬事法施行規則159条の14等）によっていたため、販売する地位があることを確認する公法上の当事者訴訟（行訴4条）において最高裁は、薬事法の規定から通信販売を一律に「規制する内容の省令の制定を委任する授権の趣旨が、……規制の範囲や程度等に応じて明確に読み取られ」ねばならず、それを示す明確な法律の規定も、立法過程における立法事実もまったくないため、本件省令は、薬事法の「委任の範囲を逸脱した違法なものとして無効」とした。

　学説の分析では最高裁は命令の適法性を積極的に統制しつつ、規制範囲や程度に応じた委任立法を授権する規定の明確性を問題にするようになっている。

## Ⅱ　議院内閣制と「解散権」の法的構造

### (1)　69条解散と7条解散

憲法69条は、内閣に、①衆議院で内閣不信任の決議がなされたときまたは②信任案の決議案が否決されたとき、10日以内に衆議院を解散するか総辞職をするかを選択する権限を与えている。解散により議員は任期途中に失職することになる。これを不信任解散という。ところが、政治の実務の中で不信任解散は、4回しかなくそのうちの1回は、議会解散権は69条に限定されるという学説を前提としていた終戦直後のもので、内閣と議会の協議により上記①の手続がとられた（「馴れ合い解散」）。その後、内閣の国事行為への助言と承認を通じた憲法7条3号に基づく解散が主流となり、憲法上の憲政のあり方として定着している（裁量的解散）。その根拠をめぐっては現在、民主制の観点から説明する説が有力である（図5C説）。解散後は、40日以内に選挙を実施し、選挙後30日以内に国会を召集し（憲54条1項）、その後総辞職することになる（同70条）。総辞職の時点ではまだ新内閣が成立しておらずこの間の隙を利用して内閣が恣意的な政権運用を行わないよう、この間の内閣の職務は日常の事務処理に限定される（同71条）。

　解散権をめぐっては憲法上の原則（不信任解散）と例外（裁量解散）とが実務上逆転し、裁量解散が実務上の原則となっているが、7条3号は、解散の実質的権限を明示していない。この点をめぐり、裁量的解散については憲政運用の任にあたる当事者間で形成され規範的効力が認められるべき「国政上の習律」が認められるとの見方が有力である反面、これらの権限および要件を憲法の明文で規律することが立憲主義の観点から重要であるとの説も有力である。

### (2)　苫米地事件（最大判昭35・6・8民集14巻7号1206頁）

### (ⅰ)　判　例

**【事案の概要】**　本件は7条解散により失職した苫米地義三元衆議院議員により、失職の違憲無効と任期満了までの歳費支払いを求めた民事裁判である。一審（東京地判昭28・10・19民集14巻7号1251頁）は持ち回り閣議における一部閣僚の連署しかないため内閣の助言がないことを理由に解散を違憲無効とした。二審（東京高判昭29・9・22行集5巻9号2181頁）は天皇への助言の閣議後に総理大臣の上奏により「助言」がなされ、解散詔書の発布後に内閣が「承認」を行

【図5　7条解散と議院内閣制の本質の理解をめぐる学説の分布】

> ─ A説（均衡本質説）　内閣は自己の判断に責任を担いうる主体であって議会に従
> 　属するわけではないから、その自立性を確保する手段（武器対等）の確保のため、
> 　議会の内閣不信任に対抗する手段として解散権を内閣に与える。さらに69条所
> 　定の場合（不信任）以外にも7条解散（裁量解散）を認める。
>
> ─ B説（責任本質説）　議院内閣制は内閣が議会に責任を負うことにとどまり、69条
> 　による以外の解散権を認めず議会優位が帰結するべき。
>
> ─ C説（民主的裁定機能説：有力説）　両者の説は「本質」から具体的帰結を導出
> 　する点に難点がある。むしろ7条解散の正統性の根拠は、解散により、「選挙
> 　民意思による政治的な争点についての裁定」の機能が期待されるようになった
> 　ことを、根拠とすべき。
>
> ※日本国憲法は、衆議院解散に続く総選挙の後には、与党が勝とうが負けようが内閣は一度
> 　総辞職しなければならないと定めており（70条）、解散は国民の裁定によって内閣と国会の
> 　均衡を確保するためというよりは、端的に国民の意思をそれら双方に及ぼすための手段と
> 　してとらえられているといえる（大石眞『立憲民主制』信山社、1996年、196-202頁）。

なったものとして、その適法性を承認し、原判決を取り消した。

　【判旨】　　最高裁は、助言と承認に瑕疵があったかどうかなどについて「裁判所の審査権に服しない」として上告を棄却した。「直接国家統治の基本に関する高度に政治性のある国家行為」は、「有効無効の判断が法律上可能である場合であっても、かかる国家行為は裁判所の審査権の外にあり、その判断は主権者」に責任を負う政府や国会などの政治部門の判断に委ねられ「最終的には国民の政治判断に委ねられる」とした。なお、原審で争点となった7条の助言と承認について、「適法に行われたものである」という「政府の見解を否定して、本件解散を憲法上無効なものとすることはできない」としている。

　(ⅱ)　2つの統治行為論　　本判決は、裁判所が審査権を自己抑制した純粋な統治行為論を認めた唯一の判決といわれる。最高裁は砂川事件（最大判昭34・12・16刑集13巻13号3225頁、第1・4・14章も参照）においても統治行為論を採用し、同判決は、条約に関する違憲審査について「法的判断を課題とする裁判所の司法審査には、原則なじまないものであり、一見極めて明白に違憲無効であると認められない限りは、裁判所の司法審査の範囲外にある」として一定の判断の余地を認めた点で、苫米地判決とは異なる「変形型」の統治行為論とされ

る。なお同判決は、憲法9条がわが国の平和と安全の維持のため他国に安全保障を求めることを禁止するものではなく、条約により駐留する駐留米軍はわが国の防衛力の不足をおぎなうため、同条約につき「憲法9条、98条2項および前文の趣旨に適合こそすれ……違憲無効であることが一見極めて明白であるとは、到底みとめられない」とした。

## Ⅲ　地方自治

### (1)　地方自治の意義と地方公共団体

　大日本帝国憲法の下で地方自治に関する憲法上の規定は存在せず、府県の長は内務省官僚により占められ、内務大臣の監督のもとに置かれていた。日本国憲法の制定過程の中で地方自治の基本精神が「地方自治の本旨」のもとに総則的規定が設けられ、議会および長の「二元代表」と住民の直接選挙（憲93条）、財産管理・事務処理・行政執行権能に関する「法律の範囲」内での議会の条例制定権限が明示された（同94条）。

### (i)　「地方自治の本旨」と機能的権力分立論

　「地方自治の本旨」とは、①住民自治と②団体自治の2つの要素からなる。①は、国から独立の法人格のもともっぱら自己の意思に基づいて行われ、地域共同体の自治という意味で自由主義的性質をもち、②は住民の意思に基づいて統治がなされるという民主主義的性格をもつ。地方自治の意義は、国レベルでの三権分立（水平的権力分立）に対して、統治システム内で国との距離を保障するという垂直的権力分立といわれる（機能的権力分立論）。

　地方自治の保障については、個人と同様に憲法制定時点に国家に先行して歴史的に存在した地方団体を基本権の主体とみる固有権説と、それら諸団体の現状を憲法による保護のもとにおいたとみる制度的（体）保障説との対立が有力であるが、裁判例は後者にたち（福岡地判昭55・6・5訟月26巻9号1572頁）、憲法は確かに「自主財政権ひいては財源確保の手段としての課税権」を地方公共団体に承認してはいるが、憲法が直接「特定の地方公共団体に具体的税目についての課税権」を認めたわけではなく地方税法などによる立法裁量の余地を認めている。

　地方公共団体は国とは別の法人格を持つが、概要は以下のようになる。

## 【図 6　地方自治法が定める地方公共団体（法人格あり）】

**①普通地方公共団体**
- **都道府県**：市町村(基礎自治体)を包括する広域的地方公共団体
- **市町村**
  - **指定都市**：人口50万人以上
    都道府県の事務の一部を行い、区域をわけて区を設け、
    区役所（清水区役所、駿河区役所など）・出張所を設ける
    （自治252条の20）
    ※人口は必要条件：総務大臣の指定が必要十分条件
  - **中核市**：人口20万人以上
    指定都市の一部の事務を処理
  - **市**：人口5万人以上、中心市街地を形成する区域の
    戸数が全戸数の6割以上

**②特別地方公共団体**
- **特別区(東京23区)**：市と同格（自治283条1項）
    ※新宿区長の選挙があったり、新宿区議会
    議員選挙がある。
    また、特別区採用区分の公務員試験もある
- **地方公共団体の組合**
  - **一部事務組合**
    学校、消防・救急、下水施設など、
    都道府県・市町村及び特別区が、そ
    の事務の一部を共同処理
  - **広域連合**
    高齢者医療、介護保険事業の実施の
    ために、都道府県市町村、特別区が
    共同設置できる
- **財産区**

※指定都市・中核市の指定
指定都市並びに中核市の指定における人口数は、必要条件に過ぎず、総務大臣の指定を要する。

さらに、中核市の指定には、市議会の議決による市の申出ののち、都道府県議会の議決による都道府県の同意が必要になる（自治252条の241～3項）。

かつては、「特例市」が存在したが廃止されると同時に、中核市の人口要件がかつての特例市の水準に引き下げられた。

なお、指定都市・中核市は、都道府県の権限が移行することになる。その関係については、次の「中核市市長会」ホームページの図が参考になる。

---

　日本の市町村は、昭和30年代からほぼ40年以上の間3000団体程度で推移してきたが、合併特例法の改正による合併特例債により合併事業に地方債をあてるインセンティブを与えた結果、3200団体（1999年3月時点）から44％程度減少した（2006年3月）（いわゆる平成の大合併）。これらの「第二次地方分権改革」では、市町村（基礎自治体）優先の原則のもと都道府県から市町村による権限移譲が打ち出されると同時に、都道府県の事務・権限の一部が実施できる指定都市との間でのいわゆる「二重行政」が論点化し、さらなる指定都市への権限移譲が打ち出された（第30次地方制度調査会2013年6月）。

### (ii)　憲法上の地方公共団体とは？（最大判昭38・3・27刑集17巻2号121頁）

地方公共団体を単に地方自治法によって創設されたものではないとすれば、「地方自治の本旨」の実現に不可欠の要素を憲法上析出する必要がある。この論点が浮上したのは、昭和32年8月東京都渋谷区長選定にまつわるある贈収賄

【図7　都道府県・指定都市・中核市の主な事務・権限】

| 事務・権限 | A　都道府県 | B　指定都市 | C　中核市 |
|---|---|---|---|
| 保健衛生 | ・麻薬取扱者（一部）の免許<br>・精神科病院の設置<br>・臨時の予防接種の実施 | ・精神障害者の入院措置<br>・動物取扱業の登録<br>・病院の開設許可 | ・保健所の設置<br>・薬局の開設許可<br>・飲食店営業等の許可<br>・温泉の利用許可<br>・旅館業・公衆浴場の経営許可 |
| 福　祉 | ・保育士、介護支援専門員の登録<br>・身体障害者更生相談所、知的障害者更生相談所の設置 | ・児童相談所の設置 | ・保育所、養護老人ホームの設置の認可・監督<br>・介護保険及び障害者福祉サービス事業者の指定<br>・身体障害者手帳の交付 |
| 教　育 | ・小中学校学級編制基準、県費負担教員定数の決定<br>・私立学校の設置認可<br>・高等学校の設置管理 | ・県費負担教職員の任免、給与の決定 | ・県費負担教職員の研修 |
| 環　境 | ・第一種フロン類回収業者の登録<br>・公害健康被害の補償給付 | ・建築物用地下水の採取の許可 | ・一般廃棄物処理施設、産業廃棄物処理施設の設置の許可<br>・ばい煙発生施設の設置の届出の受理 |
| まちづくり | ・都市計画区域の指定<br>・市街地再開発事業の認可<br>・指定区間の1級河川、2級河川の管理 | ・都市計画区域の整備、開発及び保全の方針に関する都市計画<br>・市街地再開発事業の認可（一部）<br>・区域区分に関する都市計画決定<br>・指定区間外の国道、県道の管理<br>・指定区間の1級河川（一部）、2級河川（一部）の管理 | ・屋外広告物の条例による設置制限<br>・サービス付き高齢者向け住宅事業の登録 |

出典：「中核市市長会パンフレット」2頁（https://www.chuukakushi.gr.jp/_files/00116862/chuukakushi_pnf_r3.pdf）に掲載の図を加工

都道府県の活動：AかつBかつC
指定都市の活動：BかつC
中核市の活動：C

【図8　分権改革後の事務と国・地方の関係】

| 再編後の事務の種類 | 国の関与のあり方 |
|---|---|

**自治事務**

① 地方公共団体の処理する事務のうち、法定受託事務を除いたもの。**法律・政令により処理が義務付けられるもの**（自治2条8項）。

例）学校教育、介護保険、国民健康保険、児童福祉・老人福祉・障害者福祉、食品衛生

② 法律・政令に基づかず任意におこなうもの

例）各種助成金（乳幼児医療費補助等）の交付、公共施設（文化ホール、生涯学習センター、スポーツセンタ等）の管理等

原則、是正の要求まで

・資料提出（自治245条の4）

・是正要求（自治245条の5）

・是正勧告（自治245条の6）

・協議 同意、許認可、指示は限定 （代執行は設けない）

**法定受託事務**

① 1号法定受託事務：国が本来果たすべき役割に係る地方公共団体の事務

例）国政選挙、旅券の交付、国の統計資料、国道管理、戸籍事務、生活保護など、全国一律基準で公平平等に行われる給付金の事務、精神障害者の強制入院、伝染病予防、医薬品取締、災害救助、国際協定

② 2号法定受託事務：都道府県が本来果たすべき役割に係る地方公共団体の事務

是正の指示、代執行など、強い関与

① 助言・勧告（自治245条の4）
➡ 資料提出要求（同）
② 協議・同意、許認可、承認（自治245条の7）
➡ 是正の指示（同）
③ 代執行（自治245条の8）

事件であった。

　**【事案の概要】**　当時の地方自治法は、区議会が都知事の同意により特別区区長を選任するとしていた（旧自治281条の2第1項）。収賄罪（刑197条）の成立には、法律上の職務行為と賄賂の対価性を要するが、一審は、地自法のこの規定が憲法93条2項違反し、区長選任の職務権限が存在しないため無罪とし（東京地判昭37・2・26下刑4巻1・2号157頁）、これに対して検察側が跳躍上告（刑訴406条）を行なった。

　**【判旨】**　最高裁は、憲法上の地方公共団体といえるためには、「単に法律で地方公共団体として取り扱われているということだけでは足らず、事実上住民が経済的文化的に密接な共同生活を営み、共同体意識をもっているという社会的基盤が存在し、……相当程度の自主立法権、自主行政権、自主財政権等地方自治の基本的権能を附与された地域団体である」ことを要し、「その実体を

無視して、憲法で保障した地方自治の権能を法律を以て奪うことは」許されないとした。そのうえで東京23区は、「統一と均衡と計画性のある大都市行政を実現せんとする」ためのものであって、憲法上の地方公共団体にあたらず、上記特別区の区長の選出に関する地自法の規定は立法裁量の範囲におさまるとし、原判決を破棄して差し戻した。なお本判決後昭和49年の地自法改正により区長公選制が復活し現在に至り、平成11年地方自治法改正（281条の2第2項）により特別区は基礎的地方公共団体と位置づけられた（図6参照）。

　本判決については、立法政策により自主立法権等を国が与えなければ憲法上の地方公共団体といえないことになるなどの問題点が指摘される一方、地方創生や地域づくりにおける地方公共団体像としてしばしば参照されている。

### (2)　「地方分権」改革とその意義

　(i)　**地方分権とは何か**　　1999年に地方分権一括法により475件の関連法令が改正された。それ以前の地方自治法は、地方公共団体の事務として、①公共事務②団体事務③行政事務の三種と同時に、④「国、他の地方公共団体の事務であって、法律又はこれに基づく政令」を根拠とする事務として「機関委任事務」を設けていた。このうち④には国の包括的な指揮監督権が及ぶため「団体自治」をそこなうものとしての批判を受け、同法改正により、④が廃止され、国の直轄事務とするもの以外はすべて地方公共団体の事務とされた。

　その結果、国と地方とは対等・独立の関係とされたうえで地方公共団体の事務は、自治事務と法定受託事務へと再編された。法定受託事務には、図7のように、是正の指示などの国の強い関与が残存したが、あくまで地方公共団体の事務とされ、その関与は「法律又はこれに基づく政令によらなければ」ならず（自治245条の2）、かつ、政策目標達成のため必要最小限のものでなければならない（同245条の3）。

　(ii)　**国地方係争処理委員会と機関訴訟**　　関与に対しては自治事務については違法性・不当性について、法定受託事務については違法性について、総務省の「国地方係争処理委員会」に審査を申し立てることができ（自治250条の14）、同委員会は、国に対して理由・期限を示して必要な措置を勧告し、国はそれに従う義務を負う（同250条の18）。審査を申し出た地方公共団体の長が勧告に対して不服がある場合に、国を被告とする機関訴訟による紛争解決手続が

導入された（同176条・251条の5）。

　なお、機関委任事務のもとで主務大臣は、指揮監督権に基づく命令およびそれに基づく職務執行命令訴訟をおこし（旧法151条の2に基づく最大判平8・8・28民集50巻7号1952頁）、平成3年改正までは首長を罷免できた。地方分権改革後、法定受託事務に関する地方公共団体の事務の執行、法令違反、大臣の処分への違反、執行を怠る等の場合、他の方法による是正が困難かつそれを放置することが著しく公益を害することが明らかなとき、国は、勧告の後、指示をしたうえで高等裁判所を一審とする機関訴訟を通じた代執行（自治245条の8）、あるいは、地方公共団体に対する違法確認訴訟を提起することができる（自治251条の7）よう改められた。

### （3）　条例制定権と「法律の範囲」（憲94条）との関係

### （i）　売春勧誘行為等取締条例事件（最大判昭37・5・30刑集16巻5号577頁）

　地方自治法14条3項は、条例に、2年以下の懲役・禁錮や100万円以下の罰金等の刑罰を定めることを授権している。この規定が、特定性と具体性を欠き罪刑法定主義（憲31条）に反するか争われた事件で最高裁は、法令体系における条例の意義を次のように明確に位置づけた。「条例は、法律以下の法令といっても、……公選の議員をもって組織する地方公共団体の議会の議決を経て制定される自治立法であって、行政府の制定する命令等（政令、省令・府令など本章Ⅰ(3)(i)参照）とは性質を異にし、むしろ国民の公選した議員を以て組織する国会の議決を経て制定される法律に類するものであるから、条例によって刑罰を定める場合には、法律の授権が相当な程度に具体的であり、限定されて」いるため、上記地方自治法の限定された範囲内での、条例における刑罰法規の規定は、「憲法31条の意味において法律の定める手続きによって刑罰を科するものということができ」憲法に反しない。

　「法律の範囲内」とは何かをめぐって、かつては国の法令が条例に優位するため、法令の規制が規制内容であるため、これと同一目的の規制を加えることは憲法違反とされた（法律先占論）。この考え方を否定し、現在に至るまで、法令と条例との調整枠組として参照されているのが次の徳島市公安条例事件である。

(ii)　**上乗せ条例・横出し条例と法律との相互関係の調整論**（最大判昭50・9・10刑集29巻8号489頁［徳島市公安条例事件］、第11章も参照）　　法律先占論のもとで条例は法律の委任のもとに制定される（委任条例）。現代においては地方分権のもと、委任条例のみならず自主条例の範囲が拡大している（図9（A））。上乗せとは、法令の規制を条例により強化することであり、横出しとは、法令外に規制対象を条例により追加することである（なお法令が数値基準を定めその閾値外として切り捨てた事柄を、条例で規制対象に追加する条例を「裾きり条例」といわれ、横出しの一種とされる場合もある）。「法律の範囲」（憲94条）の射程を限定する調整原理を定式化した判例が、徳島公安条例事件判決である。本判決につき、条例による集会の自由への規制が構成要件の明確性の観点から許容されるかについてはすでに第11章で詳述した。そのため、本章では、法律と条例との規定の重複の合理性を認定したうえで条例制定権の限界を計測する基準を明らかにした点に限定して解説する。なおこ本判決の場合分けは、条例作成の政策法務においても現在でも参照される重要な意義をもつが、これについては文章が複雑であるため、図9（B）の7通りの場合分けを確認しながら読んで欲しい。

　最高裁は、「条例が国の法令に違反するかどうかは、……それぞれの趣旨、目的、内容および効果とを比較し、両者の間に矛盾抵触があるかどうか」を次のようにして判断するという基準を示した。「例えば、ある事項について国の法令中にこれを規律する明文の規定がない場合でも、当該法令全体からみて、右規定の欠如が特に当該事項についていかなる規制をも施すことなく放置すべきものとする趣旨であると解されるときは、これについて規律を設ける条例の

---

コラム　──統治の学習に法的関心をもてないという方へ──

　統治に関する事項は、憲法条文の理解ならびに憲法付属法のなかで判例理論の「制度像」をよみとることが重要である。憲法の統治編を理解するコツとしておすすめしたのは、行政法と会社法とあわせて勉強することである（特に公務員試験の受験を考える方には、地方自治法を含む行政法とあわせて勉強されることを強く推奨したい）。組織にどのような権限を帰属させ、かつそれらの権限を法規範により制御する法的思考は、憲法学が生み出されたドイツ国法学の成立史の展開の中で、たとえばパウル・ラーバントのような会社法や行政法の基礎理論を生み出したドイツ法の臣人たちによって鍛えあげられてきたからである。

**【図9 上乗せ条例・横出し条例と法律との相互関係の考え方（最大判昭和50・9・10）】**

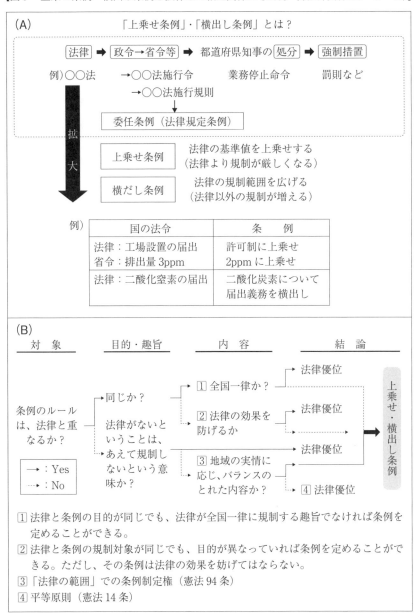

① 法律と条例の目的が同じでも、法律が全国一律に規制する趣旨でなければ条例を定めることができる。

② 法律と条例の規制対象が同じでも、目的が異なっていれば条例を定めることができる。ただし、その条例は法律の効果を妨げてはならない。

③ 「法律の範囲」での条例制定権（憲法94条）

④ 平等原則（憲法14条）

規定は国の法令に違反することとなりうるし、逆に、特定事項についてこれを規律する国の法令と条例とが併存する場合でも、後者が前者とは別の目的に基づく規律を意図するものであり、その適用によつて前者の規定の意図する目的と効果をなんら阻害することがないときや、両者が同一の目的に出たものであつても、国の法令が必ずしもその規定によつて全国的に一律に同一内容の規制を施す趣旨ではなく、それぞれの普通地方公共団体において、その地方の実情に応じて、別段の規制を施すことを容認する趣旨であると解されるときは、国の法令と条例との間にはなんらの矛盾牴触はなく、条例が国の法令に違反する問題は生じえないのである。」

上記の基準に照らし、本件で問題になった道路交通法77条1項と公安条例3条3号の関係について、同法の規定は条例による規制の余地を排除するものではなく、また、同法と条例の重複について「矛盾抵触するところはなく、条例における重複規制がそれ自体としての特別の意義と結果を有し、かつ、その合理性が肯定される場合」には、条例が優先適用され、条例の特別の規律が存在しないときに法律の規制が適用される趣旨である、とした。

なお、最1小判平25・3・21民集67巻3号438頁は条例制定権の限界と「法律の範囲」を計測するうえで重要な判例であるが、本判決に言及している。

【事案の概要】　神奈川県臨時特例企業条例は、県税の減収に対応するために資本金等の額が5億円以上を超える法人の事業活動に法定外普通税として、法人事業税の欠損金の繰越控除（法人税57条、地税72条の23）に3％課税する「臨時特例企業税」を課した。

【判旨】　最高裁は、同条例が、「強行規定」である地方税法の繰越控除を一部排除する効果を持ち、法律の適用を「一部遮断」する趣旨・目的にあるため、上記判例の基準に則し、同条例を違憲とした。すなわち、「憲法は、普通地方公共団体の課税権の具体的内容について規定しておらず」「租税の税目、課税客体、課税標準、税率その他の事項については、憲法上、租税法律主義（84条）の原則の下で、法律において地方自治の本旨を踏まえてその準則を定めることが予定されており、これらの事項について法律において準則が定められた場合には、普通地方公共団体の課税権は、これに従ってその範囲内で行使されなければならない」。それゆえ「地方税法の定める法定普通税についての

強行規定の内容を変更することが同法に違反して許されないことはもとより、法定外普通税に関する条例において、同法の定める法定普通税についての強行規定に反する内容の定めを設けることによって当該規定の内容を実質的に変更することも、これと同様に、同法の規定の趣旨、目的に反し、その効果を阻害する内容のものとして許されない」。

# 第4章　裁判所と違憲審査

## Ⅰ　司法権の概念と法律上の争訟

　憲法76条1項は、「すべて司法権は、最高裁判所及び法律の定めるところにより設置する下級裁判所に属する。」と規定している。ここでいう司法とは、「具体的な争訟について、法を適用し、宣言することによって、これを裁定する国家の作用」（清宮・憲法）とするのが通説である。司法権は、裁判所という独立の国家機関に委ねられている。

　次に、「具体的な争訟」とは、具体的事件性（事件性）の要件といわれることもあるもので、司法権の概念の中核をなすとされ、裁判所法3条の「一切の法律上の争訟」と、概ね同義と考えられている。

　判例は、「法律上の争訟」について、「法律上の争訟とは、当事者間の具体的な権利義務ないし法律関係の存否に関する紛争であつて、且つそれが法律の適用によつて終局的に解決し得べきものであることを要するのである」としている（最3小判昭28・11・17行集4巻11号2760頁）。原則として、この要件を満たしたものが、裁判の対象となる。すなわち、判例は、裁判の対象となるには、原則として、①当事者間の具体的な権利義務ないし法律関係の存否に関する紛争の存在、②法適用により終局的解決ができること、の2つの要件を必要としているのである。逆にいえば、これら2つの要件を満たさないものは、原則として、裁判で扱われないことになる。

　さて、一般に裁判を訴える者を原告といい、その資格があることを原告適格という。刑事裁判を訴える（起訴する）者は、通常、検察官に限られる（起訴独占主義）が、それ以外の裁判では、個人の権利・利益の保護を目的とし、原則として、原告適格を「法律上の利益を有する者」に限定している（法律上の利益を有する者とは、言い換えれば、裁判で勝訴した場合に、何かしらの法律上の利益を得る者であり、一般的には、法的紛争の当事者である場合が多い）。このような訴訟を主観訴訟という。それに対して、公益保護を目的として、原告適格の範囲を

「法律上の利益を有する者」に限らない訴訟を客観訴訟という。日本では、主観訴訟が原則であるが、法律によって、特別に客観訴訟を認めることもできるとされている。たとえば、行政事件訴訟法では、「『民衆訴訟』とは、国又は公共団体の機関の法規に適合しない行為の是正を求める訴訟で、選挙人たる資格その他自己の法律上の利益にかかわらない資格で提起するものをいう。」とされ（行訴5条）、また、「『機関訴訟』とは、国又は公共団体の機関相互間における権限の存否又はその行使に関する紛争についての訴訟をいう。」とされており（同6条）、「民衆訴訟及び機関訴訟は、法律に定める場合において、法律に定める者に限り、提起することができる。」と規定されている（同42条）。

　上記①および②の要件を満たさないものとして、国家試験における合否判定が争われた事案において、最高裁は、「法令の適用によつて解決するに適さない単なる政治的または経済的問題や技術上または学術上に関する争は、裁判所の裁判を受けうべき事柄ではないのである。国家試験における合格、不合格の判定も学問または技術上の知識、能力、意見等の優劣、当否の判断を内容とする行為であるから、その試験実施機関の最終判断に委せられるべきものであつて、その判断の当否を審査し具体的に法令を適用して、その争を解決調整できるものとはいえない」としている（最3小判昭41・2・8民集20巻2号196頁）。

　一方、具体的な法的紛争の形式をとっていたとしても、宗教団体の正本堂に安置した本尊の「板まんだら」の真偽が争われた板まんだら事件において、最高裁は、「本件訴訟は、具体的な権利義務ないし法律関係に関する紛争の形式をとつて」おり、「信仰の対象の価値又は宗教上の教義に関する判断は請求の当否を決するについての前提問題であるにとどまるものとされてはいるが、本件訴訟の帰すうを左右する必要不可欠のものと認められ、……その実質において法令の適用による終局的な解決の不可能なもの」として、「裁判所法3条にいう法律上の争訟にあたらない」とした（最3小判昭56・4・7民集35巻3号443頁）。関連して、板まんだら事件判決を引用しつつ、裁判所法3条の「法律上の争訟」にあたらないとして、宗教団体内部の懲戒処分に対する地位確認請求が認められなかった日蓮正宗蓮華寺事件（最2小判平元・9・8民集43巻8号889頁）もある。

## Ⅱ 司法権の範囲と限界

　明治憲法では、いわゆる行政事件の裁判権を司法権に含めておらず、その裁判権は行政裁判所に属するものとされていた（明治憲法61条）。一方、日本国憲法では、76条1項で、すべての裁判作用を「司法権」と捉え、通常裁判所に属するものとしており、76条2項で「特別裁判所は、これを設置することができない。行政機関は、終審として裁判を行ふことができない。」と規定し、特別裁判所の設置と行政機関による終審裁判を禁止している。

　司法権には「法律上の争訟」要件を満たしていたとしても、一定の理由により限界が認められる。たとえば、憲法上に明文化されている限界として、議員の資格紛争の裁判（憲55条）や裁判官の弾劾裁判（同64条）があり、これらは裁判所の権限ではなく、議院や国会の権限であり、これらの裁定に不服がある場合でも、通常裁判所へ訴えを提起することはできない。ここでは、司法権の限界にかかる判例で、上記の憲法上の明文規定がある場合以外のものとして、(1)議院の自律権、(2)裁量行為、(3)統治行為論、(4)部分社会の法理をみていきたい。

### (1) 議院の自律権

　議院における議事手続など、議院の内部事項について両議院が自律的に決定できる事項である、議院の自律権に関する事項には、司法権は及ばないとされる。以下では、議院の自律権に関する警察法改正無効事件（最大判昭37・3・7民集16巻3号445頁、第2章も参照）をみていきたい。

　本件は、警察法改正をめぐって、野党議員の強靱な反対などがあり議場混乱のまま可決された議決が無効か否かが争われた事案である。最高裁は、改正後の警察法は、「両院において議決を経たものとされ適法な手続によつて公布されている以上、裁判所は両院の自主性を尊重すべく同法制定の議事手続に関する所論のような事実を審理してその有効無効を判断すべきでない」とした。

### (2) 裁量行為

　行政機関や立法機関の自由裁量行為に対しては、各機関の権限行使が裁量の範囲内である限り司法権は及ばない。行政権との関係においては、内閣総理大臣による国務大臣の任免（憲68条）や国務大臣の訴追に対する同意（同75条）は、憲法上、内閣総理大臣の裁量に委ねられており、司法権は及ばない。しか

し、裁量権が認められていたとしても、裁量権の範囲の逸脱・濫用があった場合には、違法となり、司法権が及ぶものとされている（行訴30条）。立法権との関係においても、その裁量を著しく逸脱・濫用した場合でないと司法権が及ばないとされる。以下では、近年、判例動向の変化が指摘されている立法裁量にかかる判例をみていきたい。

(i)　**議員定数不均衡訴訟**（**最大判昭39・2・5民集18巻2号270頁**）　　本件は、参議院議員の定数不均衡（最大格差4.09倍）にかかる違憲性が争われた事案である。最高裁は、「議員定数、選挙区および各選挙区に対する議員数の配分の決定に関して立法府である国会が裁量的権限を有する以上、選挙区の議員数について、選挙人の選挙権の享有に極端な不平等を生じさせるような場合は格別、各選挙区に如何なる割合で議員数を配分するかは、立法府である国会の権限に属する立法政策の問題であつて、議員数の配分が選挙人の人口に比例していないという一事だけで、憲法14条1項に反し無効であると断ずることはできない。そして、現行の公職選挙法別表二が選挙人の人口数に比例して改訂されないため、不均衡が生ずるに至つたとしても、所論のような程度ではなお立法政策の当否の問題に止り、違憲問題を生ずるとは認められない」とした。

　以上のような、裁判所の違憲判断にかかる消極的姿勢には学説から批判がよせられていた。一方で、近年では、立法行為や立法不作為について、違憲性を認める判例も増えてきている。以下では、そのような立法行為や立法不作為にかかる判例をみていきたい。

(ii)　**在外日本人選挙権訴訟**（**最大判平17・9・14民集59巻7号2087頁、第2章も参照**）

　本件は、日本国外に在住する在外国民が国政選挙における選挙権を行使できない公職選挙法の規定（本件改正前の公職選挙法が、在外国民の投票を全く認めていなかったこと、および、公職選挙法附則8項の規定のうち、在外選挙制度の対象となる選挙を当分の間両議院の比例代表選出議員の選挙に限定する部分）の違憲性が争われた事案である。被告国は、在外国民の選挙権の剥奪または制限は国会の裁量であるなどと主張したが、最高裁は、「国民の選挙権又はその行使を制限することは原則として許されず、国民の選挙権又はその行使を制限するためには、そのような制限をすることがやむを得ないと認められる事由がなければならないというべきである。そして、そのような制限をすることなしには選挙の公正を

確保しつつ選挙権の行使を認めることが事実上不能ないし著しく困難であると認められる場合でない限り、上記のやむを得ない事由があるとはいえず、このような事由なしに国民の選挙権の行使を制限することは、憲法15条1項及び3項、43条1項並びに44条ただし書に違反するといわざるを得ない。また、このことは、国が国民の選挙権の行使を可能にするための所要の措置を執らないという不作為によって国民が選挙権を行使することができない場合についても、同様である」とした。そして、「本件改正前の公職選挙法が、本件選挙当時、在外国民であった上告人らの投票を全く認めていなかったことは、憲法15条1項及び3項、43条1項並びに44条ただし書に違反するものであったというべきである」とし、「遅くとも、本判決言渡し後に初めて行われる衆議院議員の総選挙又は参議院議員の通常選挙の時点においては、衆議院小選挙区選出議員の選挙及び参議院選挙区選出議員の選挙について在外国民に投票をすることを認めないことについて、やむを得ない事由があるということはできず、公職選挙法附則8項の規定のうち、在外選挙制度の対象となる選挙を当分の間両議院の比例代表選出議員の選挙に限定する部分は、憲法15条1項及び3項、43条1項並びに44条ただし書に違反するものといわざるを得ない」とした。なお、関連して、在外国民が「国民審査権」を行使できないことを違憲とした東京高裁控訴審判決（東京高判令2・6・25判時2460号37頁）もある。

　そのほかの判例として、国籍法違憲判決（最大判平20・6・4民集62巻6号1367頁、第6章も参照）、衆議院議員定数不均衡訴訟違憲状態判決（最大判平23・3・23民集65巻2号755頁、第2章も参照）、婚外子相続分差別訴訟違憲決定（最大決平25・9・4民集67巻6号1320頁、第6章も参照）、再婚禁止期間違憲判決（最大判平27・12・16民集69巻8号2427頁、第6章も参照）がある。

### (3)　統治行為論（政治問題の法理）

　国家統治の基本に関わる高度に政治性のある行為は、裁判所による法的判断が可能であっても、その高度の政治性を理由に、司法審査が及ばないとする考えを「統治行為論」、または、「政治問題の法理」という。以下では、統治行為論に関する砂川事件判決（最大判昭34・12・16刑集13巻13号3225頁、第1・3・14章も参照）をみていきたい。

　本件は、日米安全保障条約に基づく駐留米軍の違憲性が争われた事案であ

る。最高裁は、「本件安全保障条約は、……主権国としてのわが国の存立の基礎に極めて重大な関係をもつ高度の政治性を有するものというべきであって、その内容が違憲なりや否やの法的判断は、その条約を締結した内閣およびこれを承認した国会の高度の政治的ないし自由裁量的判断と表裏をなす点がすくなくない。それ故、右違憲なりや否やの法的判断は、純司法的機能をその使命とする司法裁判所の審査には、原則としてなじまない性質のものであり、従って、一見極めて明白に違憲無効であると認められない限りは、裁判所の司法審査権の範囲外のもの」とした。なお、砂川事件判決は、「一見極めて明白に違憲無効である場合」という留保がついていたが、衆議院の抜き打ち解散の効力について、このような留保なく司法審査が及ばないとした苫米地事件（最大判昭35・6・8民集14巻7号1206頁、第3章も参照）もある。

### (4)　部分社会の法理

　自律的な法規範をもつ団体等における内部紛争について、その自律的な判断を尊重すべき場合には司法審査が及ばないとする考えを「部分社会の法理」という。以下では部分社会の法理に関する判例をみていきたい。

**(i)　大学の単位認定について——富山大学事件**（最3小判昭52・3・15民集31巻2号234頁、第13章も参照）　本件は、国立大学の単位不認定処分が司法審査の対象とされるか否かが争われた事案である。最高裁は、「単位授与（認定）行為は、他にそれが一般市民法秩序と直接の関係を有するものであることを肯認するに足りる特段の事情のない限り、純然たる大学内部の問題として大学の自主的、自律的な判断に委ねられるべきものであつて、裁判所の司法審査の対象にはならないものと解するのが、相当である」とした。ただし、同日の最高裁判決では、「専攻科修了の認定は司法審査の対象になるものと解すべきである」としていることには留意が必要である（最3小判昭52・3・15民集31巻2号280頁）。

**(ii)　政党の除名処分について——袴田事件**（最3小判昭63・12・20集民155号405頁）

　本件は、政党の除名処分が司法審査の対象とされるか否かが争われた事案である。最高裁は、「政党に対しては、高度の自主性と自律性を与えて自主的に組織運営をなしうる自由を保障しなければならない」としたうえで、「政党が党員に対してした処分が一般市民法秩序と直接の関係を有しない内部的な問題

にとどまる限り、裁判所の審判権は及ばない」とした。

　(iii)　**地方議会議員の出席停止処分について――地方議会議員出席停止処分取消請**
**求事件（最大判令2・11・25民集74巻8号2229頁）**　　本件は、地方議会議員に対す
る出席停止処分が司法審査の対象とされるか否かが争われた事案である。最高
裁は、「出席停止の懲罰は、上記の責務〔筆者注：住民の代表としてその意思
を当該普通地方公共団体の意思決定に反映させるべく活動する責務〕を負う公
選の議員に対し、議会がその権能において科する処分であり、これが科される
と、当該議員はその期間、会議及び委員会への出席が停止され、議事に参与し
て議決に加わるなどの議員としての中核的な活動をすることができず、住民の
負託を受けた議員としての責務を十分に果たすことができなくなる。このよう
な出席停止の懲罰の性質や議員活動に対する制約の程度に照らすと、これが議
員の権利行使の一時的制限にすぎないものとして、その適否が専ら議会の自主
的、自律的な解決に委ねられるべきであるということはできない」とし、「出
席停止の懲罰は、議会の自律的な権能に基づいてされたものとして、議会に一
定の裁量が認められるべきであるものの、裁判所は、常にその適否を判断する
ことができるというべきである」とし、「普通地方公共団体の議会の議員に対
する出席停止の懲罰の適否は、司法審査の対象となる」とした。

　かつては、地方議会議員に対する除名処分には司法審査が及ぶとされていた
ものの、出席停止処分には及ばないものとされていた（最大判昭35・10・19民集
14巻12号2633頁）が、本件判決によって、出席停止処分にも司法審査が及ぶこ
ととなった。

# Ⅲ　司法権の独立と裁判所組織

　公正な裁判が確保されるためには、司法権の独立が不可欠と考えられてい
る。そのためには、裁判所が他の国家権力から独立していること、および、裁
判官がその良心に従って独立して職権を行使することが重要となる。つまり、
司法権の独立は、広義の意義（裁判所の独立）と狭義の意義（裁判官の独立）か
らなる。

　憲法76条3項は、「すべて裁判官は、その良心に従ひ独立してその職権を行
ひ、この憲法及び法律にのみ拘束される。」と規定し、裁判官の職権の独立に

ついて規定している。ここでいう「良心」は、「裁判官としての客観的良心」
とされるのが通説である。判例は、「裁判官が有形無形の外部の壓迫乃至誘惑
に屈しないで自己内心の良識と道徳感に従うの意味である」（最大判昭23・11・
17刑集 2 巻12号1565頁）とし、「凡て裁判官は法（有効な）の範圍内において、自
ら是なりと信ずる處に従って裁判をすれば、それで憲法のいう良心に従った裁
判といえるのである」（最大判昭23・12・15刑集 2 巻13号1783頁）としている。こ
のような裁判官の職権行使の独立を確保するために、裁判官の身分保障の規定
をおいている（憲78条等）。

　さて、憲法76条 1 項は、「すべて司法権は、最高裁判所及び法律の定めると
ころにより設置する下級裁判所に属する」として、最高裁判所と下級裁判所の
設置を規定する。裁判所法 2 条は、「下級裁判所は、高等裁判所、地方裁判
所、家庭裁判所及び簡易裁判所とする」と規定している。

　「下級裁判所の裁判官は、最高裁判所の指名した者の名簿によつて、内閣で
これを任命する。その裁判官は、任期を10年とし、再任されることができる。
但し、法律の定める年齢に達した時には退官する」と規定されている（憲80条
1 項）。なお、ここでいう「再任されることができる」の解釈については、最
高裁は、任命者の裁量に委ねられているとする立場である。

　最高裁判所は、最高裁判所長官 1 名と判事14名の裁判官で構成される（憲79
条 1 項、裁所 5 条）。最高裁判所長官は、内閣によって指名され、天皇によって
任命される（憲 6 条 2 項）。その他の最高裁判所の判事は、内閣によって任命さ
れ、天皇によって認証される（憲79条 1 項、裁所39条）。最高裁判所の裁判官の
任期については、規定はないが、定年は70歳とされており（憲79条 5 項、裁所50
条）、弾劾裁判（憲78条）、または国民審査（同79条 2 項・ 3 項）により罷免され
る。

　最高裁判所における審理および裁判は、大法廷または小法廷で行われる。大
法廷は長官が裁判長となり、最高裁判所裁判官全員（15名）の合議体であり、
小法廷は、最高裁判所の裁判官（ 3 名以上とされているが、実際には 5 名）の合議
体である。法令等の憲法適合性審査や判例変更をするときなどは、大法廷で行
わなければならない（裁所10条）。

## Ⅳ　最高裁判所裁判官国民審査

　憲法79条2項は、「最高裁判所の裁判官の任命は、その任命後初めて行はれる衆議院議員総選挙の際国民の審査に付し、その後10年を経過した後初めて行はれる衆議院議員総選挙の際更に審査に付し、その後も同様とする」と規定し、最高裁判所の裁判官については、国民審査の制度が設けられている。判例は、この国民審査の性質について、「解職制」としており、投票方法につき、罷免を可とする裁判官については、投票用紙記載欄に×印を記載し、それ以外の裁判官については、なにも記載しないという方法について、「罷免する方がいいか悪いかわからない者は、積極的に『罷免を可とする』という意味を持たないこと勿論だから、かかる者の投票に対し『罷免を可とするものではない』との効果を発生せしめることは、何等意思に反する効果を発生せしめるものではない、解職制度の精神からいへば寧ろ意思に合する効果を生ぜしめるものといつて差支ない」としている（最大判昭27・2・20民集6巻2号122頁）。この判例については、×印のない白票はすべて罷免を可としない票にカウントされ、棄権ができない点など、批判的な学説も多い。

## Ⅴ　裁判の公開

　憲法82条1項は、「裁判の対審及び判決は、公開法廷でこれを行ふ」と規定し、裁判の公開を要求している。裁判の公開は、裁判の公正を確保するために必要である。また、同2項で、「政治犯罪、出版に関する犯罪又はこの憲法第三章で保障する国民の権利が問題となつてゐる事件の対審」を除いて、「裁判所が、裁判官の全員一致で、公の秩序又は善良の風俗を害する虞があると決した場合には、対審は、公開しないでこれを行ふことができる」と規定している。

　ここでいう「公開」には、傍聴の自由が認められると解されるところ、法廷でメモをとる権利が争われたレペタ訴訟において、最高裁は、「裁判の公開が制度として保障されていることに伴い、各人は、裁判を傍聴することができることとなるが、……各人が裁判所に対して傍聴することを権利として要求できることまでを認めたものでない」とした。そして、傍聴人が法廷においてメモをとる権利については、「傍聴人に対して法廷においてメモを取ることを権利

として保障しているものでない」としつつ、法廷でのメモの採取につき、「憲法21条１項の規定の精神に照らして尊重されるべきであるといわなければならない」としている（最大判平元・３・８民集43巻２号89頁）。

## Ⅵ　裁判員裁判

　平成16年５月21日「裁判員の参加する刑事裁判に関する法律」（裁判員法）が成立し、同月28日に公布された。これによって、裁判官と一般市民による裁判員が一緒に刑事裁判を行う「裁判員制度」が、平成21年５月21日から実施されている。裁判員制度の趣旨は、「国民の中から選任された裁判員が裁判官と共に刑事訴訟手続に関与することが司法に対する国民の理解の増進とその信頼の向上に資すること」（同法１条）とされているところであるが、様々な批判もある。

　裁判員制度の合憲性について争われた事案において、最高裁は次のように判示して、裁判員制度を合憲とした。すなわち、①憲法31条、32条、37条１項、76条１項、80条１項との合憲性につき、「憲法は、最高裁判所と異なり、下級裁判所については、国民の司法参加を禁じているとは解されない。したがって、裁判官と国民とで構成する裁判体が、それゆえ直ちに憲法上の『裁判所』に当たらないということはできない」とし、「裁判員制度の仕組みを考慮すれば、公平な『裁判所』における法と証拠に基づく適正な裁判が行われること（憲法31条、32条、37条１項）は制度的に十分保障されている上、裁判官は刑事裁判の基本的な担い手とされているものと認められ、憲法が定める刑事裁判の諸原則を確保する上での支障はないということができる」、②憲法76条３項との合憲性につき、「憲法76条３項によれば、裁判官は憲法及び法律に拘束される。そうすると、……憲法が一般的に国民の司法参加を許容しており、裁判員法が憲法に適合するようにこれを法制化したものである以上、裁判員法が規定する評決制度の下で、裁判官が時に自らの意見と異なる結論に従わざるを得ない場合があるとしても、それは憲法に適合する法律に拘束される結果であるから、同項違反との評価を受ける余地はない」、③憲法76条２項との合憲性につき、「裁判員制度による裁判体は、地方裁判所に属するものであり、その第１審判決に対しては、高等裁判所への控訴及び最高裁判所への上告が認められて

おり、裁判官と裁判員によって構成された裁判体が特別裁判所に当たらないことは明らかである」、④憲法18条後段との合憲性につき、「裁判員の職務等は、司法権の行使に対する国民の参加という点で参政権と同様の権限を国民に付与するものであり、これを『苦役』ということは必ずしも適切ではない。また、裁判員法16条は、国民の負担を過重にしないという観点から、裁判員となることを辞退できる者を類型的に規定し、さらに同条8号及び同号に基づく政令においては、個々人の事情を踏まえて、裁判員の職務等を行うことにより自己又は第三者に身体上、精神上又は経済上の重大な不利益が生ずると認めるに足りる相当な理由がある場合には辞退を認めるなど、辞退に関し柔軟な制度を設けている。加えて、出頭した裁判員又は裁判員候補者に対する旅費、日当等の支給により負担を軽減するための経済的措置が講じられている（11条、29条2項）。これらの事情を考慮すれば、裁判員の職務等は、憲法18条後段が禁ずる『苦役』に当たらないことは明らかであ」る（最大判平23・11・16刑集65巻8号1285頁、第11章も参照）。

## VII　違憲審査制

　違憲審査制とは、法律、命令、処分等の国家行為の憲法適合性を審査する制度であり、憲法違反の国家行為については、無効とする。違憲審査制の目的は、人権保障および憲法保障の二面があるとされる。

　憲法81条は、「最高裁判所は、一切の法律、命令、規則又は処分が憲法に適合するかしないかを決定する権限を有する終審裁判所である」とし、違憲審査制について規定している。

### (1)　違憲審査制の類型と日本における違憲審査制

　違憲審査制については、およそ、ドイツなどで採用されている抽象的違憲審査制とアメリカなどで採用されている付随的違憲審査制に類型化できる。抽象的違憲審査制は、具体的な事件の有無に関わりなく、特別に設けられた裁判所（いわゆる憲法裁判所）が、抽象的に法令等に関する憲法適合性判断を行う制度である。付随的違憲審査制は、通常訴訟の審理判断に付随して、当事者間の具体的な事件を解決するために必要な限度で、通常の裁判所が憲法適合性判断を行う制度である。

　日本においては、憲法81条の違憲審査制の解釈をめぐって、様々な学説が説かれているところであるが、判例は、付随的違憲審査制であるとしている。すなわち、自衛隊の前身たる警察予備隊の違憲性の確認を求めた事案において、最高裁は、「わが現行の制度の下においては、特定の者の具体的な法律関係につき紛争の存する場合においてのみ裁判所にその判断を求めることができるのであり、裁判所がかような具体的事件を離れて抽象的に法律命令等の合憲性を判断する権限を有するとの見解には、憲法上及び法令上何等の根拠も存しない」とし、訴えを却下している（最大判昭27・10・8民集6巻9号783頁）。

　また、付随的違憲審査制を採用する場合には、たとえ、訴訟に憲法上の争点があったとしても、その憲法上の争点を扱うことなく事件を解決できる場合には、憲法上の争点に関する判断を回避することが原則となる（憲法判断回避の原則）。この点に関して、陸上自衛隊演習場で電話通信線を切断した被告人らが自衛隊法121条の防衛用器物損壊罪違反で起訴された事案において、自衛隊法の憲法適合性が争点となった恵庭事件判決では、「被告人両名の行為について、自衛隊法121条の構成要件に該当しないとの結論に達した以上、もはや、弁護人ら指摘の憲法問題に関し、なんらの判断をおこなう必要がないのみならず、これをおこなうべきでもない」として、憲法判断を回避し無罪判決がなされている（札幌地判昭42・3・29下刑9巻3号359頁、第1章も参照）。

## (2)　違憲審査の主体

　憲法81条の規定からして、違憲審査の主体には最高裁判所が含まれるが、下級裁判所が含まれるかが問題となる。この点、日本の違憲審査を付随的違憲審査制の類型として捉える以上は、違憲審査の主体には下級裁判所も含まれるとされる。判例も、下級裁判所の違憲審査権につき、「憲法81条は、最高裁判所が違憲審査権を有する終審裁判所であることを明らかにした規定であって、下級裁判所が違憲審査権を有することを否定する趣旨をもっているものではない」としている（最大判昭25・2・1刑集4巻2号73頁）。

## (3)　違憲判断の種類

　違憲審査の方法には、法令の文面そのものを検討する「文面審査」と、法令の適用を検討する「適用審査」がある。違憲判断の方法においても、法令の規定そのものを違憲と判断する「法令違憲」と、法令の規定そのものを違憲とす

るのではなく、当該事件に適用される限りにおいて違憲とする「適用違憲」が
ある。なお、最高裁が法令違憲とした判例は、令和3年10月現在、10件の判例
だけである（カウントの仕方で11件と捉える場合もある）。

（4）　**違憲判決の効力**

　ある法令に違憲判決がなされた場合、その効力は、どのようなものになるの
であろうか。抽象的違憲審査制の場合は、当該法令を一般的に無効とする「一
般的効力」とされる。付随的違憲審査制の場合には、通常、当該事件に関する
限りで法令を違憲無効とする「個別的効力」が認められるとされる。つまり、
当該法令は当該事件に関する限りで違憲・無効とされるが、一般論として、当
該法令が違憲・無効となるわけではないとされるのが通例である。付随的違憲
審査制を採用していると解される日本においては、個別的効力説が通説とされ
る。ただし、個別的効力であったとしても、最高裁判所の判決については、そ
の先例拘束性から一般的効力に近い影響力が生じる。そのため、法運用の実態
を知るには、最高裁判所の判決を理解することが重要となる。

　違憲判決の効力に関しては、遡及効とされるのか、将来効とされるのかとい
う問題がある。この点、一般的効力として遡及効を認めると法的安定が損なわ
れることから一般的に遡及しないことが原則とされ、個別的効力の場合におい
て、当事者のみ遡及効を認めるとする。また、将来効は、個別的効力からは認
められないのが原則であるが、議員定数不均衡訴訟において、将来的に選挙を
無効にするなどといった内容につき、例外的に将来効も可能とする見解もあ
る。

# 第5章　人権総論

## Ⅰ　基本的人権の性質

　憲法は人権を保障するものであるが、その人権の性質として、①人権の固有性（人権は君主や憲法によって与えられるものではなく、人が人であるが故に当然にもっているものであること）、②人権の普遍性（人権は身分などにかかわりなく、すべての人がもっていること）、③人権の不可侵性（人権は原則として公権力によって侵されないこと）、の3つがあげられる。しがたって、人権の固有性や普遍性からすれば、すべての人が人権の享有主体である。

　しかし、グローバル化のなかで相対化しつつあるとはいえ、国民国家の枠組みがある以上、その国の憲法が定める基本的人権の保障の対象に関しては検討の余地がある。また、人権の不可侵性といっても、後述のように公共の福祉による制約は認められている。本章では、それらの問題に関して考えていきたい。

## Ⅱ　日本国憲法の基本的人権の保障の対象

　まず、日本国憲法の基本的人権の保障の対象に関する事例をみていきたい。

### (1)　外国人

　日本国憲法の基本的人権に関する条文の文言は、「国民」とあったり「何人も」とあったりする。しかし、判例は、そうした条文の文言にこだわる（文言説）のではなく、個々の基本的人権の性質に応じて、外国人にも保障するのかを判断している（性質説）。たとえば、無断転職や政治活動を理由とした在留期間更新の不許可処分が争われたマクリーン事件で最高裁（最大判昭53・10・4民集32巻7号1223頁）は、「憲法第3章の諸規定による基本的人権の保障は、権利の性質上日本国民のみをその対象としていると解されるものを除き、わが国に在留する外国人に対しても等しく及ぶ」としている。

　そのため、どのような基本的人権が、性質上日本国民のみを対象とするのか

が問題となる。マクリーン事件最高裁判決では、「政治活動の自由について
も、わが国の政治的意思決定又はその実施に影響を及ぼす活動等外国人の地位
にかんがみこれを認めることが相当でないと解されるものを除き、その保障が
及ぶ」としている。つまり、政治活動の自由は、外国人にも保障されるのであ
る。

　ただし、「外国人の在留の許否は国の裁量にゆだねられ……外国人に対する
憲法の基本的人権の保障は……外国人在留制度のわく内で与えられているにす
ぎない」とし、「在留期間中の憲法の基本的人権の保障を受ける行為を在留期
間の更新の際に消極的な事情としてしんしやくされないことまでの保障が与え
られているものと解することはできない」としている点には注意が必要だろ
う。つまり、外国人在留制度（出入国管理制度）は国の裁量に委ねられており、
しかも、日本国憲法の外国人の基本的人権の保障は、その制度に制限されてし
まっているのである。実際、マクリーン事件最高裁判決では、政治活動を理由
とした在留期間更新の不許可処分を合憲としている。

　それでは、参政権はどうだろうか。まず、国会議員の選挙権に関して、最高
裁は、「国会議員の選挙権を有する者を日本国民に限っている公職選挙法9条
1項の規定が憲法15条、14条の規定に違反するものでないことは」、マクリー
ン事件の最高裁判決の「趣旨に徴して明らか」として、外国人の国会議員の選
挙権を認めない公職選挙法を合憲としている（最2小判平5・2・26集民167号
579頁）。その後、外国人の国会議員の被選挙権を認めない公職選挙法なども合
憲としている（最2小判平10・3・13集民187号409頁）。

　ただし、地方選挙権に関して、最高裁は、「憲法93条2項にいう『住民』と
は、地方公共団体の区域内に住所を有する日本国民を意味するものと解するの
が相当」としつつも、いわゆる傍論部分で、「我が国に在留する外国人のうち
でも永住者等であってその居住する区域の地方公共団体と特段に緊密な関係を
持つに至ったと認められるものについて……法律をもって、地方公共団体の
長、その議会の議員等に対する選挙権を付与する措置を講ずることは、憲法上
禁止されているものではない」としている（最3小判平7・2・28民集49巻2号
639頁）。外国人の選挙権・被選挙権に関して、学説は、憲法上認めることはで
きないとする「禁止説」、憲法上認めなくてはならないとする「要請説」、憲法

上は要請も禁止もしておらず、法律などで認めることは可能であるとする「許容説」とがある。少なくとも、判例が要請説に立っていないことは明らかであるが、地方選挙権に関して、許容説に立っていると評価できるかは、傍論の評価にかかわるところである。

　また、公務就任権に関して、地方公共団体で保健婦として採用された外国人が国籍を理由に管理職選考の受験が認められなかった事案で最高裁は、「普通地方公共団体が……職員に在留外国人を任命することを禁止するものではない」が、「地方公務員のうち、住民の権利義務を直接形成し、その範囲を確定するなどの公権力の行使に当たる行為を行い、若しくは普通地方公共団体の重要な施策に関する決定を行い、又はこれらに参画することを職務とするもの（以下「公権力行使等地方公務員」という。）については……原則として日本の国籍を有する者が公権力行使等地方公務員に就任することが想定されているとみるべきであ」るとし、「普通地方公共団体が……日本国民である職員に限って管理職に昇任することができることとする措置を執ることは……労働基準法3条にも、憲法14条1項にも違反するものではない」としている（最大判平17・1・26民集59巻1号128頁）。つまり、判例は、外国人の公務就任権を全否定しているわけではないが、公権力行使等地方公務員については制限されることになる。

　次に、いわゆる社会権に関してはどうだろうか。当時、障害福祉年金の支給対象者に在留外国人を認めていなかったことが争われた塩見訴訟で最高裁（最1小判平元・3・2集民156号271頁）は、「社会保障上の施策において在留外国人をどのように処遇するかについては、国は、特別の条約の存しない限り……その政治的判断によりこれを決定することができるのであり、その限られた財源の下で福祉的給付を行うに当たり、自国民を在留外国人より優先的に扱うことも、許される」とし、「障害福祉年金の支給対象者から在留外国人を除外することは、立法府の裁量の範囲に属する」としている。つまり、判例によれば、社会権は外国人に原理的に認められるものではないのである。ただし、国際条約の批准に伴い法改正によって、今日、社会保険制度から国政要件は削除され、在留資格や在留期間などの要件を満たせば、外国人の社会保険への加入は認められている。それでも、生活保護の受給権は、現在でも権利としては認められていないことには注意が必要だろう（最3小判平13・9・25集民203号1頁）。

## (2) 法 人

　権利能力者は「人」であるが、そこでいう「人」には、「自然人」と「法人」とがある。自然人が人権の享有主体であることは間違いないが、「法人」も「人」である以上、日本国憲法の基本的人権の保障が及ぶのだろうか。まず、企業が政党に政治献金をすることができるのかが争われた八幡製鉄政治献金事件で最高裁（最大判昭45・6・24民集24巻6号625頁、第2章も参照）は、「憲法上の選挙権その他のいわゆる参政権が自然人たる国民にのみ認められたものである」としつつも、「憲法第3章に定める国民の権利および義務の各条項は、性質上可能なかぎり、内国の法人にも適用されるものと解すべきであるから、会社は、自然人たる国民と同様……政治的行為をなす自由を有する」とし、そして、「政治資金の寄附もまさにその自由の一環であ」るとして、「株式会社の政治資金の寄附はわが憲法に反するものではな」いとしている。つまり、判例は、法人に関しても性質説を採用しているのである。

　ただし、同じ法人でも、税理士会など、その職業を行うにあたっての強制加入団体の場合は、会社とは法的性質を異にしており、その法人の目的が厳格に解されるため、政治献金が認められないものとされている（[南九州税理士会政治献金事件]最3小判平8・3・19民集50巻3号615頁、第7章も参照）。

## (3) 公務員

　当時、民営化前の郵政事務官である国家公務員が、国政選挙に際して特定政党を支持する目的で、公営掲示板に当該政党公認候補者の選挙用のポスターを掲示し、また、他の者に同ポスターの掲示を依頼し配布したところ、当該行為が、国家公務員法102条1項とその委任に基づく人事院規則で禁止する政治行為にあたるとして、起訴された事案において、最高裁は、次のように判断している（[猿払事件]最大判昭49・11・6刑集28巻9号393頁）。すなわち、「行政の中立的運営が確保され、これに対する`国民の信頼が維持されることは、憲法の要請にかなうものであり、公務員の政治的中立性が維持されることは、国民全体の重要な利益にほかならないというべきである。したがつて、公務員の政治的中立性を損うおそれのある公務員の政治的行為を禁止することは、それが合理的で必要やむをえない限度にとどまるものである限り、憲法の許容するところである」としたうえで、当該行為を禁止し罰則を定める国家公務員法などを

合憲としている。このように、判例によれば、公務員の場合には、その政治的中立性の観点から、一定の制約が認められている。また、公務員に関しては、いわゆる労働基本権に関しても、一定の制約が認められている（それに関しては、12章を参照のこと）。

### (4)　その他

　天皇や皇族に関しても、日本国憲法の基本的人権の保障が及ぶかどうかに関して、学説所の争いがあるが、日本国憲法が象徴天皇制を採用している以上、いずれにしても、少なくとも、その職務の性質や世襲制に伴う制約はありうるものと考えられている。

　また、未成年者は、精神的にも身体的にも発達途上にあることから、一定の制約が認められている。これは、未成年者本人の利益のために、あえて未成年者本人の自由を制約しようとするもので、パターナリズムと呼ばれるものである。ただし、安易にパターナリズムを認めてしまうと、結果として未成年者の権利（子どもの人権）を否定してしまうことになる。そのため、パターナリズムのあり方については、慎重な判断が必要となる。

## Ⅲ　憲法の私人間効力

　ところで、もともと、憲法上の基本的人権は、公権力に対するものとして保障されたものであり、企業などの私人に対するものとして想定されたものではない。しかし、現代社会では、同じ私人の間でも権力関係があり、しばしば、公権力よりも、私的権力の方が私たちの生活を脅かすこともありうる。では、私的な権力にも、憲法上の基本的人権の保障を及ぼすことはできるのだろうか。この問題を「憲法の私人間効力」の問題という（本来、公権力との関係を想定していた憲法の効力を、私人同士の間にも及ぼすことができるかという問題）。

　この憲法の私人間効力の問題に関して、企業の採用試験に際して、大学在学中にいわゆる学生運動をしていたことについて虚偽の回答をしたことが試用期間中に分かり本採用を拒否されため、原告が雇用契約上の権利の確認などを求めた三菱樹脂事件で最高裁（最大判昭48・12・12民集27巻11号1536頁、第6・7・13章も参照）は、思想・良心の自由を保障する憲法19条や信条などによる差別の禁止を定める憲法14条に関して、「憲法の右各規定は……もつぱら国または

公共団体と個人との関係を規律するものであり、私人相互の関係を直接規律することを予定するものではない」として直接適用説を否定している。そのうえで、「私的支配関係においては……その態様、程度が社会的に許容しうる限度を超えるときは、これに対する立法措置によつてその是正を図ることが可能であるし、また、場合によつては、私的自治に対する一般的制限規定である民法1条、90条や不法行為に関する諸規定等の適切な運用によつて、一面で私的自治の原則を尊重しながら、他面で……基本的な自由や平等の利益を保護し、その間の適切な調整を図る方途も存する」として、いわゆる間接効力説を採用している。間接効力説とは、民法などの規定の解釈・適用にあたって、憲法の保障する基本的人権の考え方を読み込むことで、間接的に憲法の保障を及ぼそうとする考え方である。

　その意味で判例は、憲法の効力を私人の間にまったく及ぼさない適用否定説ではない。ただし、最高裁は、「憲法は……22条、29条等において……経済活動の自由をも基本的人権として保障している。それゆえ、企業者は……自己の営業のために労働者を雇傭するにあたり、いかなる者を雇い入れるか、いかなる条件でこれを雇うかについて、法律その他による特別の制限がない限り、原則として自由にこれを決定することができるのであつて、企業者が特定の思想、信条を有する者をそのゆえをもつて雇い入れることを拒んでも、それを当然に違法とすることはできない」としている（なお、このように三菱樹脂事件の最高裁は、企業側の実質的勝訴といえる判決となったわけだが、その後の展開については、一度、各自で調べていただきたい）。ただし、憲法上の規定には、18条の奴隷的拘束の禁止、24条の夫婦の同権や相互協力、27条や28条の労働者の権利にみられるように、もともと、私人同士の間への適用を想定されたもの（つまり、直接適用）もある点には、注意が必要である。

## Ⅳ　二重の基準論

### (1)　二重の基準論の概要

　さて、前述のように、人権の性質の1つとして不可侵性があげられる。日本国憲法11条でも、「この憲法が国民に保障する基本的人権は、侵すことのできない永久の権利として、現在及び将来の国民に与へられる」としている。しか

し、それは、人権が無制約のものであることを意味しない。実際、日本国憲法
12条でも、基本的人権について「常に公共の福祉のためにこれを利用する責任
を負ふ」として、公共の福祉による制約を認めている。

　では、どのような場合に公共の福祉による制約が認められるのだろうか。基
本的人権が公共の福祉により制約される場合の要件が、いわゆる「準則」的に
明確である場合は、それでよいのかもしれない。しかし、必ずしも準則的に明
確ではない場合、いわゆる「基準」論が用いられる。基準論では、①基本的人
権を制約する目的と、②その目的を達成するための手段とが審査されることに
なる。ただし、そこで問題となる基本的人権の性質によって、その審査のハー
ドルが異なっている。現在では、審査のハードルが異なる3つの基準が使い分
けられているが、もともと、2つの基準が用いられていたため、学説では、こ
の方法を「二重の基準論」と呼んでいる。

　どのような場合にどの基準を用いるかに関しては、学説の争いもあるが、一
般に、精神的自由の制約に関しては、「厳格な基準」と呼ばれるものが用いら
れるとされる。

　厳格な基準では、制約目的が「やむにやまれぬ利益」のためでなくてはなら
ず、かつ、その制約目的を達成するための手段が「必要最小限」のものでなく
てはならない。

　それに対して、経済的自由の制約には、「合理性の基準」が用いられるとさ
れる。合理性の基準では、制約目的が「合理的目的」であればよく、その制約
目的を達成するための手段も、目的との間に「合理的関連性」があればよい。

　ただし、経済的自由の制約であっても、市民の生命や健康、公共の安全の維
持のための「消極目的規制、警察目的規制」の場合には、社会的・経済的弱者
保護などのための社会政策的な「積極目的規制、政策目的規制」と異なって、
違憲判断の審査の基準が加重される。その加重された基準は「厳格な合理性の
基準」と呼ばれる。厳格な合理性の基準では、制約目的が「重大な国家利益」
のためでなくてはならず、また、その制約目的を達成するための手段は、目的
との間に「実質的関連性」がなくてはならない。

　なお、厳格な基準と厳格な合理性の基準で用いられる手段審査は、合わせて
「より制限的でない他に選び得る手段」（LRA：Less Restrictive Alternatives）が

ないことが求められると説明されることがある。また、審査基準における具体的な表現は様々である点にも注意が必要である。

ここでは、こうした二重の基準論にかかわる判例を確認しておきたい。

### (2) 小売市場事件

小売市場の開設経営は都道府県知事の許可制となっていたところ、市場経営を業とする法人およびその代表者が、知事の許可を得ずに、小売市場のための建物を建設して小売商人に店舗として貸し付けたため、起訴された事案である小売市場事件で最高裁（最大判昭47・11・22刑集26巻9号586頁、第10章も参照）は、「憲法は、国の責務として積極的な社会経済政策の実施を予定しているものということができ、個人の経済活動の自由に関する限り、個人の精神的自由等に関する場合と異なつて……これに一定の合理的規制措置を講ずることは、もともと、憲法が予定し、かつ、許容するところ」であり、「国は、積極的に、国民経済の健全な発達と国民生活の安定を期し、もつて社会経済全体の均衡のとれた調和的発展を図るために、立法により、個人の経済活動に対し、一定の規制措置を講ずることも、それが右目的達成のために必要かつ合理的な範囲にとどまる限り、許される」とした。つまり、精神的自由に関する場合と経済的自由に関する場合とで、憲法判断の審査基準を変えるとしたのである。

そのうえで、「個人の経済活動に対する法的規制措置については、立法府の政策的技術的な裁量に委ねるほかはなく……立法府がその裁量権を逸脱し、当該法的規制措置が著しく不合理であることの明白である場合に限つて、これを違憲」にできるとした。つまり、経済的自由の制約に関しては、立法裁量などを尊重し、その不合理性が（著しく）明白でなければ、違憲にはならないとしたのである。つまり、「合理性の基準」を用いるとしたのである。そして、「小売市場の許可規制は、国が社会経済の調和的発展を企図するという観点から中小企業保護政策の一方策としてとつた措置ということができ、その目的において、一応の合理性を認めることができないわけではなく、また、その規制の手段・態様においても、それが著しく不合理であることが明白であるとは認められない」などとして、本件事案の経済的自由の制約を合憲としたのである。

この判決によって、精神的自由を制約する場合と経済的自由を制約する場合とで、違憲審査の基準を使い分けること、そして、その判断に際して、目的と

手段を審査する二重の基準論の基本的な形が示されたといえる。

### (3)　薬局距離制限事件

　薬局の開設にあたって、既存業者から一定距離を隔てる距離制限を設けていたことが憲法違反となるかが争われた薬事法距離制限規定事件で最高裁（最大判昭50・4・30民集29巻4号572頁、第10章も参照）は、「職業は……その性質上、社会的相互関連性が大きいものであるから、職業の自由は、それ以外の憲法の保障する自由、殊にいわゆる精神的自由に比較して、公権力による規制の要請がつよ」いとしながらも、「一般に許可制は……職業の自由に対する強力な制限であるから、その合憲性を肯定しうるためには、原則として、重要な公共の利益のために必要かつ合理的な措置であることを要し、また、それが社会政策ないしは経済政策上の積極的な目的のための措置ではなく、自由な職業活動が社会公共に対してもたらす弊害を防止するための消極的、警察的措置である場合には、許可制に比べて職業の自由に対するよりゆるやかな制限である職業活動の内容及び態様に対する規制によつては右の目的を十分に達成することができないと認められることを要する」とした。

　つまり、職業選択の自由、あるいは、消極的（警察的）規制の場合には、違憲判断の審査の基準が加重され、厳格な合理性の基準が用いられることを示したのである。

　そのうえで、本件事案の「適正配置規制は、主として国民の生命及び健康に対する危険の防止という消極的、警察的目的のための規制措置であり、そこで考えられている薬局等の過当競争及びその経営の不安定化の防止も、それ自体が目的ではなく、あくまでも不良医薬品の供給の防止のための手段である」とした。そして、本件制約目的を達成するための手段の審査にあたって、「一般に医薬品の乱売については、むしろその製造段階における一部の過剰生産とこれに伴う激烈な販売合戦、流通過程における営業政策上の行態等が有力な要因として競合していることが十分に想定されることを考えると、不良医薬品の販売の現象を直ちに一部薬局等の経営不安定、特にその結果としての医薬品の貯蔵その他の管理上の不備等に直結させることは、決して合理的な判断とはいえ」ず、「殊に、常時行政上の監督と法規違反に対する制裁を背後に控えている一般の薬局等の経営者、特に薬剤師が経済上の理由のみからあえて法規違反

の挙に出るようなことは、きわめて異例に属する」ため、「競争の激化―経営の不安定―法規違反という因果関係に立つ不良医薬品の供給の危険が、薬局等の段階において、相当程度の規模で発生する可能性があるとすることは……確実な根拠に基づく合理的な判断とは認めがたい」とした。また、「医薬品の貯蔵その他の管理上の不備等は、不時の立入検査によつて比較的容易に発見することができるような性質のものとみられること、更に医薬品の製造番号の抹消操作等による不正販売も……それ以前の段階からの加工によるのではないかと疑われること等を考え合わせると、供給業務に対する規制や監督の励行等によつて防止しきれないような、専ら薬局等の経営不安定に由来する不良医薬品の供給の危険が相当程度において存すると断じるのは、合理性を欠く」として、本件距離制限規定を憲法違反としたのである。

この薬局距離制限事件の最高裁判決によって、判例上、厳格な合理性の基準が用いられることになったのである。

### (4) 森林法共有林事件

さて、共有する森林について持分価格が過半数以上でなければ分割請求ができないとしていた森林法の規定の合憲性が争われた事案で最高裁（最大判昭62・4・22民集41巻3号408頁、第10章も参照）は、共有する森林について持分価格が過半数以上でなければ分割請求ができないとする森林法の規定の目的は、「森林の細分化を防止することによつて森林経営の安定を図り、ひいては森林の保続培養と森林の生産力の増進を図り、もつて国民経済の発展に資することにある」とし、その「立法目的は……公共の福祉に合致しないことが明らかであるとはいえない」とした。しかしながら、共有林の「現物分割においても、当該共有物の性質等又は共有状態に応じた合理的な分割をすることが可能であるから、共有森林につき現物分割をしても直ちにその細分化を来すものとはいえ」ず、また、森林法は、「競売による代金分割の方法をも規定しているのであり、この方法により一括競売がされるときは、当該共有森林の細分化という結果は生じない」ため、「共有森林につき持分価額2分の1以下の共有者に一律に分割請求権を否定しているのは……立法目的を達成するについて必要な限度を超えた不必要な規制」であるとし、当該規定を「憲法29条2項に違反」するとした。

　この森林法共有林事件の最高裁判決は、手段審査において違憲判決を導いたものであるが、消極的（警察的）規制に位置づけたのか積極的規制に位置づけたものか、不明確なところもあり、色々と議論のある判決となっている。

　なお、(2)(3)(4)の判決については第10章でも詳しく紹介されているので、あわせて読んでいただきたい。

## V　包括的人権規定

　ところで、社会の変化に応じて、そこで求められる基本的人権も変化するものと考えられる。そのため、日本国憲法では明文規定はないけれども、基本的人権として保障すべきものが生じてくる可能性がある。もちろん、その場合には、憲法改正をして明文規定を設けることが考えられる。しかし、現実的には、常にそれを行うことは難しいものと思われる。

　そこで、一般的には、日本国憲法13条の規定を包括的人権規定と理解して、そのような基本的人権は、憲法に明文規定がなくとも、13条によって保障されると考えられている。

　すなわち、日本国憲法13条は、「すべて国民は、個人として尊重される。生命、自由及び幸福追求に対する国民の権利については、公共の福祉に反しない限り、立法その他の国政の上で、最大の尊重を必要とする」と定めているが、この13条前段の「すべて国民は、個人として尊重される」、すなわち、「個人の尊重」原理を受けて、同条後段の「生命、自由及び幸福の追求に対する国民の権利」を「幸福追求権」と理解し、憲法上に明文規定のない基本的人権を「幸福追求権」に含まれるものとするのである。

　このような形で、憲法上、明文規定がないけれども、基本的人権として保障すべきかどうかが議論となっているものについて、詳しくは第15章を参照していただきたい。

# 第6章　平等権

## Ⅰ　平等権と憲法14条1項後段列挙事由

### ⑴　平等権

#### （ⅰ）**平等権の概念**　平等権とは法の下で等しく扱われる権利を意味する。
国家が人々を等しく扱わなければならないという意味で平等原則とも称される。平等権の概念は、身分制度等の前近代的差別を排除して人々を均等に扱い、自由競争に参加する機会を保障する機会の平等（形式的平等）と、自由競争の結果生じた格差を是正する結果の平等（実質的平等）に区分される。憲法25条は福祉国家の観点から生存権という形で結果の平等を保障するが、機会の平等に反しない限度で結果の平等を考慮することは許容される。

#### （ⅱ）**「法の下の平等」の意味と合理的な取り扱い上の違い**　憲法14条1項の「法の下の平等」とは、行政府や司法府による法の執行が平等でなければならないという法適用の平等だけでなく、国会の制定する法律の内容それ自体が平等権を侵害するものであってはならないとする法内容の平等を意味する。

憲法14条の平等は、異なる取り扱いを一切禁じる絶対的平等ではなく、「等しいものは等しく、異なるものはその違いに応じて扱う」という相対的平等を意味する。それゆえ、14条は異なる取扱いを全く許さないわけではなく、合理的な理由があれば、異なる取扱いを行うことを認めている。これを合理的な取り扱い上の違い（合理的区別）という。その例としては産前産後休暇、生理休暇、未成年者の飲酒・喫煙の禁止等があげられる。

憲法14条2項は華族等の貴族制度の廃止、同3項は叙勲等の栄典に伴う特権の禁止を規定する。これは貴族制度の創出を防止するためのものであるが、象徴天皇制は「人権の飛び地」として憲法上の例外であると考えられている。

### ⑵　**憲法14条1項後段列挙事由と違憲審査基準**

#### （ⅰ）**憲法14条1項後段列挙事由**　憲法14条1項の「人種、信条、社会的身分又は門地」は、歴史的にみて特に不合理な差別が行われやすい事由を列挙し

たものである。この後段列挙事由に基づいて異なる取り扱いが行われる場合、不合理な差別を防ぐために、裁判所は厳格な違憲審査を行うことが求められる。

　(a)　人　種　　人種差別は極めて深刻な問題を生んできたため、厳格に禁止される。ここでいう人種には、母語や文化、宗教、生活様式に基づく民族も含まれる。

　北海道の先住民であるアイヌの人々は、明治以降の同化政策によってその文化を失い、差別的な境遇に置かれてきた。ダム建設のための土地収用裁決取消が争点となった二風谷ダム訴訟（札幌地判平9・3・27判時1598号33頁、第15章も参照）は、アイヌの人々が「先住民族」であることを認めた。1997年に「アイヌの文化の振興並びにアイヌの伝統等に関する知識の普及及び啓発に関する法律」が制定され、2020年に「アイヌの人々の誇りが尊重される社会を実現するための施策の推進に関する法律」に引き継がれた。

　日立製作所事件判決（横浜地判昭49・6・19判時744号29頁）は、在日韓国人である旨を履歴書等に記載しなかったことを理由とした採用内定の取消しが労働基準法3条の禁止する「国籍」による差別であると判断した。

　(b)　信　条　　信条とは、宗教上の信仰のみならず、思想、人生観、世界観等の個人の内心における信念全般を指す。三菱樹脂事件（最大判昭48・12・12民集27巻11号1536頁、第5・7・13章も参照）において、最高裁は、憲法の私人間効力について間接効力説の立場を採用したうえで、私企業には憲法22条・29条に基づく雇い入れの自由があり、学生運動歴を申告しなかったことを理由とした正採用拒否は思想信条の侵害ではないと判断した。しかし、営利企業で思想信条を申告させる必要は無いとの強い批判がなされている。

　(c)　性　別　　性別には、生物学上の性差だけでなく、社会的・文化的な性差（ジェンダー）も含まれる。現行憲法下では、参政権や公務就任権の否定、妻の不貞行為のみを処罰する姦通罪（旧刑法183条）のような明治憲法下での差別的制度は大きく改められた。女性参政権は1945年に実現した。女性の結婚退職制（［住友セメント事件］東京地判昭41・12・20判時467号26頁）や男女別定年制（［日産自動車事件］最3小判昭56・3・24民集35巻2号300頁）は当然許されない。

　1985年に男女雇用機会均等法、1999年に男女共同参画基本法が制定され、雇

用・労働の場面での平等が徹底されるに至った。2017年に強姦罪は性別を問わずに適用される強制性交等罪（刑177条〜180条）に改正された。

　(d)　社会的身分・門地　　社会的身分とは、人が自分で容易に変えることができない継続的な地位であり、かつ、それに何かしらの社会的評価が伴っているものを指す。後述する嫡出子・非嫡出子（婚外子）、尊属・卑属等の親子関係がその例である。門地とは家柄を指す。

　(ii)　**14条1項後段列挙事由の違憲審査基準**　　14条1項後段列挙事由に基づいた区別を行う法律の違憲審査基準は、厳格審査基準とする説が有力である。この基準によれば、当該法律の立法目的が必要不可欠なものであること、目的達成に伴う負担が必要最小限度のものであることを合憲であると主張する側が立証しなければならない。

　14条1項後段列挙事由は限定列挙ではなく例示列挙であるとするのが判例・通説の立場である。そのため、後段列挙事由に直接該当せずとも、障がい者や性的少数者への不合理な差別は許されない。東京都青年の家事件（東京高判平9・9・16判タ986号206頁）では、同性愛者であることを理由とした公立宿泊施設の利用拒否について、「同性愛者の利用権を不当に制限し、結果的、実質的に不当な差別的取扱いをしたものであり、施設利用の承認不承認を判断する際に、その裁量権の範囲を逸脱したもの」であって、「正当な理由がない限り、住民が公の施設を利用することを拒んではならない」旨を規定する地方自治法244条2項等に違反すると判断されている。

　(3)　**憲法24条の位置づけ**

　明治憲法には家族制度に関する規定はなく、当初はフランス民法を範とした旧民法（1890年）の施行が予定されていた。しかし、民法典論争によって旧民法の施行は延期され、ドイツ民法を範とした新民法（明治民法）（1898年）が施行されることになった。これは婚姻の同意権、法律行為に際しての妻の無能力、長子単独相続といった家長の戸主権に基づく封建的な家族制度（家制度）を規定していた。

　明治憲法下の著しい男女不平等に対する反省から、日本国憲法24条は個人の尊厳と両性の本質的平等に基づく家族制度を規定している。憲法13条、14条、24条を受けて、民法の親族・相続法は1947年に全面改正されるに至った。ま

た、民法 2 条は「この法律は、個人の尊厳と両性の本質的平等を旨として、解釈しなければならない」と規定している。

　憲法24条は平等権に関する特別条項であるが、13条も含めた包括的人権（家族形成に関する権利）に関連する規定であるとする見解や、24条は個人の結合の自由に関する特別規定であるとする見解がある。

　24条 1 項は、婚姻が両性の合意のみに基づくことを規定する。ただし、婚姻届（民739条等）、一夫一婦制と重婚禁止（民732条、刑184条）、婚姻年齢の制限（民737条）等は合憲であると考えられている。男女の婚姻適齢年については2022年 4 月から男女ともに18歳に統一されている。

### (4)　積極的格差是正措置をめぐる問題

　いまだ根強く残る差別を解消するためには、機会の平等を保障するだけでは不十分であり、差別を受けてきた集団に対する一定の優先措置が行われる場合がある。これを積極的格差是正措置（アファーマティブ・アクションあるいはポジティブ・アクションと呼称される）という。同和対策事業特別措置法やアイヌ文化振興法、男女共同参画基本法がその例としてあげられる。

　積極的格差是正措置については、自由競争の前提となる格差を是正する実質的な機会の平等（初期条件の平等）の観点から、14条 1 項の下でも許容される。一般的に、不合理な差別の場合とは異なり、積極的格差是正措置は優位な立場にある多数者が自らに課した不利益なので、その違憲審査基準は中間審査基準（厳格な合理性の基準）が適用されるとする見解が有力である。この基準によれば、当該法律の立法目的が重要なものであること、その目的と目的達成手段との間に実質的な関連性があることを政府が立証すれば合憲と判断されることになる。しかし、何が不合理な差別であり、何が合理的な取り扱い上の違いであるのかを判別することは必ずしも容易ではないので、厳格審査基準が適用されるべきとする見解も有力である。

## II　平等権をめぐる主要判例

### (1)　日産自動車事件（最 3 小判昭56・3・24民集35巻 2 号300頁）

　原告の勤務するＡ社の定年は男女ともに55歳であったが、Ａ社を吸収合併した被告（日産自動車）の定年は男子満55歳、女子満50歳とされていた。そこ

で、原告らがこれを争った。

最高裁は、憲法14条1項と民法2条を参照したうえで、当該就業規則が「専ら女子であることのみを理由として差別したことに帰着するものであり、性別のみによる不合理な差別を定めたものとして民法90条の規定により無効であると解するのが相当である」と判断した。

(2)　**国籍法違憲判決**（最大判平20・6・4民集62巻6号1367頁）

本件では、日本国民の父親とフィリピン共和国出身の母親の間に日本で生まれた婚外子の日本国籍取得に際して、父親に準正（出生後の認知と未婚の母親との婚姻）を要求し、父母が婚姻しなければ帰化が必要であるとする旧国籍法3条1項が憲法14条1項に違反するとして争われた。

最高裁は、旧国籍法3条1項が制定された「当時の社会通念や社会的状況の下においては、日本国民である父と日本国民でない母との間の子について、父母が法律上の婚姻をしたことをもって日本国民である父との家族生活を通じた我が国との密接な結び付きの存在を示すものとみることには相応の理由があった」が、それは「今日では必ずしも家族生活等の実態に適合するものということはできない」し、日本国民である父から胎児認知された婚外子および日本国民である母の婚外子が出生によって日本国籍を取得することと比較して、日本国民である父から出生後に認知されたにとどまる婚外子について、「父母の婚姻という、子にはどうすることもできない父母の身分行為が行われない限り、生来的にも届出によっても日本国籍の取得を認めないとしている点は、今日においては、立法府に与えられた裁量権を考慮しても、我が国との密接な結び付きを有する者に限り日本国籍を付与するという立法目的との合理的関連性の認められる範囲を著しく超える手段を採用しているものというほかなく、その結果、不合理な差別を生じさせている」として、当該規定が憲法14条1項に違反すると判断した。

最高裁は嫡出性が社会的身分であるとは明言していないが、本件では中間審査基準に接近した合理性の基準を用いたと考えられている。また、出自による差別には原則として厳格審査が妥当するとの有力な見解が主張されている。

(3)　**再婚禁止期間違憲判決**（最大判平27・12・16民集69巻8号2427頁）

本件の上告人は、2006年9月に前夫の暴力が原因で別居し、別居期間中に後

夫の子を妊娠した。しかし、旧民法733条 1 項の再婚禁止期間規定により、2008年10月まで後夫と再婚できなかった。そのため、本件規定が憲法14条 1 項、同24条 2 項に違反するとして争った。

　最高裁は、再婚禁止期間規定の立法目的は、「女性の再婚後に生まれた子につき父性の推定の重複を回避し、もって父子関係をめぐる紛争の発生を未然に防ぐことにあると解するのが相当であり……、父子関係が早期に明確となることの重要性に鑑みると、このような立法目的には合理性を認めることができる」としたうえで、「本件規定のうち100日超過部分については、民法772条の定める父性の推定の重複を回避するために必要な期間ということはでき」ず、「合理性を欠いた過剰な制約を課すものとなっている」として、憲法14条 1 項と同24条 2 項に違反すると判断した。

　多数意見は、DNA 鑑定が可能であったとしても、「生まれてくる子にとって、法律上の父を確定できない状態が一定期間継続することにより種々の影響が生じ得ることを考慮すれば、子の利益の観点から、……そもそも父性の推定が重複することを回避するための制度を維持することに合理性が認められる」として、再婚禁止期間規定それ自体の合理性を認めた。

　ただし、「父性の推定の重複回避のために再婚禁止期間を設ける必要のある場合は極めて例外的」（鬼丸かおる裁判官意見）であり、100日以内であっても、「女性に子が生まれないことが生物学上確実であるなど父性の推定の重複が生じ得ない場合、離婚した前配偶者と再婚するなど父性の推定が重複しても差し支えない場合及び一定の事由により父性の推定が及ばないと解される場合」には、再婚禁止期間の適用除外を認めるべきとの指摘（ 6 名の裁判官による共同補足意見）がなされている。

### （4）　夫婦同氏制合憲判決（最大判平27・12・16民集69巻 8 号2586頁）

　NHK 日本語読み訴訟（最 3 小判昭63・ 2 ・16民集42巻 2 号27頁）によれば、氏名は、「人が個人として尊重される基礎であり、その個人の人格の象徴であつて、人格権の一内容を構成するもの」であるとされている。しかし、民法750条は夫婦同氏制を規定しており、条文上は夫婦間の選択に委ねられているが、ほとんどの場合、夫の氏が選ばれている。本件では、夫婦同氏制が憲法13条、14条 1 項、24条に違反するとして争われた。

最高裁は、氏名権は人格権と密接に関連するが、「氏は、婚姻及び家族に関する法制度の一部として法律がその具体的な内容を規律しているものであるから、氏に関する上記人格権の内容も、憲法上一義的に捉えられるべきものではなく、憲法の趣旨を踏まえつつ定められる法制度をまって初めて具体的に捉えられる」としたうえで、「家族は社会の自然かつ基礎的な集団単位であるから、このように個人の呼称の一部である氏をその個人の属する集団を想起させるものとして一つに定めることにも合理性がある」ので、「氏の変更を強制されない自由」が「憲法上の権利として保障される人格権の一内容であるとはいえない」として、憲法13条違反の訴えを退けた。

　また、最高裁は、民法750条の文言が「性別に基づく法的な差別的取扱いを定めているわけではなく、本件規定の定める夫婦同氏制それ自体に男女間の形式的な不平等が存在するわけではない」として、憲法14条１項に違反しないとした。

　さらに、最高裁は、「婚姻及び家族に関する法制度を定めた法律の規定が憲法13条、14条１項に違反しない場合に、更に憲法24条にも適合するものとして是認されるか否かは、当該法制度の趣旨や同制度を採用することにより生ずる影響につき検討し、当該規定が個人の尊厳と両性の本質的平等の要請に照らして合理性を欠き、国会の立法裁量の範囲を超えるものとみざるを得ないような場合に当たるか否かという観点から判断すべきものとするのが相当」との判断基準を示し、婚姻による氏の変更によって、「いわゆるアイデンティティの喪失感を抱いたり、婚姻前の氏を使用する中で形成してきた個人の社会的な信用、評価、名誉感情等を維持することが困難になったりするなどの不利益を受ける場合があることは否定できない」が、こうした不利益は、「氏の通称使用が広まることにより一定程度は緩和され得る」として、24条違反の訴えを退けた。

　しかし、多数意見に対しては、「夫の氏を称することが妻の意思に基づくものであるとしても、その意思決定の過程に現実の不平等と力関係が作用している」のであり、「その点の配慮をしないまま夫婦同氏に例外を設けないことは、多くの場合妻となった者のみが個人の尊厳の基礎である個人識別機能を損ねられ、また、自己喪失感といった負担を負うこととなり、個人の尊厳と両性の本質的平等に立脚した制度とはいえない」（岡部喜代子裁判官意見）との指摘

や、夫婦同氏制は「憲法24条1項にいう婚姻における夫婦の権利の平等を害するもの」であり、「少なくとも、同氏でないと夫婦親子であることの実感が生まれないとはいえない」（木内道洋裁判官意見）との指摘がなされている。

　なお、令和3年決定（最大決令3・6・23裁時1770号3頁）は、「平成27年大法廷判決以降にみられる女性の有業率の上昇、管理職に占める女性の割合の増加その他の社会の変化や、いわゆる選択的夫婦別氏制の導入に賛成する者の割合の増加その他の国民の意識の変化といった原決定が認定する諸事情等を踏まえても、平成27年大法廷判決の判断を変更すべきものとは認められない」として、民法750条および戸籍法74条1号は憲法24条に違反しないと述べている。

### (5)　尊属殺重罰規定違憲判決（最大判昭48・4・4刑集27巻3号265頁）

　本件では、実父から性的関係を強いられていた被告人が実父を殺害したため、「自己又ハ配偶者ノ直系尊属ヲ殺シタル者ハ死刑又ハ無期懲役ニ処ス」と規定する尊属殺重罰規定（旧刑法200条）で起訴された。しかし、刑法39条2項（心神耗弱）と同68条2項（酌量軽減）の措置をとっても、最低3年6か月は収監されてしまうことから、親子関係に基づく不合理な差別ではないかとして、尊属殺重罰規定の合憲性が争点となった。

　最高裁は14対1で尊属殺重罰規定が憲法14条1項に違反すると判断した。8名の裁判官からなる多数意見は、「刑法200条の立法目的は、尊属を卑属またはその配偶者が殺害することをもつて一般に高度の社会的道義的非難に値するものとし、かかる所為を通常の殺人の場合より厳重に処罰し、もつて特に強くこれを禁圧しようとする」点にあり、「尊属に対する尊重報恩は、社会生活上の基本的道義というべく、このような自然的情愛ないし普遍的倫理の維持は、刑法上の保護に値する」ので、尊属殺重罰規定を設けることそれ自体は憲法14条1項に違反しないと述べた。しかし、最高裁は、「刑法200条は、尊属殺の法定刑を死刑または無期懲役刑のみに限つている点において、その立法目的達成のため必要な限度を遙かに超え、普通殺に関する刑法199条の法定刑に比し著しく不合理な差別的取扱いをするものと認められ、憲法14条1項に違反して無効である」と判断し、普通殺人罪を適用して執行猶予付きの判決を下した。

　これに対して、6名の裁判官からなる少数意見は、尊属殺重罰規定を設けることそれ自体が憲法14条1項に違反すると述べている。特に田中二郎裁判官の

意見は、憲法13条、14条1項、24条の観点から、「尊属がただ尊属なるがゆえに特別の保護を受けるべきであるとか、本人のほか配偶者を含めて卑属の尊属殺人はその背徳性が著しく、特に強い道義的非難に値いするとかの理由によって、尊属殺人に関する特別の規定を設けることは、……個人の尊厳と人格価値の平等を基本的な立脚点とする民主主義の理念と牴触するものとの疑いが極めて濃厚であるといわなければならない」と指摘している。尊属殺重罰規定は1995年の刑法改正の際に削除された。

(6) 婚外子相続規定（旧民900条4号但書）の合憲性をめぐる問題

旧民法900条4号但書は、法律婚の保護を目的として、婚外子の法定相続分を嫡出子の半分とする旨を規定していた。しかし、婚外子に対する不合理な差別であるとしてその合憲性がたびたび争点となってきた。

平成7年決定（最大決平7・7・5民集49巻7号1789頁）は、旧民法900条4号但書が法律婚の尊重と婚外子の保護の調整を企図したものであり、著しく不合理であるとまではいえないとして合憲と判断した。

平成25年決定（最大決平25・9・4民集67巻6号1320頁）は、婚姻・家族形態の多様化とそれに伴う国民意識の変化、国内外における婚外子差別の是正等の立法事実の変化を考慮し、「父母が婚姻関係になかったという、子にとっては自ら選択ないし修正する余地のない事柄を理由として不利益を及ぼすことは許されず、子を個人として尊重し、その権利を保障すべきであるという考え方が確立されてきて」いるとして、2001（平成13）年7月時点で旧民法900条4号但書は憲法14条1項に違反すると判断した。ただし、法的安定性を考慮して、本件はすでに確定した他の相続事例には影響を与えないとした。

(7) 議員定数不均衡をめぐる問題

憲法14条1項、同44条の平等選挙の原則には、一人一票の原則だけでなく、投票が選挙の結果に与える影響が平等であるという投票価値の平等が含まれる。地方の過疎化と都市への人口集中にともない、特に国会議員の選挙について、都市部の過小代表と地方農村部の過大代表という議員定数不均衡をめぐる問題が生じる。1票の格差が1対2以上に開く場合は、投票価値の平等に反すると考えられている。

議員定数不均衡については、選挙効力訴訟（公職選挙法204条）によって争

う。最高裁は、事情判決の法理（行訴31条1項前段）に基づいて、1972年総選挙（最大較差1対4.99）と1983年総選挙（最大較差1対4.40）について、1票の格差が違憲であっても、混乱回避のために、選挙は有効であると判断した（最大判昭51・4・14民集30巻3号223頁、最大判昭60・7・17民集39巻5号1100頁）。

---

### コラム　――同性婚をめぐる憲法問題――

　近年、同性婚やそれに準ずるパートナー制度を認める国が増加している。アメリカ合衆国の連邦最高裁判所は、2015年のオーバーギッフェル判決（Obergefell v. Hodges, 576 U.S. 644（2015））において、婚姻の権利は憲法上の基本的権利であり、同性婚を不利に扱うのは平等違反であるとした。

　日本では、東京都渋谷区がパートナーシップ条例（渋谷区男女平等及び多様性を尊重する社会を推進する条例）（2015年）を制定した。同条例は、「男女の人権の尊重」と「性的少数者の人権の尊重」を謳い、同性カップル（パートナーシップ）を「男女の婚姻関係と異ならない程度の実質を備える戸籍上の性別が同一である二者間の社会生活関係」（同条例2条1項8号）と定義し、パートナーシップ証明書の発行を行っている。渋谷区の取り組みを受けて、各地の地方自治体が同様のパートナーシップ制度を導入している。

　日本国憲法が同性婚の自由を保障しているか否かについては議論がある。札幌地判令3・3・17（判時2487号3頁）では、同性婚を認めない民法や戸籍法の婚姻に関する諸規定が憲法13条、14条1項、24条に違反するとして争われた。札幌地裁は、13条違反と24条違反の訴えを退けたが、「本件規定が異性愛者に対しては婚姻という制度を利用する機会を提供しているにもかかわらず、同性愛者に対しては、婚姻によって生じる法的効果の一部ですらもこれを享受する法的手段を提供しないとしていることは、立法府が広範な立法裁量を有することを前提としても、その裁量権の範囲を超えたものである」として、同性婚を認めない点で本件規定が14条1項違反であると判断した。

# 第7章　思想・良心の自由

## I　思想・良心の自由とは

### (1)　憲法19条の存在意義

　憲法19条は思想・良心の自由（個人の心の中でのものの見方や考え方、信条、主義、世界観）を保障する。多様な価値観をもつ人々が暮らす現代社会において、思想・良心の自由の保障は必要不可欠である。

　諸外国では、思想・良心の自由を信教の自由や表現の自由との関連で保障する場合が多い。たとえば、1776年のヴァージニア憲法16条は、「すべて人は良心の命ずるところにしたがって、自由に宗教を信仰する平等の権利を有する」旨を述べている。また、1789年のフランス人権宣言11条は「思想および意見の自由な伝達は、人の最も貴重な権利の1つである」と規定する。

　日本国憲法が思想・良心の自由を19条で独立した規定として保障したのは、治安維持法等によって特定の思想に苛烈な弾圧を加えた明治憲法下の苦い経験が背景にある。また、「言論、宗教及思想ノ自由並ニ基本的人権ノ尊重ハ確立セラレルベシ」と規定するポツダム宣言10項の影響が指摘されている。

### (2)　思想・良心の意味

　思想・良心のうち、論理的・客観的なものが思想、倫理的・主観的なものが良心である。ただし、両者は通常一体のものとして扱う。

　広義説（内心説）によれば、思想・良心とは、内心におけるものの見方や考え方を意味するので、物事の是非・善悪といった道徳的判断を含めて保障される。これに対して、狭義説（信条説）によれば、思想・良心とは、個人の人格の核心部分を形成する信条、主義、人生観、世界観等に限定される。

　19条の「侵してはならない」とは、内心の自由を意味する。いかなる思想を抱いていても、それが内心にとどまるのであれば絶対的に保障される。内心の自由によって、思想内容を理由とした不利益な扱い、特定の思想の強制・禁止は許されず、思想・信条の告白を強制されない沈黙の自由が保障される。

　無論、国が国民に支持政党を問うアンケートや踏み絵を実施することは許されない。町内会・職場等における署名運動についても、それが思想・信条の間接的な開示強制として機能するおそれがある。自治会費の増額分を特定団体への募金に充てる自治会総会の決議が憲法19条および民法90条に違反するとして争われた事例において、大阪高裁は、本件決議について、「募金及び寄付金に応じるか否か、どの団体等になすべきか等について、会員の任意の態度、決定を十分尊重すべきであるにもかかわらず、会員の生活上不可欠な存在である地縁団体により、会員の意思、決定とは関係なく一律に、事実上の強制をもってなされるものであり、その強制は社会的に許容される限度を超えるもの」であり、「被控訴人の会員の思想、信条の自由を侵害するものであって、公序良俗に反し無効」であると判断した（大阪高判平19・8・24判時1992号72頁）。

## Ⅱ　思想・良心の自由をめぐる判例

### (1)　三菱樹脂事件（最大判昭48・12・12民集27巻11号1536頁、第5・6・13章も参照）

　本件では、私企業の雇い入れの自由と個人の思想良心の自由の対立が争点となった。最高裁は、憲法の私人間効力について間接効力説の立場を採用したうえで、「憲法は、思想、信条の自由や法の下の平等を保障すると同時に、他方、22条、29条等において、財産権の行使、営業その他広く経済活動の自由をも基本的人権として保障して」おり、「企業者は、かような経済活動の一環としてする契約締結の自由を有し、自己の営業のために労働者を雇傭するにあたり、いかなる者を雇い入れるか、いかなる条件でこれを雇うかについて、法律その他による特別の制限がない限り、原則として自由にこれを決定することができるのであって、企業者が特定の思想、信条を有する者をそのゆえをもつて雇い入れることを拒んでも、それを当然に違法とすることはできない」と判断した。

　しかし、本判決は原告の思想・良心の自由を十分に考慮しておらず、企業の雇入れの自由の名の下に、事実上、採用時の思想調査を許容したとの批判がなされている。傾向企業の場合と異なり、一般の営利企業で労働者の思想信条を調査する必要性は乏しいといえよう。

(2)　謝罪広告事件（最大判昭31・7・4民集10巻7号785頁）

　衆議院議員に立候補したＸ（被告・控訴人・上告人）が、政見放送や新聞紙上において、対立候補Ｙ（原告・被控訴人・被上告人）の汚職行為を公表したことについて、Ｙが名誉毀損であるとして謝罪広告を求めた。1審と控訴審はＹの訴えを認めたが、Ｘは謝罪広告が憲法19条に違反するとして上告した。

　最高裁は、民法723条に基づく謝罪広告について、「単に事態の真相を告白し陳謝の意を表明するに止まる程度のもの」であり、「……原判決は、上告人に屈辱的若くは苦役的労苦を科し、又は上告人の有する倫理的な意思、良心の自由を侵害することを要求するものとは解せられない」と判断した。多数意見は謝罪広告それ自体の合憲性については明確に判断していないが、謝罪文の内容は名誉回復に客観的に必要な限度において認められるとしている。

　本判決では、良心を狭く解釈する見解（狭義説）と、良心を広く解釈し、心にも無い陳謝を命ずることは19条に違反するとの見解（広義説）が対立している。田中耕太郎裁判官は狭義説の立場から、「憲法19条の『良心』というのは、謝罪の意思表示の基礎としての道徳的の反省とか誠実さというものを含まないと解する」との補足意見を述べている。これに対して、藤田八郎裁判官は、「国家が裁判という権力作用をもつて、自己の行為を非行なりとする倫理上の判断を公に表現することを命じ、さらにこれにつき『謝罪』『陳謝』という道義的意思の表示を公にすることを命ずるがごときことは、憲法19条にいわゆる『良心の自由』をおかす」との反対意見を、垂水克己裁判官も、本人の意に反する謝罪広告は「沈黙の自由」の侵害であるとの反対意見を述べている。

　学説では、思想・良心に反する外部的行為の強制（たとえば、心にもない謝罪）は19条違反とする立場が有力である。後述の起立・斉唱拒否事件の最高裁判決は、国歌の起立・斉唱の強制は思想・良心の間接的制約になりうることを認めている。

　なお、不当労働行為に対する労働委員会による救済命令の際に、使用者に不当労働行為の認定および今後そのような行為を繰り返さない旨を誓約した文書を掲示させるポスト・ノーティス命令（労組27条の12）については、「陳謝」や「反省」という文言を用いることから、謝罪広告と類似の問題が生じるが、最高裁はこれを合憲としている（最3小判平2・3・6判時1357号144頁）。

### (3)　麹町内申書裁判（最 2 判昭63・7・15判時1287号65頁）

本件では、内申書（調査書）に、「校内において麹町中全共闘を名乗り、機関紙『砦』を発行した。学校文化祭の際、文化祭粉砕を叫んで他校生徒と共に校内に乱入し、ビラまきを行つた。」等の記載をしたことが争われた。

最高裁は、当該記載が生徒の「信条そのものを記載したものでないことは明らかであり、右の記載に係る外部的行為によつては上告人の思想、信条を了知し得るものではないし、また、上告人の思想、信条自体を高等学校の入学者選抜の資料に供したものとは到底解することができない」として、19条等に違反しないと判断した。しかし、不利益な処遇を招きかねない思想・良心の内容あるいはそれを推知させる事実の告知・記載ではないかとの批判がなされている。

### (4)　南九州税理士会政治献金事件（最 3 小判平 8 ・ 3 ・19民集50巻 3 号615頁、第 5 章も参照）

本件では、強制加入団体である税理士会が、通常会費とは別に政治献金のために特別会費5000円を徴収していたことが争われた。

最高裁は、「税理士会が政党など規正法上の政治団体に金員の寄付をすることは、たとい税理士に係る法令の制定改廃に関する政治的要求を実現するためのものであっても、（税理士）法49条 2 項で定められた税理士会の目的の範囲外の行為であり、右寄付をするために会員から特別会費を徴収する旨の決議は無効である」と判断した。また、最高裁は、税理士法が「税理士会を強制加入の法人としている以上、その構成員である会員には、様々な思想・信条及び主義・主張を有する者が存在することが当然に予定されて」おり、「会員に要請される協力義務にも、おのずから限界がある」ので、「特に、政党など規正法上の政治団体に対して金員の寄付をするかどうかは、選挙における投票の自由と表裏を成すものとして、会員各人が市民としての個人的な政治的思想、見解、判断等に基づいて自主的に決定すべき事柄である」とも述べている。

団体の政治献金の自由の根拠は憲法21条 1 項の結社の自由に求められる。しかし、強制加入団体の場合、それをそのまま援用することはできない。最高裁は投票の自由を思想・良心の自由と密接に関連するものとして位置づけている。ただし、税理士会の政治活動の自由は、税理士法改正について税理士会と

して意見表明の決議を行う等、専門家としての立場からの意見表明であれば認められると考えられている。

(5) 群馬司法書士会事件（最1小判平14・4・25判時1785号31頁）

本件では、1995年の阪神淡路大震災で被災した兵庫県司法書士会支援のための3000万円の復興支援拠出金の寄附と会員からの特別負担金徴収が争点となった。

最高裁は、本件拠出金が兵庫県司法書士会への「経済的支援を通じて司法書士の業務の円滑な遂行による公的機能の回復に資することを目的」とするものであり、それは司法書士会の目的（司法書士法52条2項）の範囲を逸脱するものではなく、本会が強制加入団体であることを考慮しても、「会員の政治的又は宗教的立場や思想信条の自由を害するもの」ではないと判断した。

## II　国旗・国歌をめぐる問題

(1) 国旗・国歌法の制定

「日の丸」「君が代」については、1989年の学習指導要領によって国旗掲揚・国歌斉唱の指導が義務づけられた。しかし、かつての軍国主義や君主主権を示すものとの批判も根強く、教育現場での国旗掲揚の反対や国歌斉唱の拒否等が大きな社会問題に発展した。そこで、1999年に国旗・国歌法（国旗及び国歌に関する法律）が制定された。

ただし、国旗・国歌法それ自体は国旗・国歌の定義を定めたにすぎず、起立・斉唱を義務づけるものではない。内閣総理大臣の談話（平成11年8月9日）も、同法は慣習法としてすでに定着していた「日の丸」「君が代」を国旗・国歌として成文法化したものであり、「国民の皆様方に新たに義務を課すものではありません」と述べている。

児童・生徒の場合、国家による国旗掲揚・国歌斉唱の強制（不利益処分）は、国家による特定の思想信条の押し付けとして、憲法19条に違反するおそれが強い。しかし、公立学校の教員の場合、各種式典の際の職務命令に従う義務があり、思想・良心の自由との関連が問われることになる。公務員は「全体の奉仕者」として、一般国民に比べてその基本的人権が制約される可能性があるとはいえ、思想・良心の自由の重要性を鑑みて、その制約の合理性を慎重に検討する必要がある。

(2)　**君が代伴奏職務命令事件**（最3小判平19・2・27民集61巻1号291頁）

　市立Ａ小学校の音楽教諭Ｘ（原告・控訴人・上告人）は、同校校長から入学式での「君が代」ピアノ伴奏の職務命令を受けたが、「君が代」が過去のアジア侵略と結びついていること等を理由に、これを拒否したために地方公務員法に基づく戒告処分を受けた。そこで、Ｘは本件職務命令が憲法19条違反であるとして、戒告処分の取消しを求めて争った。

　最高裁の多数意見は、「君が代」伴奏の職務命令がＸの「歴史観ないし世界観それ自体」を否定するわけではないこと等を理由に合憲の判断を下した。

　最高裁は、上告人の主張が「上告人自身の歴史観ないし世界観及びこれに由来する社会生活上の信念等ということができる」としつつも、「客観的に見て、入学式の国歌斉唱の際に『君が代』のピアノ伴奏をするという行為自体は、音楽専科の教諭等にとって通常想定され期待されるものであって、上記伴奏を行う教諭等が特定の思想を有するということを外部に表明する行為であると評価することは困難」であり、「本件職務命令は、……上告人に対して、特定の思想を持つことを強制したり、あるいはこれを禁止したりするものではなく、特定の思想の有無について告白することを強要するものでもなく、児童に対して一方的な思想や理念を教え込むことを強制するものとみることもできない」ので、「上告人の思想及び良心の自由を侵すものとして憲法19条に反するとはいえない」と判断した。

　しかし、藤田宙靖裁判官は、「本件における真の問題は……、入学式においてピアノ伴奏をすることは、自らの信条に照らし上告人にとって極めて苦痛なことであり、それにもかかわらずこれを強制することが許されるかどうかという点にこそある」としたうえで、「ピアノ伴奏を命じる校長の職務命令によって達せられようとしている公共の利益の具体的な内容は何かが問われなければならず、そのような利益と……上告人の『思想及び良心』の保護の必要との間で、慎重な考量がなされなければならない」こと、「学校行政の究極的目的が『子供の教育を受ける利益の達成』でなければならないことは、自明の事柄であって、それ自体は極めて重要な公共の利益であるが、そのことから直接に、音楽教師に対し入学式において『君が代』のピアノ伴奏をすることを強制しなければならないという結論が導き出せるわけではない」との反対意見を述べて

いる。

(3)　**起立斉唱拒否事件**（最 2 小判平23・5・30民集65巻 4 号1780頁）

都立高校に勤務していた X（原告・控訴人＝被控訴人・上告人）は、「日本の侵略戦争の歴史を学ぶ在日朝鮮人、在日中国人の生徒に対し、『日の丸』や『君が代』を卒業式に組み入れて強制することは、教師としての良心が許さないという考えを有している」ことを理由に、卒業式における起立斉唱を命ずる校長の職務命令を拒否し、国歌斉唱の際に起立しなかった。これに対し、都教委は X に戒告処分を行った。後に X が定年退職に先立って非常勤の嘱託員等の採用選考の申込みを行ったところ、都教委は上述の不起立行為を理由に不合格とした。そのため、X は上記職務命令が憲法19条に違反しているとして争った。

最高裁は、上告人の主張について、「日の丸」や「君が代」が「戦前の軍国主義等との関係で一定の役割を果たしたとする上告人自身の歴史観ないし世界観から生ずる社会生活上ないし教育上の信念等ということができる」としたうえで、「学校の儀式的行事である卒業式等の式典における国歌斉唱の際の起立斉唱行為は、一般的、客観的に見て、これらの式典における慣例上の儀礼的な所作としての性質を有するもの」であり、「本件職務命令は、特定の思想を持つことを強制したり、これに反する思想を持つことを禁止したりするものではなく、特定の思想の有無について告白することを強要するものということもできない」ので、「本件職務命令は、これらの観点において、個人の思想及び良心の自由を直ちに制約するものと認めることはできない」と判断した。

しかし、最高裁は、起立斉唱行為は、「国旗及び国歌に対する敬意の表明の要素を含む行為」であり、「自らの歴史観ないし世界観との関係で否定的な評価の対象となる『日の丸』や『君が代』に対して敬意を表明することには応じ難いと考える者が、これらに対する敬意の表明の要素を含む行為を求められることは、……個人の歴史観ないし世界観に由来する行動（敬意の表明の拒否）と異なる外部的行為（敬意の表明の要素を含む行為）を求められることとなり、その限りにおいて、その者の思想及び良心の自由についての間接的な制約となる面があることは否定し難い」と述べた。

ただし、最高裁は、「本件職務命令は、公立高等学校の教諭である上告人に対して当該学校の卒業式という式典における慣例上の儀礼的な所作として国歌

斉唱の際の起立斉唱行為を求めることを内容とするものであって、高等学校教育の目標や卒業式等の儀式的行事の意義、在り方等を定めた関係法令等の諸規定の趣旨に沿い、かつ、地方公務員の地位の性質及びその職務の公共性を踏まえた上で、生徒等への配慮を含め、教育上の行事にふさわしい秩序の確保とともに当該式典の円滑な進行を図るものである」ので、「必要性及び合理性が認められる」としている。

　最高裁は、起立斉唱行為が「慣例上の儀礼的な所作」であり、本件職務命令が個人の思想・良心の自由を直ちに制約するものではないと判断した。ただし、起立斉唱の命令が思想・良心の自由の間接的な制約になりうることを認めた点が注目される。最高裁は、職務命令の合憲性について、その必要性・合理性、目的・内容を総合的に考慮して判断しているが、その判断基準に不明確な点があることは否めない。

　なお、最高裁は、起立斉唱またはピアノ伴奏の職務命令を拒否した都立学校教職員らの懲戒処分が争われた事例において、過去に処分歴のない者に対する戒告処分は適法であるが、戒告 1 回の処分歴があることのみを理由とした減給処分は、「減給の期間の長短及び割合の多寡にかかわらず、処分の選択が重きに失するものとして社会観念上著しく妥当を欠き、……裁量権の範囲を超えるものとして違法の評価を免れない」と述べている（最 1 小判平24・1・16判時2147号127頁）。他方、起立斉唱の職務命令に違反したことを理由に定年退職後の再任用を拒否された都立高校の元教職員らが国賠法に基づく損害賠償を求めて争った事例において、最高裁は、都教委の不合格等の判断が「その当時の再任用制度等において、著しく合理性を欠くものであったということはでき」ず、「裁量権の範囲を超え又はこれを濫用したものとして違法であるとはいえない」としている（最 1 小判平30・7・19裁時1704号 4 頁）。

**コラム ──国旗・国歌と思想・良心の自由──**

　日の丸・君が代に限らず、国家が国旗・国歌等のシンボルに対して起立・斉唱を命じることそれ自体が統制の手段または一種の「踏み絵」としての性質を帯びる場合のあることに注意が必要である。また、起立斉唱拒否事件において、千葉勝美裁判官が、「……入学式や卒業式のような学校の式典においては、当然のことながら、国旗及び国歌がその意義にふさわしい儀礼をもって尊重されるのが望まれるところである」が、「歴史的な経緯等から様々な考えが存在するのが現実」であり、「国旗及び国歌に対する姿勢は、個々人の思想信条に関連する微妙な領域の問題であって、国民が心から敬愛するものであってこそ、国旗及び国歌がその本来の意義に沿うものとなるのである」から、「この問題についての最終解決としては、国旗及び国歌が、強制的にではなく、自発的な敬愛の対象となるような環境を整えることが何よりも重要である」との補足意見を述べている点が注目される。

# 第8章　信教の自由と政教分離原則

## I　信教の自由における「宗教」

　信教の自由の保障は、大日本帝国憲法にもあった。すなわち、大日本帝国憲法28条は、「日本臣民ハ安寧秩序ヲ妨ケス及臣民タルノ義務ニ背カサル限ニ於テ信教ノ自由ヲ有ス」と定めていた。しかしながら、大日本帝国憲法の下では、いわゆる「神社神道」は宗教ではないとして学校教育でも参拝が求められており、事実上、優遇されていた。また、「日本臣民ハ安寧秩序ヲ妨ケス及臣民タルノ義務ニ背カサル限ニ於テ」という制約があったことにも注意が必要である。

　日本国憲法では、20条1項で「信教の自由は、何人に対してもこれを保障する。いかなる宗教団体も、国から特権を受け、又は政治上の権力を行使してはならない。」とし、また、2項で「何人も、宗教上の行為、祝典、儀式又は行事に参加することを強制されない。」として、信教の自由を保障している。そして、3項で「国及びその機関は、宗教教育その他いかなる宗教的活動もしてはならない。」とし、また、89条では「公金その他の公の財産は、宗教上の組織若しくは団体の使用、便益若しくは維持のため……これを支出し、又はその利用に供してはならない。」として、政教分離原則を定めている。

　本章では、この信教の自由と政教分離原則に関してみていきたい。

　さて、この信教の自由でいうところの「宗教」とは、どのようなものだろうか。地方公共団体が公の施設の起工式を神式の地鎮祭の儀式で行い、神職への報償費が公金から支出されたことなどが争われた津地鎮祭訴訟における名古屋高裁判決（名古屋高判昭46・5・14行集22巻5号680頁）は、日本国憲法における宗教を「超自然的、超人間的本質（すなわち絶対者、造物主、至高の存在等、なかんずく神、仏、霊等）の存在を確信し、畏敬崇拝する心情と行為」と広く解している。ただし、憲法20条1項および2項の信教の自由における「宗教」と20条3項および89条の政教分離原則における「宗教」を区別して、後者を限定的に

考える立場も有力である。

## Ⅱ　信教の自由の内容と政教分離原則の法的性質

### (1)　信教の自由の内容

　信教の自由は、①信仰の自由、②宗教的行為の自由、そして、③宗教的結社の自由、の３つをその内容としている。そのうち、信仰の自由には、ⓐ信仰告白の自由、ⓑ信仰を理由に不利益を受けないこと、そして、ⓒ子どもに宗教教育を行い、あるいは宗教学校に行かせる自由、が含まれている。もちろん、ⓒについては、親が子どもの意思を無視してよいことを意味しているわけではない。憲法上の基本的人権は、原則的に公権力との関係のものである。したがって、ここでいう自由は、親―子どもという私人同士の関係のものではなく、公権力―親といった関係のものである。つまり、親が子どもに特定の宗教学校へ通わせようとした場合に、（国家が支持する宗教教育を行う学校ではないことなどを理由に）公権力がそれを妨げてはならないというものである。

### (2)　政教分離原則の法的性質

　次に、政教分離原則に関しては、その法的性質をめぐって、学説上の争いがある。１つは「人権説」と呼ばれるもので、政教分離、すなわち、政治が宗教に関わらない状態そのものを基本的人権と捉える立場である。それに対して、「制度的保障説」と呼ばれる立場もある。これは、基本的人権である信教の自由を保障するための制度として、政教分離原則を捉える立場である。

　判例は、制度的保障説に立っている。たとえば、前述の津地鎮祭訴訟の最高裁（最大判昭52・7・13民集31巻4号533頁）は、「政教分離規定は、いわゆる制度的保障の規定であつて、信教の自由そのものを直接保障するものではなく、国家と宗教との分離を制度として保障することにより、間接的に信教の自由の保障を確保しようとするものである」としている。

### (3)　政教分離原則の判断基準

　ところで、日本国憲法の解釈上、政治が宗教にかかわることは、一切、禁止されているのだろうか。そうした立場を「絶対的禁止説」という。しかし、津地鎮祭訴訟で最高裁は、「現実の国家制度として、国家と宗教との完全な分離を実現することは、実際上不可能に近い」とし、「国家は実際上宗教とある程

度のかかわり合いをもたざるをえないことを前提としたうえで、そのかかわり
合いが……いかなる場合にいかなる限度で許されないこととなるかが、問題と
ならざるをえない」としている。つまり、判例は、ある程度は国家が宗教にか
かわることを許容する「相対的分離説」の立場なのである。

　では、ある程度は国家が宗教にかかわりうるとしても、その憲法上の限界
は、どこにあるのだろうか。このことに関して、津地鎮祭訴訟の最高裁は、
「憲法20条3項は、『国及びその機関は、宗教教育その他いかなる宗教的活動も
してはならない。』と規定するが、ここにいう宗教的活動とは……当該行為の
目的が宗教的意義をもち、その効果が宗教に対する援助、助長、促進又は圧
迫、干渉等になるような行為をいうものと解すべきである」としている。つま
り、判例によれば、国やその機関の行為の目的が宗教的意義をもち、その効果
が宗教に対する援助、助長、促進又は圧迫、干渉等になるような行為の場合
に、当該行為は政教分離原則違反として憲法違反の評価を受けることになる。
この判断基準は、「目的効果基準」と呼ばれている。

## Ⅲ　信教の自由および政教分離原則に関する判例

### (1) 宗教行為が正当な業務行為として違法性を阻却できるか—牧会活動事件と加持祈祷事件

　以下、信教の自由および政教分離原則に関する主要な判例をみていきたい。
　まず、教会の牧師が、窃盗事件などの犯人として捜査中の者であると知りな
がら2名の未成年者を教会に同行し匿ったとして起訴された事案に関する判決
である。裁判所は、「被告人の所為は……牧師の牧会活動に該当し、被告人の
業務に属するものであつたことは明らかである」としたうえで、その行為「が
正当な業務行為としで違法性を阻却するためには、業務そのものが正当である
とともに、行為そのものが正当な範囲に属することを要するところ、牧会活動
は……それ自体は公共の福祉に沿うもので、業務そのものの正当性に疑を差し
はさむ余地はない。一方、その行為が正当な牧会活動の範囲に属したかどうか
は、社会共同生活の秩序と社会正義の理念に照らし、具体的実質的に評価決定
すべきものであつて、それが具体的諸事情に照らし、目的において相当な範囲
にとどまり、手段方法において相当であるかぎり、正当な業務行為として違法

性を阻却すると解すべきものである」とした。そして、「牧会活動は……実質的には日本国憲法20条の信教の自由のうち礼拝の自由にいう礼拝の一内容（即ちキリスト教における福音的信仰の一部）をなすものであるから、それは宗教行為としてその自由は日本国憲法の右条項によつて保障され、すべての国政において最大に尊重されなければならない」としたうえで、「具体的牧会活動が目的においで相当な範囲にとどまつたか否かは、それが専ら自己を頼つて来た個人の魂への配慮としてなされたものであるか否かによつて決すべきものであり、その手段方法の相当性は、右憲法上の要請を踏まえた上で、その行為の性質上必要と認められる学問上慣習上の諸条件を遵守し、かつ相当の範囲を超えなかつたか否か、それらのためには法益の均衡、行為の緊急性および補充性等の諸事情を比較検討することによつて具体的綜合的に判定すべきものである」とした。そして、本件事案では、「被告人の本件所為を判断するとき、それは全体として法秩序の理念に反するところがなく、正当な業務行為として罪とならない」として、無罪とした（神戸簡判昭50・2・20判時768号3頁）。

　つまり、本件判決は、犯人を隠匿する行為であったとしても、牧会活動という宗教行為は、その目的が相当な範囲にとどまり、かつ、手段方法も相当なものであれば、正当な業務行為として違法性を阻却し犯罪とはならないとしたのである。ただし、もちろん、宗教行為であれば、安易に正当な業務行為として違法性を阻却されるわけではない。線香護摩の加持祈祷の結果、人を死亡させた事案において、最高裁は、「信教の自由が基本的人権の一として極めて重要なものであることはいうまでもない」が、「信教の自由の保障も絶対無制限のものではない」とし、「被告人の本件行為は……一種の宗教行為としてなされたものであつたとしても、それが……他人の生命、身体等に危害を及ぼす違法な有形力の行使に当るものであり、これにより被害者を死に致したものである以上、被告人の右行為が著しく反社会的なものであることは否定し得ないところであつて、憲法20条1項の信教の自由の保障の限界を逸脱したものというほかはなく、これを刑法205条に該当するものとして処罰したことは、何ら憲法の右条項に反するものではない」としている（最大判昭38・5・15刑集17巻4号302頁）。

## (2)　学校教育と宗教への配慮——日曜参観事件と剣道拒否事件

　さて、宗教を理由として、学校の欠席や授業への配慮を求めることはできるだろうか。このことに関して、まず、日曜日に行われる教会学校に参加するために日曜日に行われる参観授業を欠席した場合に、欠席扱いにしないように求めることはできるかどうかが争われた事案に関する判決をみていきたい。

　この判決では、「宗教行為に参加する児童について公教育の授業日に出席することを免除する（欠席として扱うことをしない。）ということでは……公教育の宗教的中立性を保つ上で好ましいことではないのみならず、当該児童の公教育上の成果をそれだけ阻害し……そのうえさらに、公教育が集団的教育として挙げるはずの成果をも損なうことにならざるをえず、公教育が失うところは少なくない」とし、「公教育上の特別の必要性がある授業日の振替えの範囲内では、宗教教団の集会と抵触することになつたとしても、法はこれを合理的根拠に基づくやむをえない制約として容認している」などとして、児童やその親の請求を認めなかった（東京地判昭61・3・20行集37巻3号347頁）。つまり、この事案では、原告らが求める配慮は認められなかったのである。

　しかし、学校教育において、逆に宗教に一定の配慮が求められる場合もある。次に、公立の工業高等専門学校（高専）で体育科目として剣道の授業が必修科目とされたところ、宗教的信条から格技である剣道の実技に参加できないとする学生が、レポート提出などの代替措置を求めレポート提出などをしたにもかかわらず、高専側はこれらを拒否し、当該授業の成績を認定せずに当該学生を2年続けて原級留置（進級させない）処分とし、2回連続で原級留置となったことを理由に学則にしたがって退学処分としたため、当該学生が原級留置処分の取消しを求めた事案をみていきたい。本件事案で最高裁（最2小判平8・3・8民集50巻3号469頁）は、「高等専門学校の校長が学生に対し原級留置処分又は退学処分を行うかどうかの判断は、校長の合理的な教育的裁量にゆだねられるべきもの」としながらも、「退学処分は学生の身分をはく奪する重大な措置であり……当該学生を学外に排除することが教育上やむを得ないと認められる場合に限って退学処分を選択すべきであり、その要件の認定につき他の処分の選択に比較して特に慎重な配慮を要するものであ」り、「原級留置処分の決定に当たっても、同様に慎重な配慮が要求される」としたうえで、「代替

措置が不可能というわけでもないのに、代替措置について何ら検討することもなく……退学処分をしたという上告人の措置は、考慮すべき事項を考慮しておらず、又は考慮された事実に対する評価が明白に合理性を欠き、その結果、社会観念上著しく妥当を欠く処分をしたものと評するほかはなく、本件各処分は、裁量権の範囲を超える違法なものといわざるを得ない」とした。

なお、この事案で高専側は、宗教を理由に当該学生に配慮することが政教分離原則に反する旨を主張していたが、これについて、最高裁は、「およそ代替措置を採ることが、その方法、態様のいかんを問わず、憲法20条3項に違反するということができないことは明らかである」としている。

このように学校教育では、宗教に一定の配慮が求められる場合もある。今後、グローバル化が進むにつれ、教育の場でも、ますます宗教的多様性が増すであろうことからすれば、この判決は重要な意味をもつものだといえるだろう。

### (3) 祀られない自由はあるのか―自衛官護国神社合祀事件

自衛官である配偶者が公務従事中の交通事故で殉職したところ、信仰上の理由から護国神社への合祀に反対したにもかかわらず、護国神社に配偶者が合祀されたことについて損害賠償を求めた事案で最高裁（最大判昭63・6・1民集42巻5号277頁）は、次のように判断している。

まず、本件事案を原告（被上告人）と護国神社との関係の問題と捉え、憲法の私人間効力における間接適用説を前提とし、「私人相互間において憲法20条1項前段及び同条2項によつて保障される信教の自由の侵害があり、その態様、程度が社会的に許容し得る限度を超えるときは、場合によつては、私的自治に対する一般的制限規定である民法1条、90条や不法行為に関する諸規定等の適切な運用によつて、法的保護が図られるべき」としたうえで、「人が自己の信仰生活の静謐を他者の宗教上の行為によつて害されたとし……かかる宗教上の感情を被侵害利益として、直ちに損害賠償を請求し、又は差止めを請求するなどの法的救済を求めることができるとするならば、かえつて相手方の信教の自由を妨げる結果とな」り、「信教の自由の保障は、何人も自己の信仰と相容れない信仰をもつ者の信仰に基づく行為に対して、それが強制や不利益の付与を伴うことにより自己の信教の自由を妨害するものでない限り寛容であることを要請している」とし、「このことは死去した配偶者の追慕、慰霊等に関す

る場合においても同様である」として、配偶者の護国神社への合祀を否定して
「静謐な宗教的環境の下で信仰生活を送るべき利益なるものは、これを直ちに
法的利益として認めることができない」とした。そして、護国神社の「合祀
は、まさしく信教の自由により保障されているところとして同神社が自由になし得るところであり、それ自体は何人の法的利益をも侵害するものではな」
く、「被上告人の法的利益は何ら侵害されていないというべきである」とした。

　つまり、最高裁によれば、宗教的人格権として「静謐な宗教的環境の下で信
仰生活を送るべき利益」は認められず、また、宗教儀式への不参加により不利
益を受けたり、あるいは、信仰に基づく追悼などに圧迫・干渉されない限り、
たとえ近親者であったとしても、合祀を否定できないのである。

　なお、本件最高裁判決には、複数の補足意見や意見、そして、反対意見が付
されている。

### (4)　公金支出などの禁止―津地鎮祭訴訟、愛媛県玉串料訴訟、空知太神社訴訟・孔子廟訴訟

　憲法89条は、宗教上の組織や団体のために公金を支出したり公の財産を使用
させたりしてはならないとしている。この規定は、政教分離原則を財政の観点
から規定したものと考えられている。この規定と関係する事案の1つが、前述
の津地鎮祭訴訟である。津地鎮祭訴訟で最高裁は、前述した目的効果基準を用
いて、問題となった起工式の方式「が宗教とかかわり合いをもつものであるこ
とは、否定することができない」けれども、「かかる儀式は、国民一般の間に
すでに長年月にわたり広く行われてきた方式の範囲を出ないものであるから、
一般人及びこれを主催した津市の市長以下の関係者の意識においては、これを
世俗的行事と評価し、これにさしたる宗教的意義を認めなかつたものと考
え」、また、「建築工事現場において、たとえ専門の宗教家である神職により神
社神道固有の祭祀儀礼に則つて、起工式が行われたとしても、それが参列者及
び一般人の宗教的関心を特に高めることとなるものとは考えられず、これによ
り神道を援助、助長、促進するような効果をもたらすことになるものとも認め
られない。そして、このことは、国家が主催して、私人と同様の立場で、本件
のような儀式による起工式を行つた場合においても、異なるものではなく、そ
のために、国家と神社神道との間に特別に密接な関係が生じ、ひいては、神道

が再び国教的な地位をえたり、あるいは信教の自由がおびやかされたりするような結果を招くものとは、とうてい考えられない」ため、「本件起工式は、なんら憲法20条3項に違反するものではなく、また、宗教団体に特権を与えるものともいえないから、同条1項後段にも違反しないというべきである。更に、右起工式の挙式費用の支出も、前述のような本件起工式の目的、効果及び支出金の性質、額等から考えると、特定の宗教組織又は宗教団体に対する財政援助的な支出とはいえないから、憲法89条に違反するものではな」いとした。つまり、本件事案は、目的効果基準に照らせば憲法20条3項の政教分離原則に違反せず、また、20条1項にも違反せず、そして、本件起工式の目的や効果、支出金の性質や額等からすれば、憲法89条にも違反しないとしたのである。

　現在でも、この津地鎮祭訴訟の最高裁の判断枠組みが先例として踏襲されている。しかし、その運用に関しては、やや温度差のある判決も出されているように思われる。たとえば、愛媛県玉串料訴訟の最高裁判決（最大判平9・4・2民集51巻4号1673頁）である。これは、地方公共団体が、靖國神社の行った例大祭などに、公金から玉串料を支出したことなどについて争われたものである。最高裁は、次のように述べている。すなわち、例大祭や玉串料などは、「いずれも各神社が宗教的意義を有すると考えていることが明らかなものであ」り、「県が特定の宗教団体の挙行する重要な宗教上の祭祀にかかわり合いを持ったということが明らかである。そして……時代の推移によって既にその宗教的意義が希薄化し、慣習化した社会的儀礼にすぎないものになっているとまでは到底いうことができず、一般人が本件の玉串料等の奉納を社会的儀礼の一つにすぎないと評価しているとは考え難いところであ」り、「玉串料等の奉納者においても、それが宗教的意義を有するものであるという意識を大なり小なり持たざるを得ない」とした。「また、本件においては、県が特定の宗教団体の挙行する同種の儀式に対して同様の支出をしたという事実がうかがわれないのであって、県が特定の宗教団体との間にのみ意識的に特別のかかわり合いを持ったことを否定することができない。これらのことからすれば、地方公共団体が特定の宗教団体に対してのみ本件のような形で特別のかかわり合いを持つことは、一般人に対して、県が当該特定の宗教団体を特別に支援しており、それらの宗教団体が他の宗教団体とは異なる特別のものであるとの印象を与え、特定

の宗教への関心を呼び起こすものといわざるを得ない」とした。そして、「その目的が宗教的意義を持つことを免れず、その効果が特定の宗教に対する援助、助長、促進になると認めるべきであり、これによってもたらされる県と靖國神社等とのかかわり合いが我が国の社会的・文化的諸条件に照らし相当とされる限度を超えるものであって、憲法20条3項の禁止する宗教的活動に当たると解するのが相当である。そうすると、本件支出は、同項の禁止する宗教的活動を行うためにしたものとして、違法というべきである」としたのである。

　この判決では、地鎮祭などと異なって、例大祭などへの玉串料の奉納は、世俗化・慣習化しておらず、目的効果基準に照らして、玉串料などへの公金支出を憲法89条違反だとしたのである。

　次に、空知太神社訴訟の最高裁判決（最大判平22・1・20民集64巻1号1頁）をみておきたい。これは、地方公共団体の公有地を神社施設の敷地として無償で使用させていたことが、憲法89条違反となるかどうかが争われた事案である。なお、本件神社は、宗教法人ではなく、地域の住民による氏子集団が管理運営しているもので、建物の主要部分である集会室は、普段は学習塾などとして利用されており、祭事には別の神社から宮司の派遣を受けていた。また、もともと本件神社施設は私有地の上にあったが、その土地が地方公共団体に寄附され、その際に地方公共団体の議会で祠などの施設のために無償で使用させる旨の決議が行われるなどの経緯があった。最高裁は、次のように述べている。すなわち、「本件鳥居、地神宮、『神社』と表示された会館入口から祠に至る本件神社物件は、一体として神道の神社施設に当たるものと見るほかはな」く、「また、本件神社において行われている諸行事は……神道の方式にのっとって行われているその態様にかんがみると、宗教的な意義の希薄な、単なる世俗的行事にすぎないということはでき」ず、したがって、「本件神社物件は、神社神道のための施設であり、その行事も……宗教的行事として行われているものということができる」とした。また、「本件神社物件を管理し、上記のような祭事を行っているのは……本件氏子集団であ」り、「この氏子集団は、宗教的行事等を行うことを主たる目的としている宗教団体であって、寄附を集めて本件神社の祭事を行っており、憲法89条にいう『宗教上の組織若しくは団体』に当たる」とした。そして、「本件利用提供行為は、その直接の効果として、氏

子集団が神社を利用した宗教的活動を行うことを容易にしているものということができ」、したがって、公有地の「本件利用提供行為は……一般人の目から見て、市が特定の宗教に対して特別の便益を提供し、これを援助していると評価されてもやむを得ない」とした。そして、「以上のような事情を考慮し、社会通念に照らして総合的に判断すると、本件利用提供行為は……憲法89条の禁止する公の財産の利用提供に当たり、ひいては憲法20条1項後段の禁止する宗教団体に対する特権の付与にも該当すると解するのが相当である」とした。

　なお、その後、本件事案では、本件神社施設の一部撤去などとともに本件鳥居や祠のある敷地について適正な賃料で本件氏子集団の氏子総代に賃貸することになったが、それに関して、最高裁は、こうした適正な賃料に基づく賃貸などの「手段は……違憲性を解消するための手段として合理的かつ現実的なものというべきであ」ると判断している（［空知太神社訴訟差戻後上告審］最1小判平24・2・16民集66巻2号673頁）。

　また、最近の事案に孔子廟訴訟がある。これは、地方公共団体が管理する都市公園に孔子を祀った施設の設置が許可され、その敷地使用料も全額免除されたことが争われた事案である。最高裁は、次のように述べている。すなわち、「本件施設は、本件公園の他の部分から仕切られた区域内に一体として設置されているところ、大成殿は、本件施設の本殿と位置付けられており、その内部の正面には孔子の像及び神位が、その左右には四配の神位がそれぞれ配置され、家族繁栄、学業成就、試験合格等を祈願する多くの人々による参拝を受けているほか、大成殿の香炉灰が封入された『学業成就（祈願）カード』が本件施設で販売されていたこともあったというのである。そうすると、本件施設は、その外観等に照らして、神体又は本尊に対する参拝を受け入れる社寺との類似性があるということができ」、そして、「本件施設で行われる釋奠祭禮は、その内容が供物を並べて孔子の霊を迎え、上香、祝文奉読等をした後にこれを送り返すというものであることに鑑みると、思想家である孔子を歴史上の偉大な人物として顕彰するにとどまらず、その霊の存在を前提として、これを崇め奉るという宗教的意義を有する儀式というほかな」く、また、本件建物の所有者である一般社団法人「は釋奠祭禮の観光ショー化等を許容しない姿勢を示しており、釋奠祭禮が主に観光振興等の世俗的な目的に基づいて行われているな

どの事情もうかがわれない」とした。そして、「当初の至聖廟等は、少なくと
も明治時代以降、社寺と同様の取扱いを受けて」おり、「旧至聖廟等は当初の
至聖廟等を再建したものと位置付けられ、本件施設はその旧至聖廟等を移転し
たものと位置付けられていること等に照らせば、本件施設は当初の至聖廟等及
び旧至聖廟等の宗教性を引き継ぐものということができ」、したがって、「本件
施設については、一体としてその宗教性を肯定することができることはもとよ
り、その程度も軽微とはいえない」とした。そして、「本件施設は、当初の至
聖廟等とは異なる場所に平成25年に新築されたものであって、当初の至聖廟等
を復元したものであることはうかがわれず、法令上の文化財としての取扱いを
受けているなどの事情もうかがわれ」ず、「本件施設の観光資源等としての意
義や歴史的価値をもって、直ちに、参加人に対して本件免除により新たに本件
施設の敷地として国公有地を無償で提供することの必要性及び合理性を裏付け
るものとはいえない」とした。したがって、「本件免除は……憲法20条3項の
禁止する宗教的活動に該当すると解するのが相当であ」るとした（最大判令
3・2・24判タ1485号10頁）。なお、本件判決には反対意見が付されている。

　以上のように、判例は、津地鎮祭訴訟の最高裁判決以降、基本的な判断枠組
みとしては目的効果基準を用いている。ただし、その具体的な運用にあたって
は、種々の議論がある点には、留意が必要だろう。

# 第9章　表現の自由

## Ⅰ　表現の自由とは何か

### (1)　表現の自由の保障の意義

　精神的自由の1つである表現の自由は、他者とのコミュニケーションを通じて内面的精神活動（たとえば、信仰や思想等）の社会的・政治的効用を発揮させることができる重要な人権である。それゆえ、自己の欲する方法により表現を妨げられない自由の保障が肝要となるが、そのことは、歴史上、表現の自由が近代憲法の原理として確立し保障されてきたことからも明らかである。たとえば、フランス人権宣言10条（1789年）では、「思想および意見の自由な伝達は人の最も貴重な権利の一つである」とあり、アメリカ合衆国憲法修正1条（1791年）では、「議会は、……表現の自由、あるいは報道の自由を制限する、人々の平和的集会の権利……を制限する法律を制定することはできない。」と定められた。

　本来、表現の自由は、「送り手」の自由を保障するものと考えられてきた。しかし、20世紀に入るとマス・メディアが発達し、影響力をもち、情報が一方的に国民に流れるようになった。特に、「送り手」であるマス・メディアと「受け手」である国民の分離が顕著となった現代社会では、国民は、自己の思想・意見を形成するため、情報を自由に得ることができなければならない。それゆえ、表現の自由は、「受け手」の自由の保障（情報の受領を妨げられないという消極的側面を重視した「知る自由」）と考えられるようになり、さらに、積極的に政府情報等の開示を請求する「知る権利」として捉えられるようにもなった。近時、学説において、公権力である政府や自治体の積極的広報活動という「政府言論」や表現活動への公的財政援助も表現の自由の問題として指摘されている。

### (2)　表現の自由を支える価値

　表現の自由を支える価値は、1つは自己実現の価値といい、個人が言論活動

を通じて自己の人格を発展させるという個人的な価値である。もう 1 つは自己統治の価値といい、言論活動によって国民が政治的意思決定に関与するという社会的な価値である。この他、各人が自由に意見を表明し、競争することによって真理に到達するという、「思想の自由市場論」もあげられる。

　表現の自由は、個人の人格形成にとって重要な人権であり、かつ政治に参加するための不可欠の人権であるため手厚い保護が必要となる。「こわれ易く傷つき易い権利」と称される精神的自由は、経済的自由に比べて「優越的地位」を占めると考えられることから、表現の自由を規制する立法は、経済規制立法より厳格な（違憲審査）基準によって審査されることになる（「二重の基準論」）。換言すると、この基準の下では、表現規制立法は違憲の推定が働くことになる。

### (3)　表現の自由の保障内容

　明治憲法は、法律の留保を伴い、表現の自由の保障は不十分であった（29条）。しかし、日本国憲法21条は、「集会、結社及び言論、出版その他一切の表現の自由は、これを保障する。」（1 項）と定め、さらに「検閲は、これをしてはならない。通信の秘密は、これを侵してはならない。」（2 項）と定め、表現の自由を手厚く保護する。憲法21条が保障する表現の種別は多様であり、演説、新聞・雑誌その他の印刷物、放送・通信等のほか、すべての表現媒体に保障が及ぶ。また、集会・結社も、思想や意見の表明をともなうので伝統的な言論・出版の自由（狭義の表現の自由）と密接に関連する。それゆえ、集会（デモ行進は「動く集会」といわれる）・結社の自由も広義の表現の自由の一類型といえる。

### (4)　表現の自由の保障と限界—表現規制立法に対する違憲審査基準

　表現の自由は無制約ではないため制約を受けることもあるが、表現規制立法は、厳格な（違憲審査）基準により合憲・違憲が判断される。しかし、その基準は一様ではなく、表現の種別や規制立法の態様の相違に応じて異なる。表現規制立法は、①検閲・事前抑制、②漠然不明性・過度広汎の規制、③表現内容規制および④表現内容中立規制に大別され、各々の基準に照らして判断される。

　①「検閲」（事前抑制）については、「公権力が外に発表されるべき思想の内

容をあらかじめ審査し、不適当と認めるときは、その発表を禁止する行為」で
あるため、表現行為を抑制させ、②「漠然不明性」については法文が明確性を
欠き規制対象が不明瞭であり、「過度広汎」については本来規制すべきではな
い表現まで過度に規制する。そのため、①または②の規制立法は、表現者への
萎縮的効果が認められ、文面上無効になると考えられる。なお、後述するよう
に、判例は憲法21条2項の「検閲」概念について、検閲の主体が行政権の場合
に限定する等、狭く捉えている点には注意が必要である。

　③「表現内容規制」は、特定の見解の発表を禁止・制限する見解規制と特定
の主題に関する表現を禁止・制限する主題規制のことである。学説上、低価値
表現（たとえば、営利的表現や性表現等）の規制は、規制対象の表現とそうでは
ない表現とを明確にし、表現規制を限定しようとする定義づけ衡量の手法をと
るが、それ以外の表現内容規制は「必要不可欠な公共的利益」という厳格な審
査基準を用いるべきとする。この基準は、規制立法の目的がやむにやまれぬ必
要不可欠な公共的利益であって、その目的達成手段が「厳格に定められていな
ければならない」という2要件を充足しなければならない厳格な審査基準であ
る。

　また、学説上、一定の表現（たとえば、違法行為を煽る表現等）の規制立法に用
いることが妥当と考えられる審査基準が、アメリカ憲法判例の「明白かつ現在
の危険」基準である。すなわち、ⓐ表現行為が近い将来、実質的害悪を惹起す
る蓋然性が明白であり、ⓑその実質的害悪が極めて重大で、その害悪発生が時
間的に切迫し、ⓒ規制手段が害悪回避に必要不可欠であること、の3要件が論
証されてはじめて規制することができると考える。

　④「表現内容中立規制」とは、表現内容に直接関係のない規制であり、時・
場所・方法の規制（たとえば、屋外広告物規制や騒音規制等）が代表的である。学
説上、表現内容中立規制が、重要な立法目的を達成するために合理的かつ必要
な手段であるかを判断するため、立法事実に照らして「より制限的でない他の
選びうる手段」の存否を具体的・実質的に審査し、その存在を認めることがで
きる場合、規制を違憲と判断すると考えられている。

## (5)　表現の自由の規制

　前述のように表現の自由は無制約ではなく、表現内容を理由として制限を受

ける表現もある。たとえば、名誉毀損・プライバシー侵害とわいせつ表現等が
それである。

　名誉権・プライバシー権は憲法13条により保障されるため、表現の自由との
調整が必要となる。刑法230条は名誉毀損罪を定め、同法230条の2第1項は免
責要件（表現事実の公共性・目的の公益性・誤信相当性）を定める。また、民法709
条・710条は不法行為としての名誉権侵害およびプライバシー侵害の民事責任
を定める。もっとも、民事上の名誉権侵害の免責も、刑法230条の2第1項の
趣旨が妥当すると解され、プライバシー侵害については、一定要件（表現事実
の公共性・報道価値等）の下で免責されると考えられている（名誉・プライバシー
については第5章参照）。

　刑法175条はわいせつ表現の規制を定める。判例は「わいせつ」について、
「徒らに性欲を興奮又は刺戟せしめ、且つ普通人の正常な性的羞恥心を害し、
善良な性的道義観念に反するもの」と定義づけ、「公共の福祉」、すなわち「性
的秩序を守り、最小限度の性道徳を維持する」ため、刑法175条を合憲と判示
した（「チャタレイ事件」最大判昭32・3・13刑集11巻3号997頁）。

## II　表現の自由をめぐる判例

### (1)　「四畳半襖の下張」事件判決（最2小判昭55・11・28刑集34巻6号433頁）

　雑誌に掲載された短編小説「四畳半襖の下張」の大部分が性描写で占められ
ていたため、雑誌を出版・頒布した出版社社長と編集長が刑法175条違反で起
訴された。

　最高裁は、「わいせつ」について、「文書の性に関する露骨で詳細な描写叙述
の程度とその手法、右描写叙述の文書全体に占める比重、文書に表現された思
想等と右描写叙述との関連性、文書の構成や展開、さらには芸術性・思想性等
による性的刺激の緩和の程度、これらの観点から該文書を全体としてみたとき
に、主として、読者の好色的興味にうったえるものと認められるか否かなどの
諸点を検討することが必要であり、これらの事情を総合し、その時代の健全な
社会通念に照らして、それが、『徒らに性欲を興奮又は刺戟せしめ、且つ普通
人の正常な性的羞恥心を害し、善良な性的道義観念に反するもの』……か否か
を決すべき」とし、小説が「わいせつ」文書にあたるとした原判決を支持し

た。

　本判決は、先例の「チャタレイ事件」判決を踏襲し、文書全体の芸術性を考慮する「全体的考察方法」を用いて「わいせつ」表現と作品の「芸術性」との衡量を行っている。「チャタレイ事件」判決より判断方法は詳細ではあるが、「わいせつ」概念の不明確性は否定しえない。

　(2)　**泉佐野市民会館事件**（最3小判平7・3・7民集49巻3号687頁）

　市民会館条例に基づきXらが管理者Y（泉佐野市）に使用許可申請をしたところ、Xらが過激派団体であり、使用を認めると敵対団体との衝突や不測の事態の発生、周辺住民の平穏な生活が脅かされる等の理由により、Yは不許可としたことから憲法21条違反が問われた。

　最高裁は、利用拒否については、施設の規模、構造、設備等または利用者の競合を理由とした不許可のほか、施設を利用させることにより「他の基本的人権が侵害され、公共の福祉が損なわれる危険がある場合に限られる」と論じつつ、「制限が必要かつ合理的」か否かの判断は、「集会の自由の重要性と、当該集会が開かれることによって侵害されることのある他の基本的人権の内容や侵害の発生の危険性の程度等を較量して決せられるべき」と利益衡量論を用いる。続けて、不許可理由の条例7条1号の「公の秩序をみだすおそれがある場合」について、「人の生命、身体又は財産が侵害され、公共の安全が損なわれる危険を回避し、防止することの必要性が優越する場合」と解し、さらに「危険性の程度」は、「明らかな差し迫った危険の発生が具体的に予見されることが必要」であって、「客観的な事実に照らして具体的に明らかに予測される場合でなければならない」と論じ、本事案は敵対団体との衝突による危険の発生が具体的に予見されるとして、不許可処分を憲法21条に反しないと判示した。

　本判決は、使用許否の判断について「二段階の判断基準」、すなわち、利益衡量の判断と明らかに切迫した危険発生の具体的予見性の判断基準を用いて、事前の規制の正当性を慎重に論じるが、管理者の主観的・恣意的な判断を抑止できるのかという懸念がある。なお、本判決は、アメリカ憲法判例の「敵対的聴衆の法理」、すなわち、敵対する団体との衝突を理由にデモや集会を事後的に規制する法理に類するとの指摘がある。

**(3)　博多駅テレビフィルム提出事件**（最大決昭44・11・26刑集23巻11号1490頁）

　付審判請求事件の審理のため、福岡地裁が学生デモと機動隊との衝突を撮影した放送局に対してフィルム提出を命じたため、憲法21条違反が問われた。

　最高裁は、「報道機関の報道は、民主主義社会において、国民が国政に関与するにつき、重要な判断の資料を提供し、国民の『知る権利』に奉仕するもの」とし、「事実の報道の自由」は憲法21条で保障され、「報道機関の報道が正しい内容をもつためには、報道の自由とともに、報道のための取材の自由も、憲法21条の精神に照らし、十分尊重に値いする」と論じる。もっとも、公正な刑事裁判の実現のために、「取材活動によって得られたものが、証拠として必要と認められるような場合には、取材の自由がある程度の制約を蒙ることになってもやむを得ない」としつつも、「審判の対象とされている犯罪の性質、態様、軽重および取材したものの証拠としての価値……取材したものを証拠として提出させられることによって報道機関の取材の自由が妨げられる程度およびこれが報道の自由に及ぼす影響の度合その他諸般の事情を比較衡量して決せられるべき」と論じ、当該事案の「報道機関が蒙る不利益は、報道の自由そのものではなく、将来の取材の自由が妨げられるおそれがあるにとどまるもの……受忍されなければならない程度のもの」であり、提出命令はやむを得ないものとした。

　本決定については、諸利益を衡量する判断枠組みを採用している点で評価されるが、報道機関が蒙る不利益を低く評価する点について学説からの批判がある。というのも、報道は取材・編集・発表の一連の行為により成立し、取材は報道の不可欠の前提であり、取材活動は公権力の介入から自由でなければならず、学説上、取材の自由は憲法21条によって保障されるとする立場が有力だからである。

**(4)　札幌税関検査事件**（最大判昭59・12・12民集38巻12号1308頁）

　Ｘの輸入品が、税関検査により関税定率法21条１項３号（現関税法69条の11第１項７号）の「公安又は風俗を害すべき書籍、図画、彫刻物その他の物品」に該当し、その通知を受けたＸが取消等を求めたが、税関検査が憲法21条２項の禁止する「検閲」にあたるかが争われた。

　最高裁は、「検閲」について「行政権が主体となって、思想内容等の表現物

を対象とし、その全部又は一部の発表の禁止を目的として……網羅的一般的に、発表前にその内容を審査した上、不適当と認めるものの発表を禁止することを、その特質として備える」と論じ、税関検査については、事前規制の側面は否めないにしても輸入禁止のみであって、「没収、廃棄されるわけではないから、発表の機会が全面的に奪われてしまう」ものではなく、また、「思想内容等それ自体を網羅的に審査し規制することを目的とする」ものではなく、「税関は……思想内容等を対象としてこれを規制することを独自の使命とするものではな［い］」ことから、「検閲」に該当しないと判示した。

　判例は、検閲主体を行政権とし、検閲概念を限定する（狭義説）。それゆえ、裁判所による出版差止めや有害図書の自動販売機の収納禁止、教科書検定は検閲には該当しないことになる。これに対し、検閲主体を公権力とし、審査内容を「表現内容」と広く捉えて、表現の自由を「知る権利」を中心に構成する学説もある（広義説）。この学説は、情報受領時を基準とするため、受領前の抑制や、情報の発表に重大な抑止的効果を及ぼすような事後規制も検閲の問題になりうると指摘する。学説上、狭義説と広義説の対立がみられるが、広義説は、裁判所による事前差止めについて公正な法的手続によるものなので例外的な場合には認められるとする。

## Ⅲ　表現の自由をめぐる問題

### (1)　性表現の規制

　刑法175条は、わいせつ文書の頒布・販売を処罰の対象とするが、「わいせつ」の定義次第で、本来保障されるべき表現も処罰の対象となるおそれがある。そこで、表現の自由を最大限保障する手法として、表現の自由の価値に重きを置きながら、わいせつ文書の罪の保護法益との衡量を行ない、表現規制を限定しようとする定義づけ衡量が考えられる。

　先例の「チャタレイ事件」判決は、「わいせつ」の3要件に触れるが、その不明確性や判断基準の主観性、「公共の福祉」を安易に援用している点で学説からの批判があった。後の「悪徳の栄え」事件判決（最大判昭44・10・15刑集23巻10号1239頁）では、反対意見において、芸術性や思想性の高い文書については、わいせつ性は相対的に軽減されるという「相対的わいせつ概念」や、わい

せつ性の有無について文書全体との関連において判断されなければならないという「全体的考察方法」が提示され、注目された。前記「四畳半襖の下張」事件判決も「全体的考察方法」を採り、「わいせつ」判断基準は「チャタレイ事件」と比べて具体的で、概念の明確化の努力はみられる。しかし、「わいせつ」概念の不明確性は否めず、「社会通念」の判断の主観性や「性行為非公然性の原則」基準の是非等の問題は残されたままであり、定義づけ衡量の手法が採られたとはいいがたい。なお、判例は、性表現の規制根拠として性的秩序・性道徳の維持を内容とする「公共の福祉」論を展開するが、学説は、見たくない者の見ないでいる自由や未成年者の保護を論じ、時・場所・方法の規制で十分とするものもある。

　また、青少年保護育成条例による「有害図書」規制は、「わいせつ」に至らない性表現を規制対象とするため問題となる。判例は、「有害図書」が思慮分別の未熟な青少年に有害であることや有害環境の浄化するため、規制の必要性を認める（最3小判平元・9・19刑集43巻8号785頁）。学説は、有害図書指定の基準の不明確性や検閲の危険性等を指摘し、判例に批判的である。

　近時、児童ポルノも問題となり、児童の性的虐待・搾取の防止を目的として多くの国で禁止され、単純所持も禁止される。日本でも児童売春・児童ポルノ処罰法により、児童ポルノは「わいせつ」にあたらなくとも処罰の対象となりうる。学説上、児童の心身発達・人格形成の保護のためやむをえない規制との見解があるが、児童ポルノの概念の明確性に疑問が提示されている。

### (2)　集会の自由

　集会とは多数の人が共通目的のために一時的に会合することを意味し、「集会の自由」は「表現の自由」の一形態として憲法21条により保障される。判例も「集会は、国民が様々な意見や情報等に接することにより自己の思想や人格を形成、発展させ、また、相互に意見や情報等を伝達、交流する場として必要であり、さらに、対外的に意見を表明するための有効な手段」とし、「民主主義社会における重要な基本的人権の一つとして特に尊重されなければならない」（最大判平4・7・1民集46巻5号437頁、第11章も参照）と論じる。もっとも、集会の自由は場所を前提とする表現活動であり、他者の権利・利益と衝突する可能性が強く、調整のため必要不可欠な最小限度の制約を受ける。

集会の自由の保障については、アメリカ憲法判例のパブリック・フォーラム論が参考になる。すなわち、①広場や公園等の伝統的パブリック・フォーラムは、表現内容中立的な時・場所・方法についての合理的な規制しか許されず、②公会堂や公立劇場等の指定的パブリック・フォーラムは、政府は施設を提供し維持する義務があるわけではないが、①と同様の規制しか許されず、③公立病院や軍事施設などの非パブリック・フォーラムは管理権者の広範な裁量権が認められ、見解を理由とした制約をしない限り施設を開放する必要はないと考えられている。この理論は、最高裁判例の補足意見において見受けられる（たとえば、最3小判昭59・12・18刑集38巻12号3026頁）。

　最高裁は、前記「泉佐野市民会館事件」と同種の事案の「上尾市福祉会館事件」において、地方自治法と条例の解釈を中心に、敵対的な団体との衝突を理由に利用拒否できるのは、「警察の警備等によってもなお混乱を防止することができないなど特別の事情がある場合に限られる」として、利用不許可処分を違法と判示した（最2小判平8・3・15民集50巻3号549頁）。また、「広島市暴走族追放条例事件」では、条例中の「暴走族」の定義や「公共の場所」における「い集又は集会」の文言が不明確であり、規制対象が過度広汎であることが問われが、最高裁は、条例全体の趣旨や施行規則による限定により、規制対象を「本来的意義における暴走族」に限定する等、合憲限定解釈が可能であると論じ、憲法21条1項、31条に反しないと判示した（最3小判平19・9・18刑集61巻6号601頁）。

　私有地における事例として「プリンスホテル日教組大会会場使用拒否事件」がある。東京高裁は、プリンスホテルが右翼団体の抗議活動を理由に、利用契約の一方的解約を行った点について、債務不履行・不法行為を認め、日教組の賠償請求を認容した（東京高判平22・11・25判時2107号116頁）。

### ⑶　報道・取材の自由

　報道とは特定の思想の表明ではなく、事実を知らせるものと考えられるが、報道の自由も表現の自由に含まれる。前記「博多駅テレビフィルム提出事件」で示されたように、報道の自由は国民の「知る権利」を充足するために保障される。しかし、判例上、取材の自由は十分な保障が認められず、「TBSビデオテープ差押事件」において最高裁は、公正な裁判のため適正迅速な捜査遂行の

要請がある場合、検察・警察官による報道機関の取材テープの差押・押収を認めている（最2小決平2・7・9刑集44巻5号421頁）。裁判所と捜査機関とは異なるので、慎重な検討が求められよう。

　取材の自由については、国家秘密との関係、とりわけ国家公務員法の守秘義務違反（100条1項）や「そそのかし罪」（111条）違反が問題となる。「外務省秘密漏洩事件」において、最高裁は、「報道機関が取材の目的で公務員に対し秘密を漏示するようそそのかしたからといって、……直ちに当該行為の違法性が推定されるものと解するのは相当ではなく、……真に報道の目的からでたものであり、その手段・方法が法秩序全体の精神に照らして相当なものとして社会観念上是認されるものである限り」は正当な業務行為と判示している（最1小決昭53・5・31刑集32巻3号457頁）。ただし、取材の自由の限界を画する手段・方法に関する基準が不明確であり、学説からの批判がある。

　この他、情報の受け手である国民のアクセス権、すなわち、マス・メディアに対する反論記事の掲載の請求（反論権）や意見発表の場の提供請求等も問題となる。「サンケイ新聞事件」において最高裁は、反論権の容認により、新聞を発行・販売する者が紙面を割かなければならなくなる等の負担を強いられ、公的事項に関する批判的記事の掲載を躊躇してしまい、表現の自由が間接的に侵される危険等を指摘し、反論権は法制度がない限り認められないと判示した（最2小判昭62・4・24民集41巻3号490頁）。また、「訂正放送請求事件」において最高裁は、放送法4条（現行9条）1項の訂正放送請求について、「放送事業者に対し、自律的に訂正放送等を行うことを国民全体に対する公法上の義務」とし、私法上の請求権ではないと判示した（最1小判平16・11・25民集58巻8号2326頁）。

　学説は、私企業であるマス・メディアに対する反論権を憲法21条から直接導き出すことは不可能であって立法化を要すると解しているが、反論権により批判的記事を控える等の報道の自由の萎縮的効果をも懸念する。もっとも、放送については、電波法や放送法により新聞・雑誌メディアでは許されない公的規制を受け、放送法上の訂正放送請求が制度化されている。これは「公法上の義務」であるため、学説上、反論権とは異なることが指摘される。なお、NHK受信契約の合憲性が争われた事例では、最高裁は、放送法64条1項はNHKの

目的にかなう「適正・公平な受信料徴収のために必要な内容の受信契約の締結を強制する旨を定めたもの」として、憲法13条、21条および29条に反しないと判示した（最大判平29・12・6民集71巻10号1817頁）。

(4) 「知る権利」と情報公開制度

憲法21条から導き出される「知る権利」は、政府情報等の開示請求権を意味し、請求的・社会権的性格を有する。ただし、公開基準・手続等を定めた具体的立法により具体的権利になると考えられたため、憲法21条を直接根拠とした開示請求はできず、情報公開制度未整備の時代は抽象的権利と解された。しかし、1982年に山形県金山町において情報公開条例が成立し、1999年には行政機関情報公開法が制定されたことで具体的権利となった。同法は国民主権の理念にのっとり、情報開示請求権と政府の説明責任を規定するが（1条）、「知る権利」を明記していない。請求権者は国籍や年齢、自然人等を問わず（3条）、開示請求対象となるのは行政機関（国会や裁判所は含まない）が保有する行政文書であり（2条2項）、原則開示となる。したがって、個人情報や法人情報等の不開示事由に該当しない限り、行政文書の開示は義務づけられる（5条）。

なお、前記「博多駅テレビフィルム提出事件」は「知る権利」に言及するが報道の自由との関係に限られる。今日まで、政府情報等の開示請求権という意味の「知る権利」を認めた最高裁判例はないが、個別意見で「知る権利」に触れた事例はある（最1小決平21・1・15民集63巻1号46頁）。

(5) ヘイト・スピーチ（憎悪表現）

ヘイト・スピーチは、一般的に、人種、出身国、民族、性別、性的指向、宗教、障害等、自ら主体的に変更することが困難な事柄に基づいて、そのような属性をもつ特定の個人や集団を攻撃、脅迫、侮辱し、もしくは憎悪や社会的排除を煽動する表現と考えられるが、国際的に確定した概念は存在しない。ヨーロッパでは処罰をもってヘイト・スピーチに厳しく対応する国が少なくないが、アメリカは表現の自由を重視し処罰には消極的である。1965年の第20回国連総会においては人種差別撤廃条約は採択されたが、今なお、ヘイト・スピーチは世界的にも社会問題となっている。

日本では、部落差別や偏見を助長する差別表現に対する規制の是非が論じられてきた（「部落地名総鑑」問題等）。2002年に私人間の差別禁止を目的とした人

権擁護法案が国会に提出されたが成立には至らなかったが、近年、在日韓国・朝鮮人に対するヘイト・スピーチが国内外で耳目を集め、その規制が議論されるようになり、ヘイト・スピーチ対策法が2016年に制定された。同法は、「本邦外出身者に対する不当な差別的言動の解消」の取組みについて基本理念を定め、国等の責務を明らかにし、差別的言動の解消推進を目的とするが（1条）、ヘイト・スピーチの処罰や禁止を明定せず、教育の充実等（6条）や啓発活動等（7条）に留まる。学説上、表現の自由を重視する立場は規制に消極的であるが、人種・民族等のマイノリティの人権を重視する立場は処罰・規制を求めており、ヘイト・スピーチに対する表現内容規制の可否が議論されている。なお、自治体レベルでは、大阪市において大阪市ヘイト・スピーチ対処条例が2016年に成立し、川崎市において川崎市ヘイト・スピーチ規制条例が2019年に成立した。部落差別の解消のための啓発等を定めた部落差別解消法も2016年に制定された。

　ヘイト・スピーチに関連する事例として、NHKが政見放送における差別用語を削除した「政見放送削除事件」がある。最高裁は、「身体障害者に対する卑俗かつ侮蔑的表現であるいわゆる差別用語を使用した点で、他人の名誉を傷つけ善良な風俗を害する等政見放送としての品位を損なう言動を禁止した公職選挙法150条の2の規定に違反する」として削除を適法とした（最3小判平2・4・17民集44巻3号547頁）。また、京都朝鮮学校事件では、学校周辺で威圧的で侮辱的な言動を行う者の活動が学校の業務を妨害し名誉を毀損したこと、人種差別撤廃条約1条1項の「人種差別」に該当することを理由に、賠償および学校周辺における示威活動の差止が認められた（大阪高判平26・7・8判時2232号34頁、最3決平26・12・9判例集未登載）。このほか、川崎市ヘイト・デモ禁止仮処分命令申立事件においては、裁判所は、「平穏に生活する人格権」の保護の観点からヘイト・デモを禁止する仮処分決定を下した（横浜地川崎支決平28・6・2判時2296号14頁）。前述のとおり、確定したヘイト・スピーチの概念は存在しない。それゆえ、ヘイト・スピーチを低価値表現として罰則をともなうような表現内容規制が可能か否か慎重な検討が必要という学説も見受けられる。

## コラム ——表現の自由と虚偽表現（フェイクニュース）——

　虚偽表現の社会的・政治的影響力が注目される契機になったのが2016年アメリカ大統領選におけるトランプ大統領の誕生、そして2020年アメリカ大統領選であったと言える。さらに、昨今、AI を用いて虚構と現実を融合させ精巧な虚偽動画を作成する技術（ディープ・フェイク）の登場や、新型コロナウィルスのワクチン接種に関する虚偽表現による公衆衛生上の混乱等、虚偽表現の問題性が認識されつつある。そのため、確認・検証を行い正確な情報の共有を目指すファクト・チェックが行われるが、虚偽表現が保護に値しないことを理由に、虚偽表現の負の影響力と社会的混乱の防止を目的として禁止や処罰を求める主張も少なくない。

　しかし、虚偽表現を一律に規制することには疑問もある。例えば名誉毀損の文脈における公共の利害に関する報道が虚偽であるとしても、それを理由に低価値と決めつけることは困難である。刑法230条の 2 第 1 項は、事実を真実と誤信したことにつき相当の理由があるときに刑事免責を認め、表現の自由を重視し報道の価値を認めるからである。この他、エイプリルフールの嘘や心が傷ついている人を慰める善意の嘘等、虚偽表現は多種多様であり、虚偽か否かの判断が困難なものもありうる。虚偽表現の負の側面（違法な虚偽広告や虚偽告訴等）は否めないが、安易に低価値表現と認め、一律に表現の自由の保護を否定し内容規制の対象とすることには慎重さが求められよう。

# 第10章　経済的自由権

## Ⅰ　経済的自由権とは

### (1)　経済的自由権の存在意義

　憲法22条1項は職業選択の自由を定め、同2項は居住移転の自由を定めている。精神活動の側面が今日では強く意識される後者が、ここに位置づけられた理由は、封建的・身分制的経済関係が土地への人の拘束を条件とするシステム（土地＝身分からの離脱は逃散や脱藩として厳罰の対象となった）であり、この点について、精神生活における人格的価値の実現とも密接な関わりをもつ自由である。

　日本国憲法の個別の人権条項のうち、22条1項および29条2項のみ、「公共の福祉」による人権の制限（規制）の可能性を明示し、公共政策が多様な行政的法規制により個人や企業（以下私人という）の自由への規制の余地（以下「立法裁量」という）を認めている。規制措置の形態については次の4種類の理解が大切である。①一定の職種の全面禁止、②活動を原則禁止としたうえで行政庁が申請を審査したうえで法令の条件を具備した者に行政処分により禁止を解除し自由を回復する「許可制」、（農地や漁業権の売買や公共料金の値上げ、あるいはNPO法人の設立のように）私人間の契約など（法律行為）について行政の審査を通過したものに対してのみ行政処分により法律行為の効力を完成させる「認可制」、③事業に関する情報を行政庁に通知する「届出制」、④事業の公共性や自然独占性に着目して参入規制を独占的あるいは寡占的にのみできるようにするためになされる電気・ガスなどの公益事業の経営権の付与など、私人が元来有しない権利や法律関係を行政が設定する「特許制」などである。なお、②と④の区別は相対的であり、行政法学では④についても「公益事業許可」という場合も少なくなく、営業の自由の範囲に含まれるが、④のほうが立法者による制度形成の裁量の幅は広いとされる。

## (2) 経済的自由権といわゆる「目的二分論」の呪縛？

　公共政策による経済的自由への規制の憲法適合性を裁判所が判断する際、個別ケースごとに規制や権利の性質に応じた判断方法を注意して読み取るのが大切である。たとえば、職務上の地位により得た上場会社の未公開内部情報を利用して利益を上げるインサイダー取引の規制（金融商品取引法〔旧称：証券取引法〕166条・167条など）のような、現代ではどの国にも当然に存在する法規制については「規制手段が必要性・合理性に欠けることが明らかであるとはいえない」（最大判平14・2・13民集56巻2号331頁）という寛容な審査を行っているが、規制法の性質により違憲判断にいたるケースも存在する（後述）。かつては、経済的自由権の領域では、①社会福祉の実施や経済的弱者を保護し調和ある社会経済の発展をはかる規制（積極目的規制、政策目的規制）と、②国民・市民の生命や健康、社会公共の安全や秩序維持のための規制（消極目的規制、警察目的規制）を二分して、①は、規制法が著しく不合理であることが明白である場合にのみ違憲判断を行うのに対して、②は、規制の必要性・合理性の根拠として立法府が収集したエビデンスとなる社会経済的事実（「立法事実」）に照らして、同じ目的を達成するためにより自由を制限しない方法（「より制限的でない他に選び得る手段LRA」）がない場合にのみ、例外的に規制（の憲法適合性）をみとめる（厳格な合理性）という方法論の相違に着目する（規制目的二分論）。しかし、財産権規制の分野では規制目的二分論を採用していない（松本哲治）ため、あくまで個別のケースごとに判断枠組みを確認する必要がある。

## II　職業選択の自由（営業の自由）をめぐる判例

### (1)　薬局距離制限事件（最大判昭50・4・30民集29巻4号572頁、第5章も参照）

### (i)　判　例

　【事案の概要】　本件は、積極目的規制に関する下記「小売市場事件」と異なり、消極目的規制に関する違憲判決である。薬事法（現薬機法）3条（当時）に基づく薬局営業許可を都道府県知事（Y）に申請したXは、法律の規定の詳細を定める条例（委任条例）の距離規定に基づき不許可処分をうけたため、不許可処分の取消訴訟を起こした。憲法に言及せず不許可処分を取り消した一審を破棄した二審は、適正配置規制による医薬品の適正供給の確保や競争激化に

よる医薬品の品質に及ぼす影響など、国の主張を認め、距離規制は弊害防止の観点から憲法22条に反しないとした。

**【判旨】**　職業は生計を維持し分業社会の社会的機能分担の活動であると同時に「個人の人格的価値とも不可分の関連」をもち、「職業の開始、継続、廃止において自由であるばかりでなく、選択した職業の遂行自体、すなわちその職業活動の内容、態様においても、原則として自由」であり、「職業選択の自由のみならず、職業活動の自由の保障」も含む。他方で、職業は「社会的相互関連性が大きい」ため「公権力による規制の要請」がつよく「それ自身のうちになんらかの制約の必要性が内在」し、積極目的規制や消極目的規制によるものや、様々な規制形態（上記Ⅰ(2)参照）があり、規制措置の合憲性について、「具体的な規制措置について、規制の目的、必要性、内容、これによって制限される職業の自由の性質、内容及び制限の程度を検討し、これらを比較考量したうえで慎重に決定」しなければならない。どのような規制措置を行うかは立法府の裁量であり、合理的な立法裁量の範囲については「事の性質上おのずから広狭がありうるのであって、裁判所は、具体的な規制の目的、対象、方法等の性質と内容に照らして」判断しなければならない。

職業の選択そのものに制約を課す強力な規制形態である許可制は「重要な公共の利益のために必要かつ合理的な措置」でなければならず、かつ、「消極的、警察的措置である場合には、許可制に職業選択の自由に対するよりゆるやかな規制である職業活動の内容及び様態に対する規制によっては」規制目的を達成することができないこと（LRA がないこと）を要する。そして、立法者が規制形態として許可制を選択する場面のみならず、許可内容や条件の適法性を判断する場面でも、個別的に、上記の「要件に照らしてその適宜を判断しなければならない」。また、通常の許可制や業務改善命令などによる行政的監視体制を超えて、さらに「予防的措置」をとった本件距離規制が憲法上許容されるためには、規制をしなければ「職業の自由の制約と均衡を失しない程度において国民の保健に対する危険を生じさせるおそれがあることが、合理的に認められることを要する」。

薬局間の設置距離制限の目的を「不良薬品の供給防止のための手段」（消極目的規制）と性質決定して、規制の必要性・合理性のエビデンス（立法事実）が

なく違憲とした。すなわち立法者が想定した「競争の激化―経営の不安定―法規違反という因果関係に立つ不良医薬品の供給の危険が、薬局等の段階において、相当程度の規模で発生する可能性があるとすることは、単なる観念上の想定にすぎず、確実な根拠に基づく合理的な判断とは認めがた」く、「この点に関する立法府の判断は、その合理的裁量の範囲を超え」、不良医薬品供給防止目的のための必要かつ合理的な規制ではなく、憲法22条1項に反し無効とした。

(ii) **学説の評価**　　なお、学説の評価として、立法裁量の適法性評価にあたり、比例原則の判断準則を適用したとみる見方が有力である。すなわち、❶規制目的と手段との間の合理的関連性があること（適合性）、❷目的達成について必要最小限度であること（必要性：その判断要素として上記のLRAの基準）、❸規制によって得られる利益が規制により失われる利益に優位すること（狭義の比例性）の要素から評価を行なう法原則である。

(2)　**小売市場事件**（最大判昭47・11・22刑集26巻9号586頁、第5章も参照）

(i) **判　例**

【事案の概要】　　本件は、小売商業調整特別措置法に基づいて設置された公設市場に、無許可で鉄筋モルタル造りの店舗1棟（49店舗）を建設し47名の小売商と賃貸借契約を締結した法人および経営者が訴追された事件であり、一審・二審ともに、同規制が憲法22条1項に反するとの主張を退け有罪とした。

【判旨】　　最高裁はいわゆる「目的二分論」を次のように定式化する。「経済活動からもたらされる諸々の弊害が社会公共の安全と秩序の維持の見地から看過することができないような場合に、消極的に、かような弊害を除去ないし緩和するために必要かつ合理的な規制である限りにおいて許される」のみならず、「憲法は、全体として、福祉国家的理想のもとに、社会経済の均衡のとれた調和的発展を企図」する見地から「経済的劣位に立つ者に対する適切な保護政策を要請しているものということができ」、「社会経済政策の実施の一手段として、これに一定の合理的規制措置を講ずることは、もともと、憲法が予定し、かつ、許容するところ」である。

　そのうえで、規制措置の要不要や、規制形態の選択など立法政策に関する法律に関する立法裁量について、国会の政策的技術的な裁量を「尊重するのを建前とし、ただ、立法府がその裁量権を逸脱し、当該法的規制措置が著しく不合

理であることの明白である場合に限って」違憲と判断するとした。

　上記法理の本件へのあてはめとして、「中小企業保護政策の一方策としてとった」上記法律の「目的において、一応の合理性を認めることができないわけではなく、また、その規制の手段・態様においても、それが著しく不合理であることが明白」ではないとした。

　(ii)　**本判決の意義**　特に積極目的規制に関する立法裁量に寛容な審査を行う上記の定式（明白性の原則）は、その後の社会経済政策関連立法の合憲性を導く際の先例として引用されており、確かに、公衆浴場の距離規制について「積極的、社会経済政策的な規制目的に出た立法」として合憲とするものもある（最2小判平元・1・20刑集43巻1号1頁）。しかし、社会経済政策がすべて積極目的、福祉目的ではない点は注意が必要だ。要指導医薬品の販売授受における薬剤師の対面・指導義務（薬機法4条5項3号）を合憲とした判決（最1小判令3・3・18裁時1764号1頁）は、対面販売を条件とするなど規制形態局面では前記の薬局判決を引用し、立法裁量の範囲内にあるという結論部分で本判決を引用している。

　(3)　**西陣ネクタイ事件**（最3小判平2・2・6訴月36巻12号2242頁）

　(i)　**判　例**

　**【事案の概要】**　生糸輸入自由化への国内事業者の保護のため、日本蚕糸事業団から委託をうけた者以外の輸入が禁止された。西陣のネクタイ生地製造業者X（控訴人・上告人）は、この立法政策の結果、国際生糸価格の二倍で仕入をするほかなくなり、営業の自由等を侵害するとして、立法への違憲国賠訴訟を提起した。

　**【判旨】**　最高裁は、立法不作為につき在宅投票廃止違憲訴訟（最1小判昭60・11・21民集39巻7号1512頁）の判例を引用して、憲法の一義的な文言に反しあえて立法を行うような例外的な場合に限るとしたうえで（職務行為基準説）、小売市場判決を引用し、「積極的な社会経済政策の実施の一手段として、個人の経済活動に対し一定の合理的規制措置を講ずることは、憲法が予定し、かつ、許容するところであるから、裁判所は、立法府がその裁量権を逸脱し、当該規制措置が著しく不合理であることの明白な場合」にのみ違憲判決を行うとし、本件は、この場合にあたらず、Xの請求を棄却した。

(ii) **本判決の意義**　本件にみられるように、積極目的規制は、経済的に劣位にたつ弱者と立法者が想定した特定の集団の集合的利益を保護する帰結をうむが、零細養蚕業者と西陣の零細ネクタイ製造業者のどちらが保護をうけるべき弱者なのかは釈然とせず、結局は、政治過程における利益集団プロセスへのアクセスのしやすさが司法審査の密度に影響を与えるのだとすれば、民主制過程の公正な作動を確保する趣旨も含む違憲立法審査論として、その正統性の論証が尽くされたか疑問が残る。

(4)　**酒類販売業事件**（最 3 小判平 4・12・15民集46巻 9 号2829頁）

【事案の概要】　本件は、酒税法 9 条 1 項に基づき、Ｙ（税務署長：被告・控訴人・被上告人）に対するＸの酒類販売免許の申請が、経営基盤の脆弱性を理由に拒否されたため提起された取消訴訟である。一審は処分の違法性が認定されたが、二審ではＸの請求を棄却した。

【判旨】　最高裁は、許可制に関する薬局距離判決の定式に依拠しつつ、「重要な公共の利益のために必要かつ合理的な規制」であることを要するとしたうえで、租税調整目的の法律における「極めて専門技術的な判断」を要することから立法府の裁量判断を認めた（サラリーマン税金訴訟）。本件へのあてはめにおいて、酒類販売への規制緩和論等も意識しつつ「酒税の賦課徴収に関する仕組みがいまだ合理性を失っているとはいえ」ず、「何らかの規制が行われてもやむを得ないと考えられる商品である酒類の販売」への規制として「政策的、技術的な裁量の範囲を逸脱するもので、著しく不合理であるとまでは断定しがたい」とした。

【園部逸夫裁判官補足意見】　「財政目的による規制は、いわゆる警察的・消極的規制ともその性格を異にする面があり、また、いわゆる社会政策・経済政策的な積極的規制とも異なる」とし、経済的自由権への規制において重要なのは積極／消極の目的ではなく「それぞれの規制を支える立法事実の確実な把握の可能性によって左右されることが多い」との見方を示している。

## Ⅲ　財産権（憲29条 2 項）と損失補償（同 3 項）

(1)　**財産権保障とその意義**（憲29条 1 項・ 2 項）

財産権をめぐる憲法の規定は歴史的事情に大きく影響を受けている。財産権

の不可侵をうたう近代自然権思想の余韻を残す29条１項と、財産権の社会的制約論を反響させる「公共の福祉に適合するように、法律でこれを定める」とする同２項との、一見矛盾する表現としてあらわれる（なお、条例により社会生活上の弊害防止のための財産権の規制について定めることが容易かつ適切な場合には、法律の委任のない条例による規制も許容される〔最大判昭38・6・26刑集17巻5号521頁〕）。典型的には財産権propertyは土地所有権をさすが、財産権の内容はこれにとどまるものではなく、私人が適法に取得した財産的利益も保障の対象となると通常考えられる（現存保障）。

　判例は、財産権の内容に関する１項について単に私有財産制度を保障するのみならず、「社会的経済的活動の基礎をなす国民の個々の財産権につき」人権として保障するものとし、２項について「社会全体の利益を考慮して財産権に対し制約を加える必要性が増大するに至ったため、立法府は公共の福祉に適合する限り財産権について制約を加えることができる」とした（後述森林法共有林違憲判決）。つまり、財産権の内容・範囲などを形成ないし変更する権限を法律に与えつつ、立法者が恣意的な内容の形成を行わないよう「公共の福祉」という憲法上の限界を課した、と考えられる。

**(2)　森林法共有林事件**（最大判昭62・4・22民集41巻3号408頁、第5章も参照）

**(i)　判　例**

**【事案の概要】**　本件は、父から生前贈与により森林甲につき２分の１ずつの持分でＸとＹ兄弟の共有状態となったところ、Ｙの無断伐採などにより持分権を侵害されたＸが分割請求権（民256条1項）を行使し現物分割（共有関係の解消）ならびに損害賠償を請求した民事事件であるが、森林法186条は、持分価額２分の１以下の共有者に分割請求権の行使を制限しているため、Ｘは、同法の制限規定が憲法29条に無効である旨を主張した。

**【判旨】**　最高裁は１項について上記の判示をしたうえで、森林法186条と憲法29条２項による公共の福祉による制限の合憲性につき、上記薬局判決を引用し、「規制の目的、必要性、内容、その規制によって制限される財産権の種類、性質及び制限の程度等を比較考量」して判断する際に次のような準則によるとした。規制目的が「公共の福祉に合致しないことが明らかであるか、又は規制目的が公共の福祉に合致するものであっても規制手段が右目的を達成する

ための手段として必要性若しくは合理性に欠けていることが明らかであって、そのため立法府の判断が合理的裁量の範囲を超えるものとなる場合に限り」違憲となる。それゆえ森林法186条による民法256条の分割請求権への制限は「憲法29条2項にいう公共の福祉に適合することを要する」。

森林法の立法目的は、「森林の細分化を防止することによって森林経営の安定を図り、ひいては森林の保続培養と森林の生産力の増進を図り、もって国民経済の発展に資することにある」ため、29条2項の公共の福祉と適合的である。しかし、同法による分割請求権の制限は、同法の「立法目的と関連性が全くないとはいえないまでも、合理的関連性があるとはいえない」。なぜなら、①分割請求権の制限により共有者間の紛争が永続化することで森林の荒廃につながる点で合理性を持たない。また、②森林法は単独所有者による分割譲渡・共有者の狭義による現物分割・過半数の共有者による分割請求権・遺産分割（民907条）による分割を許容しており、持分価額2分の1以下の共有者の分割請求権についてのみ例外なく一律に規制をすることは、「他の場合に比し、当該森林の細分化を防止することによって森林経営の安定を図らなければならない社会的必要性が強く存すると認めるべき根拠は、これを見出だすことができないにもかかわらず、森林法一八六条が分割を許さないとする森林の範囲及び期間のいずれについても限定を設けていないため、同条所定の分割の禁止は、必要な限度を超える極めて厳格」な規制となっている。それゆえ、同法の分割請求権制限規定は、「立法目的との関係において、合理性と必要性のいずれをも肯定することのできないことが明らかであつて、この点に関する立法府の判断は、その合理的裁量の範囲を超え」「憲法二九条二項に違反し、無効」とした。

(ii) **本判決の意義**　本判決によって、判例理論として像を結ぶかのように考えられていた「規制目的二分論」は、積極目的について、立法裁量への寛容な明白性の原則への審査ではなく厳格な合理性基準を彷彿とさせる峻厳な審査がなされたため、様々な学説上の議論をうんだ。この点につき有力説としては、森林法186条により一物一権主義という「法制度としての所有権」が制限されているからこそ「深い審査密度」を採用したとするものがある（石川健治）。

## (3)　インサイダー取引規制事件（最大判平14・2・13民集56巻2号331頁）

### (i)　判　例

【事案の概要】　証券取引法（現・金融商品取引法）166条1項は、上場会社等の役員または主要株主がその職務または地位により取得したインサイダー情報による利得を防止するために、これらの者が買い付け後又は売りつけ後6ヶ月以内に得た利益に対して、会社による提供請求権を規定している。本件は、X社の発行済株式の10％以上を保有する株主Y（被告・控訴人・上告人）が、1999年中約2000万円以上の短期売買利益を得たため、Xは同法の請求権を行使した。これに対してYは、インサイダー取引の事実および一般投資家の損害の発生がない本件に、同条を適用することは、一般投資家の利益をはかるという同法の立法趣旨に反し憲法29条2項の合理的な必要限度の制限を超えるとの違憲の主張を行ったが、一審・二審はこれを退けXの請求を認容したが、二審（東京高判平12・9・28民集56巻2号346頁）は「上場会社等の役員又は主要株主がその職務又は地位により取得した秘密を不当に利用したこと又は一般投資家に損害が発生したことは法164条1項適用の要件ではない」とした。

【判旨】　最高裁は全員一致で下記のように判示した。「財産権の種類、性質等は多種多様であり、また、財産権に対する規制を必要とする社会的理由ないし目的も、社会公共の便宜の促進、経済的弱者の保護等の社会政策及び経済政策に基づくものから、社会生活における安全の保障や秩序の維持等を図るものまで多岐にわたるため、財産権に対する規制は、種々の態様のものがあり得る」としたうえで、合憲性判断には「規制の目的、必要性、内容、その規制によって制限される財産権の種類、性質及び制限の程度等を比較考量して判断」するとした。

規制目的、必要性の合憲性について、上場会社等の役員または主要株主によるインサイダー取引は「証券取引市場における公平性、公正性を著しく害し、一般投資家の利益と証券取引市場に対する信頼を損なうものであるから、これを防止する必要」があり、「同項は、上場会社等の役員又は主要株主がその職務又は地位により取得した秘密を不当に利用することを防止することによって、一般投資家が不利益を受けることのないようにし、国民経済上重要な役割を果たしている証券取引市場の公平性、公正性を維持するとともに、これに対

する一般投資家の信頼を確保するという経済政策に基づく目的を達成する」目的にあり、「このような目的が正当性を有し、公共の福祉に適合するものであることは明らか」とした。

　規制の内容の合理性について、「同項は、外形的にみて上記秘密の不当利用のおそれのある取引による利益につき、個々の具体的な取引における秘密の不当利用や一般投資家の損害発生という事実の有無を問うことなく、その提供請求ができることとして、秘密を不当に利用する取引への誘因を排除しようとする」が、①損害の発生等を要件とすれば、「その立証や認定が実際上極めて困難であることから、同項の定める請求権の迅速かつ確実な行使を妨げ、結局その目的を損なう」こと、②同項の請求権について「取引の態様自体から秘密を不当に利用することが認められない場合」の類型について適用除外により限定されており「一定期間内に行われた取引から得た利益の提供請求を認めることによって当該利益の保持を制限するにすぎず、それ以上の財産上の不利益を課するものではない」こと、などの事情を考慮し、同法の規制手段は、「立法目的達成のための手段として必要性又は合理性に欠けるものであるとはいえない」とした。

　(ii)　**本判決の意義**　　上記のように、市場の効率性・流動性を維持する政策規制を審査した本判決は、積極目的・消極目的への言及はなく、上記Ⅱ(1)の比例原則の適用をみる学説も、審査密度を低くしているとしている。

　(4)　**憲法29条3項の意義**

　(i)　**損失補償における完全補償と相当補償**　　憲法29条3項は、財産的価値について法律が適法に制限を行う場合、典型的には財産権それ事態を剥奪する公用収用の場合について、金銭による損失補償を規定する。「公共のために」とは、公用収用や公用制限・公用使用などのほか、GHQの占領政策の中核たる農地改革政策のため策定された自作農創設特別措置法（自農法）により旧地主の土地所有権が強制的に売払われた場合も含み（最2小判昭29・1・22民集8巻1号225頁）、農地改革に関しては市場価格を著しく下回っても合理性がある「相当な補償」でたりるとしたが、土地収用法による土地収用については完全補償の立場に立つ（後述(ii)）。自農法6条3項は、最高買取価格を著しく低く設定していたが、正当な補償の価格について立法「当時の経済状態において成立

することを考えられる価格に基づき、合理的に算出された相当な額」とされ、市場売買価格に完全に一致（完全補償）する必要はないとし（最大判昭28・12・23民集7巻13号1523頁）、いわゆる「相当補償説」の枠組みを明らかにした。なお本件は、GHQの占領政策により自由な土地取引が制約された事案であり、通常の土地取引が可能な領域における収用事案とでは、判断枠組が異なる。

　損失補償については、特定の者の個別的な財産権への「特別の犠牲」に対してのみなされる。そのため、たとえば自然公園法に基づき、私有地に指定区域が化されることにより植物等の採取行為の制限（東京地判昭61・3・17訟月32巻10号2304頁）や工作物の新築増築などの許可制など、一般的な財産権の制限がかされるされるが、これらは内在的制約にとどまり「特別犠牲」ではないため損失補償の対象にはならない（東京高判昭63・4・20訟月35巻1号50頁）。

### (ii)　土地収用と補償の額（最1小判昭48・10・18民集27巻9号1210頁）

　**【事案の概要】**　都市計画法による都市計画施設（道路）の指定により（都計53条）、建築制限（建基44条）が発生する。このような制限付きの都市計画の道路用地として所有地を収用裁決をうけたＸら（原告・被控訴人・上告人）が、Ｙ県収用委員会の評価額を不服とし増額を求めた形式的当事者訴訟（行訴4条、収用122条2項）が本件である。一審では、Ｘらの請求を認容したが、控訴審は、上記建築制限を受けた土地としての価格評価を妥当とし請求を棄却した。最高裁は下記の法理に基づき原判決を破棄し差戻した。

　**【判旨】**　まず、補償金額に関する土地収用法72条の解釈について、「土地収用法における損失の補償は、特定の公益上必要な事業のために土地が収用される場合、その収用によって当該土地の所有者等が被る特別な犠牲の回復をはかることを目的とするものであるから、完全な補償、すなわち、収用の前後を通じて被収用者の財産価値を等しくならしめるような補償をなすべきであり、金銭をもつて補償する場合には、被収用者が近傍において被収用地と同等の代替地等を取得することをうるに足りる金額の補償を要する」とし、完全補償の立場を明らかにした（なお、土地収用法について完全補償説にたつ最3小判平9・1・28民集51巻1号147頁も本判決を引用している）。

　このことは、道路の指定による法令上の制限が課された場合でも変わることがなく「補償すべき相当な価格とは、被収用地が、右のような建築制限を受け

ていないとすれば、裁決時において有するであろうと認められる価格」をいうと解すべきとした。この点、道路指定にともなう建築制限によって生じる減価損失を「補償する旨の明文の規定は設けられていないが、このことは、単に右の損失に対し独立に補償することを要しないことを意味するに止まるものと解すべきであり、損失補償規定の存在しないことから、右のような建築制限の存する土地の収用による損失を決定するにあたり、当該土地をかかる建築制限を受けた土地として評価算定すれば足りると解するのは、前記土地収用法の規定の立法趣旨に反し、被収用者に対し不当に低い額の補償を強いることになるのみならず、右土地の近傍にある土地の所有者に比しても著しく不平等な結果を招くことになり、到底許されない」とした。

### (iii) 損失保障規定がない場合の29条3項の直接請求権 (最大判昭43・11・27刑集22巻12号1402頁)

【事案の概要】　立法者が、内在的制約として「特別の犠牲」にあたらず収用にはあたらないという判断の下に、損失補償規定をもうけなかった場合、どのようにするかという問題が古くからドイツの収用法の領域で論じられてきた。行政法では、特別の犠牲が発生するにもかかわらず補償規定がない場合には違憲無効とするのが古典的な法理であったが、その場合でも29条3項を根拠に請求権の発生を認めるというのが通説となっている。この学説上の論点を、傍論においてであれ、判例が採択したのが本件である。

　名取川の堤外民有地（甲）で操業中の砂利採取業者Ｘ（控訴人・上告人）に対して、宮城県知事Ｙは、政令に基づき甲を河川法に基づく「河川付近地」（河川付近地制限令4条2号）に指定した。この指定によりＸは、甲における砂利採取行為につき、知事の許可が必要になるが、Ｘの許可申請が拒否された後も無許可で採取行為を継続したところ、同令10条違反により逮捕・起訴された。Ｘは、財産権への特別の犠牲を強いる同令10条に損失補償規定がないため違憲無効につき無罪を主張し、一審および二審は有罪としたため、上告をした。

【判旨】　最高裁は違憲無効の主張を次のように退ける理由を次のように説明する。確かに、許可制によるＸの制限は「公共の福祉のためにする一般的な制限」として万人が受忍すべき範囲にあるので、その「程度の制限を課するには損失補償を要件とするものではなく」違憲とは言えない。しかし、Ｘが「相

当の資本を投入して営んできた事業が営み得なくなる」という「財産上の犠牲」については、「単に一般的に当然に受忍すべきものとされる制限の範囲をこえ、特別の犠牲を課したものとみる余地が全くないわけではなく」、「憲法29条3項の趣旨に照らし、……Xの被った現実の損失については、その補償を請求することができるものと解する余地がある」とし、Xが損失額を具体的に主張立証し直接憲法29条3項に基づく損失補償請求の余地があり、同令が違憲無効とはいえないとした。

　学説はこの法理について「信頼保護的補償」を認めたとする。なお、ため池の堤防上での耕作等を禁止する条例を合憲とした最大判昭38・6・26刑集17巻5号521頁は、堤防に脆弱性をもたらし「災害を未然に防止するという社会生活上のやむを得ない必要」ゆえに「当然に受忍」するとしたが、仮に相当程度の資本の投資がなされた耕作であればあるほど違法の度合いが高く信頼保護の基礎を欠くため、本件とは全く事案を異にするとみるべきだろう。

　(iv)　**いわゆる「国家補償の谷間」問題**　　適法に製造・承認・販売されているワクチン接種において、統計学的にネグリジブルとされる頻度で有害事象が発生することを科学者は「悪魔のくじ」という。法理上、適法に流通しているワクチンによる副作用に起因する死亡や後遺症などの重篤な有害事象について、故意又は過失の主張立証は至難である以上国家賠償法1条の損害賠償による救済対象にはならず、かつ、財産権への「特別犠牲」が損失補償の対象であるため、有害事象については法の救済からもれることになる（「国家補償の谷間」）。このような場合、補償を規定する法律が存在しないとき、あるいはそれが極めて不十分なとき、憲法29条3項の役割をどう考えるのかという問題がある。東京地判昭59・5・18訟月30巻11号2011頁は、上記の、法律上の補償規定がない場合の憲法29条3項の直接適用を認めた判例を引用し、生命身体に対する特別の犠牲が生じた事案にも損失補償の趣旨を類推適用することにより補償対象とした。しかし、逆に、補償があれば生命・身体を収用できることになりかねないとの批判が有力であり、現在では副作用被害における過失認定基準を低く調整することによる救済方法（最2小判平3・4・19民集45巻4号367頁）が定着している。

**コラム ──憲法を学習するうえでの「公法学」の視点──**

　経済的自由権に関する憲法の勉強をするうえで、行政法と合わせて勉強することが効果的であり、憲法学の関心と行政法学の関心とを対比するのも参考になるが、最近では、憲法と行政法を統合する公法の観点が重視されるようになってきている。行政法の細かい法令解釈が人権保障に直結するからである。

　なお損失補償について、権利（所有権など）の対価の補償になる。移転料、営業上の損失、離作料などについては「付随的損失」あるいは「通常生じる損失」として補償の対象になり、多くの法律では立法裁量により権利の性質・種類に応じた補償が規定されている。補償の額に不服がある場合には、行政と私人とが対等な当事者として額を争うことになる(4)(ⅱ)。(4)(ⅲ)及び(ⅳ)は、立法者が補償条項を置かなかった場合に、憲法がはたす固有の役割に焦点が当てられた。

# 第11章　人身の自由と刑事手続

## I　人身の自由総論

### (1)　人身の自由の保障の意義

　国家は、犯罪に対処し社会の秩序を守ることを通じて、私たち一人ひとりの自由な生活を保障するという役割をもつ。犯罪におびえて暮らしていては、自由な活動をすることはできないからである。そのため古くから、逮捕や刑罰権の行使は、私たちの自由を保障するために必要な最低限の実力行使として認められてきた。

　しかし逮捕や刑罰の実施は、国家権力による暴力でもある。このような権力行使はたびたび濫用されてきた歴史があり、第二次世界大戦中の日本においてもその傾向は顕著であった。国家がこれらの権力を濫用する状況下では、私たちは国家ににらまれないようにおびえて過ごさなくてはならず、やはり自由に生きていくことができない。そこで国家権力の濫用を防ぐために、日本国憲法は憲法31条〜40条に刑事手続をコントロールするための条文を置いた。これらの条文が保障する権利・自由は、人身の自由と総称される。

### (2)　奴隷的拘束・拷問の禁止

　アメリカの影響を強く受けて制定された日本国憲法は、18条において、「奴隷的拘束」の禁止（前段）と「意に反する苦役」からの自由（後段）を定めている。「奴隷的拘束」とは、個人の自由な人格的生存を脅かす程度の身体的拘束をいう。「意に反する苦役」とは強制的な労役のことをいうが、「犯罪に因る処罰」としての懲役刑などは憲法上明文を持って保護対象から除かれている。

　なお、裁判員制度における司法参加が「苦役」にあたるかという問題について、最高裁は「裁判員の職務等は、司法権の行使に対する国民の参加という点で参政権と同様の権限を国民に付与する」性質をもつのみならず、「辞退に関し柔軟な制度を設け」ていることが重視され、「苦役」とはいえないとする（最大判平23・11・16刑集65巻8号1285頁、第4章も参照）。

また憲法36条は、「拷問」および「残虐な刑罰」を絶対的に禁止している。「拷問」とは自白を得るために肉体的・精神的な苦痛を与えることをいい、日本の歴史上根強く行われてきた行為であるため、絶対的な禁止の対象となっている。また「残虐な刑罰」とは、最高裁により「不必要な精神的、肉体的苦痛を内容とする人道上残酷と認められる刑罰」であると定義づけられる一方（最大判昭23・6・30刑集2巻7号777頁）、絞首刑による死刑は残虐刑に該当しないとする判断が現在も維持されているが（最大判昭23・3・12刑集2巻3号191頁）、国際的な死刑廃止の議論は日本においても大きな影響を与えている。

### (3)　適正手続の保障と罪刑法定主義

　憲法31条は手続の法定を定めている。この規定の目的は、手続を法律で定めることを通じて国家権力の濫用を防ぎ、私たちの自由を守ることである。翻っていえば、法律上形式的には一定の手続が定められていても、その内容が不適正なものであれば私たちの自由が守られることはないということである。そこで同条は手続の法定だけでなく、手続の適正も定めていると解されている（II(2)参照）。

　実体の法定および実体の適正が同条の保障内容であるかどうかは、学説により見解が異なる。ただし実体の法定の中核的な要請である罪刑法定主義は、刑事法の基本原則である。罪刑法定主義は、罪と罰が法律において明示されていない限りは私たちが刑罰を受けることはないことを保障する（II(1)(2)参照）。

### (4)　令状主義と違法収集証拠排除法則

　憲法33条および35条は令状主義を定めている。まず憲法33条は現行犯を除き、裁判官が発出する「犯罪を明示する令状によらなければ、逮捕されない」ことを定める。刑事訴訟法210条で認められている緊急逮捕（一部の重大犯罪を行ったと疑うに足りる十分な理由があり、逮捕に急速を要し、裁判官の逮捕状を求めることができないときに、令状なく行う逮捕）が憲法に照らして許されるかという点については議論があるが、最高裁は「罪状の重い一定の犯罪のみについて、緊急已むを得ない場合に限り、逮捕後直ちに裁判官の審査を受けて逮捕状の発行を求めることを条件」とするときには憲法違反とはならないと判断している（最大判昭30・12・14刑集9巻13号2760頁）。

　憲法35条は、逮捕の場合を除いては「正当な理由に基づいて発せられ、且つ

捜索する場所及び押収する物を明示する令状」がなければ侵入、捜索および押収されないとする。憲法35条が想定している状況は私的空間への侵入や私物への捜索および押収であるが、身体検査や強制的な採尿・採血については物等への侵襲より更に侵害の程度が高いため、当然に令状を必要とすると解されている（刑訴218条 1 項、最 1 小決昭55・10・23刑集34巻 5 号300頁）。手続に令状主義の精神を没却する重大な違法があると判断された場合、その手続により得られた証拠は訴訟上利用できなくなることがある（違法収集証拠排除法則、最 1 小判昭53・9・7 刑集32巻 6 号1672頁）。

### (5)　不当な抑留・拘禁からの自由

憲法34条前段は、不当な抑留・拘禁からの自由を定める。「抑留」とは身体の一時的拘束を、「拘禁」とは抑留よりも長期的・継続的な身体の拘束をいう。不当な抑留・拘禁を起こさないために弁護人依頼権が保障されているだけでなく（憲34条前段、Ⅱ(5)参照）、拘禁の場合には要求があれば、公開法廷においてその理由を公開することが必要となる（憲34条後段）。

### (6)　公平な裁判所の迅速な公開裁判を受ける権利

憲法37条 1 項は、公平な裁判所の迅速な公開裁判を受ける権利を保障する。「公平な裁判所」とは「偏頗や不公平のおそれのない組織と構成をもった裁判所」をいい（最大判昭23・5・26刑集 2 巻 5 号511頁）、「迅速な裁判」とは不当に遅延しない裁判をいう（Ⅱ(6)参照）。「公開裁判」とは、対審および判決が公開法廷で行われる裁判である（憲82条 1 項）。

### (7)　証拠・証人と自白排除法則

憲法37条 2 項前段は証人審問権を定める。被告人が審問できない証拠に基づいて冤罪が生じたり不適切な刑罰が科せられたりすることを防ぐために保障されているこの権利は、公判期日外の証言を証拠として採用することを認めない伝聞法則（刑訴320条）を導く。

憲法37条 2 項後段は証人喚問権を保障する。被告人が求める証人の喚問が経済的理由などによってできないと、検察官側に有利な証人ばかりが証言することとなり、不当な判決を導きかねない。そのような不当な判決を招かないために保障されたこの権利は、したがって「公費で」証人を求めることができると規定される。しかし最高裁は、この規定を被告人が申請したすべての承認を喚

問することを認めたものとは解さず（最大判昭23・7・29刑集2巻9号1045頁）、有罪判決が出たあとには被告人に訴訟費用を負担させることを妨げる規定でもないと解する（最大判昭23・12・27刑集2巻14号1934頁）。

## Ⅱ　人身の自由をめぐる判例

(1)　**徳島市公安条例事件**（最大判昭50・9・10刑集29巻8号489頁、第3章も参照）

　刑罰を定める規定は、法律だけでなく法律の範囲内で制定される条例にも含まれる場合があるが、ここでは法律と条例の関係が問題となった事例を紹介しよう。

　当時の道路交通法は、集団行進（主としてデモ）について、都道府県公安委員会が定めた場合には所轄警察署長が道路使用許可条件を付すことを認めており、この条件に違反した者は「3月以下の懲役または3万円以下の罰金」を科すと定めていた。

　本件はXらが徳島市で計画したデモの申請に対し、所轄警察署長が「だ行進をするなど交通秩序を乱すおそれがある行為をしないこと」との条件を付したところ、Xらがこの条件に反したデモが行ったことを発端とする。問題は、Xらが徳島市の「集団行進及び集団示威運動に関する条例」（以下、本件条例とする）に基づいて起訴されたことである。本件条例は、3条3号で「交通秩序を維持すること」を定め、これを守らない場合のデモの主催者等に「1年以下の懲役若しくは禁錮又は5万円以下の罰金」を科していた。

　ここでの主たる争点は2つある。①本件条例はどの範囲に適用されるものなのか（法律と条例の関係）、②道路交通法より重い刑罰を科す本件条例の処罰対象となる「交通秩序を維持すること」という表現が何を指すのか不明確ではないかということである（犯罪の構成要件の明確性の問題）。

　第一審（徳島地判昭47・4・20刑集29巻8号552頁）は、憲法94条によれば条例は「法令に違反しない限りにおいて」制定しうるものであり、法令に違反した条例は形式的効力がなく、本件条例3条3号の「交通秩序を維持すること」をみてみると、いかなる行為がこれに該当するかが明確でない。すなわち「処罰さるべき犯罪構成要件の内容として、合理的解釈によつて確定できる程度の明確性」を備えているといえず、罪刑法定主義の原則に背き憲法31条の趣旨に反

するので、この点については罪には問われないとした。つまり、①について本条例 3 条 3 号の「交通秩序を維持すること」は道路交通法に基づく道路使用許可条件の対象とされるものを除く行為と解されるべきであるとしたうえで、②については本件条例の規定が不明確であるので罪には問えないと判断したのである。

　これに対して最高裁は、まず①について「条例が国の法令に違反するかどうかは、両者の対象事項と規定文言を対比するのみでなく、それぞれの趣旨、目的、内容及び効果を比較し、両者の間に矛盾牴触があるかどうかによつてこれを決しなければならない」という基準のもとで、本条例が道路交通法に違反するものではないと結論づけた。②については、「ある刑罰法規があいまい不明確のゆえに憲法31条に違反するものと認めるべきかどうかは、通常の判断能力を有する一般人の理解において、具体的場合に当該行為がその適用を受けるものかどうかの判断を可能ならしめるような基準が読みとれるかどうか」によるという基準を示したうえで、本条例 3 条 3 項からは「集団行進等における道路交通の秩序遵守についての基準を読みとることが可能であ」るので憲法31条に違反するものとはいえないと判断した。

### (2)　福岡県青少年保護育成条例事件（最大判昭60・10・23刑集39巻 6 号413頁）

　(1)の徳島市公安条例事件でも扱われた犯罪の構成要件の明確性について、罪刑法定主義との関係で問題となった代表的な事例が本件である。被告人 X は、当時16歳になったばかりの少女の年齢を知りながら福岡県内のホテルで同女と性行為を行ったことについて、「何人も、青少年に対し、淫行又はわいせつの行為をしてはならない」と定めた福岡県青少年保護育成条例10条 1 項違反の罪に問われ、起訴された。これに対して X は、本条例における「淫行」の範囲が不明確であることを理由として上告した。

　最高裁は、本件に関わる規定の趣旨について「青少年の健全な育成を図るため、青少年を対象としてなされる性行為等のうち、その育成を阻害するおそれのあるものとして社会通念上非難を受けるべき性質のものを禁止することとしたものであることが明らかであ」り、これを前提とすると本条の「『淫行』とは、広く青少年に対する性行為一般」ではなく「青少年を誘惑し、威迫し、欺罔し又は困惑させる等その心身の未成熟に乗じた不当な手段により行う性交又

は性交類似行為のほか、青少年を単に自己の性的欲望を満足させるための対象として扱つているとしか認められないような性交又は性交類似行為をいうものと解するのが相当であ」り、「このような解釈は通常の判断能力を有する一般人の理解にも適うものであ」るところ、「『淫行』の意義を右のように解釈するときは、同規定につき処罰の範囲が不当に広過ぎるとも不明確であるともいえないから、本件各規定が憲法31条の規定に違反するものとはいえ」ないと判断した。

　(3)　**接見指定事件**（最大判平11・3・24民集53巻3号514頁）

　逮捕されてから起訴されるまでの間、逮捕された人は被疑者とよばれる。憲法上保障された被疑者の権利侵害が問題となる局面は、現代においても存在する。

　本件は、恐喝未遂事件で逮捕・勾留された被疑者の弁護士が接見（被疑者との面会）を求めたところ、検察官により接見の場所や必要書類が指定され、直ちに接見することができなかったことを理由として、弁護士らが国家賠償法に基づく訴えを起こした事件である。捜査の必要性などのために被疑者が弁護士と面会する日時や場所を指定することを接見指定というが、これが憲法34条前段の弁護人依頼権を侵害するものではないかという点が争われた。

　最高裁は、憲法34条前段の弁護人依頼権は「単に被疑者が弁護人を選任することを官憲が妨害してはならないというにとどまるものではなく、被疑者に対し、弁護人を選任した上で、弁護人に相談し、その助言を受けるなど弁護人から援助を受ける機会を持つことを実質的に保障して」おり、刑事訴訟法39条1項で保障された接見交通権（被疑者が弁護士と面会する権利）は「身体の拘束を受けている被疑者が弁護人等と相談し、その助言を受けるなど弁護人等から援助を受ける機会を確保する目的で設けられた」という意味で「憲法の保障に由来するものであるということができる」とする。

　しかし、刑事訴訟法39条3項は接見指定を認めているところ、これは「単に接見等の日時を弁護人等の申出とは別の日時とするか、接見等の時間を申出より短縮させることができるものにすぎず」、「接見等を認めると取調べの中断等により捜査に顕著な支障が生ずる場合に限られ」ることなどから、憲法34条前段の「保障の趣旨を実質的に損なうものではない」と判断した。

**(4)　GPS 捜査事件**（最大判平29・3・15刑集71巻3号13頁）

　憲法35条との関係では、新しい技術を用いた捜査により得た証拠が、訴訟上の証拠として使えるかということが問題となることがある（コラム参照）。本件は、広い範囲で繰り返し組織的な窃盗を行う集団の関係者が使う19台の自動車にGPS端末を取り付けて実施したGPS捜査の違法性が争われた事件である

---

**コラム ──情報技術と捜査──**

　強制の処分にあたる捜査に要求されてきた令状のあり方が、情報技術の変化により変容を迫られている。代表的な事例はⅡ(4)で取り上げたGPS捜査であるが、平成11年の通信傍受法制定の際も令状のあり方について大きな議論があった。令状にはいかなる罪状で捜索・押収等を受けるかということを本人に知らせる機能もある。そのため令状は原則として本人への事前呈示が求められているが（刑訴222条1項およびこれが準用する同110条）、通信傍受やGPSのような捜査手法の場合は令状の事前呈示をすることができないからである。通信傍受では、通信傍受令状という特別な令状を取得し、これを通信事業者に呈示することで令状の事前呈示に準ずるものと取り扱ってきたが、警察が直接端末を被疑者の所有物に取り付けるタイプのGPSを用いた捜査の場合は介在者がいないため、そのような対応もできない。どのような手続を整備するべきかについては議論が続けられている。

　また情報技術の進展、特にインターネットの普及によって生じる新たな問題もある。例えば海外サーバーに保存されたデータに対する捜索が認められるのかといった問題には、国内での令状が有効だとしてもサーバーが置かれている国の主権や法秩序との衝突が生じうる（最2小決令3・2・1刑集75巻2号123頁）。

　国際的には顔認識技術に代表される生体認証技術を用いた捜査が注目されており、EUでは警察等の法執行機関がこのような技術を用いることを全面的に否定する見解が示されている。日本でも警察が顔認識技術を用いた捜査を行っているが、法的統制はない。

　少なくとも日本国内の刑事手続法においては、新たな情報技術の登場とその実務での運用が先立ち、その後に法令による統制が試みられているのが現状である。しかし本章で学んだ人身の自由の保障の意義に立ち返れば、新しい技術の運用に先立って法的統制を考えることが必要であることに気付く。ただその道のりは、従来の法学にとっては容易なものではない。従来の技術と異なる点がどこにあって、そこで法がどのような役割を果たすべきか、ということを、法学の領域においてオン・タイムで把握し反映する仕組みを整えることから始めなければならないからだ。情報技術の進展は、令状の問題に限らず、法学という学問全体をよりダイナミックな学問へと変容させつつある。

（捜査に重大な違法がある場合、その捜査により得られた証拠は排除される（Ⅰ(4)参照）。本件GPS捜査は、自動車所有者の承諾なく、また裁判所による令状を取得することもなく行われたが、当時GPS捜査が法的根拠を必要とする強制処分にあたるかどうか、また令状が必要かどうかということについて、下級裁判所ごとに見解が分かれている状況であった。

　最高裁は、「個人のプライバシーの侵害を可能とする機器をその所持品に秘かに装着することによって、合理的に推認される個人の意思に反してその私的領域に侵入する捜査手法であるGPS捜査は、個人の意思を制圧して憲法の保障する重要な法的利益を侵害するものとして、刑訴法上、特別の根拠規定がなければ許容されない強制の処分に当たる」とし、「現行犯人逮捕等の令状を要しないものとされている処分と同視すべき事情があると認めるのも困難であるから、令状がなければ行うことのできない処分と解すべき」であると判断した（なおGPS捜査の特性に鑑み事前の令状呈示に代わる手段を採用する可能性を呈示したが、この手段を決めることは第一次的には立法府の役割であると述べるにとどまっている）。

　(5)　高田事件（最大判昭47・12・20刑集26巻10号631頁）

　憲法37条1項の「迅速な裁判」が脅かされたことが問題となった事例がある。昭和27年に発生した複数の公安事件（以下、高田事件とする）に関する裁判の審理が、昭和28年6月18日ないし昭和29年3月4日から、昭和44年6月10日ないし同年9月25日までの15年余りの間、停止していた事件である。審理中断の理由は、高田事件の被告人31名中20名が大須事件という異なる事案の被告人でもあったためである（大須事件に関するすべての裁判の終了は、昭和44年5月28日）。この審理中断が憲法37条1項の保障する迅速な裁判を受ける権利を侵害するとして、第一審は被告人らを免訴としたが、控訴審はこの判断を覆した。そこで被告人らが免訴を求めて、上告した。

　最高裁は、第一審の免訴判決を確定させた。その理由として、憲法37条1項の保障する迅速な裁判を受ける権利は、「単に迅速な裁判を一般的に保障するために必要な立法上および司法行政上の措置をとるべきことを要請するにとどまらず、さらに個々の刑事事件について、現実に右の保障に明らかに反し、審理の著しい遅延の結果、迅速な裁判をうける被告人の権利が害せられたと認め

られる異常な事態が生じた場合には、これに対処する具体的規定がなくても」、審理の打ち切りという非常救済手段を認める趣旨の規定であると述べた。

### (6)　第三者所有物没収事件（最大判昭37・11・28刑集16巻11号1593頁）

密輸出に関わる物の没収について定めた関税法118条1項に基づき、密輸に用いられた船に積載された第三者が所有する貨物を没収する判決が被告人Xに対する附加刑として下された。Xは第三者所有物の没収にあたって財産権を擁護する機会が与えられていなかったことを、憲法29条1項に違反するとして上告した。

最高裁は、関税法118条1項の趣旨に鑑み、「第三者の所有物の没収は、被告人に対する附加刑として言い渡され、その刑事処分の効果が第三者に及ぶものであるから、所有物を没収せられる第三者についても、告知、弁解、防禦の機会を与えることが必要であつて、これなくして第三者の所有物を没収することは、適正な法律手続によらないで、財産権を侵害する制裁を科するに外ならない」と判断した。

## Ⅲ　行政手続と人身の自由条項

### (1)　人身の自由条項の射程

憲法31条〜40条に規定された人身の自由条項は、基本的に刑事手続を想定した規定であるといわれる。しかしその他の手続においては全く適用の余地がないと考える必然性はないため、その射程が問題となる。最高裁は早い段階で、憲法35条および38条が行政手続に及ぶことを認めており（Ⅲ(2)参照）、平成に入って憲法31条についても行政手続への適用・準用の余地があることを認めた（Ⅲ(3)参照）。

### (2)　川崎民商事件（最大判昭47・11・22刑集26巻9号554頁）

昭和37年度確定申告の過少申告の疑いを持った税務署職員Aの立入調査を拒んだX（川崎民商）が起訴された。当時Xは、国税当局と対立関係にあった。これに対してXは、当時の所得税法63条（以下、本条とする）の質問検査が裁判所の令状発給を要件としないことが憲法35条に反する等として上告した。

最高裁は、本条の検査の目的が「所得税の公平確実な賦課徴収のために必要な資料を収集すること」であり刑事責任の追及を目的としていないことを確認

したうえで、「憲法35条1項の規定は、本来、主として刑事責任追及の手続における強制について、それが司法権による事前の抑制の下におかれるべきことを保障した趣旨であるが、当該手続が刑事責任追及を目的とするものでないとの理由のみで、その手続における一切の強制が当然に右規定による保障の枠外にあると判断することは相当ではない」とする。しかし税務署職員による立入検査の強制の程度や実効性ある検査制度の目的、必要性などの諸点を総合的に判断すると、本条に基づく検査が「あらかじめ裁判官の発する令状によることをその一般的要件としないからといって、これを憲法35条の法意に反するものと」はいえないと結論づけた。

**(3) 成田新法事件**（最大判平4・7・1民集46巻5号437頁、第9章も参照）

昭和53年、新東京国際空港建設反対運動の過激化にあたり、「新東京国際空港の安全確保に関する緊急措置法」（以下、成田新法とする）が制定された。成田新法に基づき、空港建設の規制区域内に反対派が建築した鉄筋コンクリートの建物の使用を禁止することを内容とした期限付きの命令（工作物使用禁止命令。以下、本件命令とする）を、運輸大臣Yが繰り返し発出していた。これに対して反対派のXらが原告となり、本件命令の取消しならびに国に対する慰謝料等を求める訴えを起こした。成田新法には、告知、弁解、防御の機会を保障する規定がなかった。

最高裁は、「憲法31条の定める法定手続の保障は、直接には刑事手続に関するものであるが、行政手続については、それが刑事手続ではないとの理由のみで、そのすべてが当然に同条による保障の枠外にあると判断することは相当ではない」と述べつつも、行政手続は「刑事手続とその性質においておのずから差異があり、また、行政目的に応じて多種多様であるから、行政処分の相手方に事前の告知、弁解、防御の機会を与えるかどうかは、行政処分により制限を受ける権利利益の内容、性質、制限の程度、行政処分により達成しようとする公益の内容、程度、緊急性等を総合較量して決定されるべきものであ」るとし、必ずしもその機会を与える必要があるとはいえず、成田新法に基づく本件命令については高度かつ緊急の必要性があることなどに鑑み、憲法31条の法意に反するものとはいえないと結論づけた。

# 第12章　生存権・労働者の権利

## I　社会権とは

　フランス革命後、「人格の平等、契約自由の原則、私的自治の尊重」が謳われ、法的には人は平等である以上、いかなる契約を誰と結ぼうと自由である一方、なんらかの問題が生じた場合にはその責めを自ら負わなければならなくなった。産業革命期には自由を侵害する最大のものが国家とされたことから、かりに一方に著しく不利な契約であったとしても国家は介入することはなく（契約の自由への介入となるからである）、警察、外交および国防のみを行う夜警国家が理想とされた。しかし、フランス革命前より資産を有する者とそれを持たない者がいたのであり、その後もこうした不平等は依然として存在した。農民のように資産を持たない者は、移動や職業選択の自由がなかった代わりに一定の保護が封建領主よりなされていたが、それは「人格の平等」に反するため、もはや許されないこととなった。その結果、富める者はさらに増やそうとする一方、富を持たない者は資本家に雇われて働くほか生きる術はなかったことから、たしかに自由は与えられたが、資本家以外は死ぬ自由を与えられたにすぎなかったのである。このように、形式的には人は平等とされたが、実質的な平等、すなわち、貧富の差は解消されたわけではなかった。

　資本主義経済の下では好景気・不景気は繰り返されることが次第に明らかとなった結果、困窮の原因を個人のみに負わせるのは妥当ではないとの考えから、実質的な平等を達成する主体として、国家が再び大きな役割を果たすことになる。ここに至り、国家は、夜警国家から、社会保障制度の整備、教育制度の確立その他国民に広くサービスを提供する福祉国家へと変貌を遂げ、法的には、19世紀的な人権である自由権とは対照的に、20世紀的な人権である社会権が誕生した。すなわち、前者は国家からの自由、後者は国家への自由とされる。社会権は、1919年のドイツ共和国のワイマール憲法にはじめて定められ、日本国憲法にも規定されることとなった。

社会権は、その総則規定とされる25条の生存権、26条の教育を受ける権利、27条の労働権、28条の労働基本権からなる。もっとも、論者によっては環境権を加えることがあるが、一般的には、25〜28条までの4か条が社会権条項である。

## II　生存権

### (1)　生存権の歴史

　わが国では古くは奈良時代の光明皇后による施薬院および悲田院、江戸時代の幕府や各藩による救小屋が存在し、また、明治維新後は恤救規則（1874年）、それを近代化した救護法（1929年）が制定され、貧困者への保護がなされた。翻って、他国をみると、イギリスのエリザベス救貧法（1601年）、それを改正した新救貧法（1834年）やドイツ帝国宰相のビスマルクにより疾病保険法（1883年）、災害保険法（1884年）、障害・老齢保険法（1889年）が制定され、後にこれら3つの法律がライヒ保険法（1911年）としてまとめられた。

　このように、各国で治安対策や共産主義への対抗から一定の貧困者への保護が行われていた。しかし、これらはいずれも国家により恩恵とされ、国民に請求権を認めるものではなかった。

　その後、1919年に制定されたワイマール憲法に世界ではじめて生存権（151条1項）が規定され、さらに、イギリスの「ベバリッジ報告」（1942年）、国際労働機関（ILO）による「社会保障への途」（同年）が契機となり、戦後、先進国で社会保障制度が発展を遂げる。ただし、その背景には、これらにくわえて、社会主義・共産主義国への対抗（東西冷戦）から、自由主義・資本主義国において社会保障制度の拡充をとおして労働者による不満を一定程度解消しようとする動機もあった。戦後、わが国では日本国憲法25条に生存権が規定された結果、戦前に制定された厚生年金保険法、健康保険法等を再編する形で社会保障制度が整備され、今日に至る。

### (2)　生存権の権利性

　先に述べたように、通説によれば、25〜28条が社会権の規定であるが、生存権は社会権の総則規定であって、教育を受ける権利、労働権および労働基本権の基礎にあるとされる。このように、生存権は社会権の総則たる地位を占めて

いるが、これまでその権利性が議論されてきた。というのは、先述したワイマール憲法の下では、当時のドイツの激しいインフレーションにより、国民に権利として保障しようとしても、政府にはその財源がないため、社会保障制度を充実させる責務を国に課したにとどまるとするプログラム規定説が通説となったからである。わが国では、食糧管理法違反事件（最大判昭23・9・29刑集2巻10号1235頁、第2章も参照）が「すべての国民が健康で文化的な最低限度の生活を営み得るよう国政を運営すべきことを国家の責務として宣言した」旨を述べ、生存権の権利性を否定し、同説を採用したとされる。

　だが、25条1項の文言（「権利を有する」）や先述したドイツの議論の前提（激しいインフレーションにより、国民に給付を行おうとしても政府にはその財源がなかった）との違いから、同説に対する批判がなされ、なんらかの権利性を認めようとする法的権利説が支配的となった。もっとも、なにが健康で文化的な最低限度の生活なのか確定するのは困難であるから、生活保護法等の具体的な法律が制定されると権利が実現されるとする抽象的権利説、こうした法律がない場合への対応として、国に対して給付請求できるとの具体的な権利までは認められないが、立法不作為の違憲確認請求ができるとする具体的権利説が唱えられた。このように、法的権利説といっても、国に対し具体的に給付請求できるわけではない点ではプログラム規定説と同様であることから、近時、これらへの批判として、国に対して具体的な請求を行うことができるとする給付請求権説（棟居・憲法）が主張されるに至っている。

## Ⅲ　生存権をめぐる判例

### (1)　朝日訴訟（最大判昭42・5・24民集21巻5号1043頁）

　本件は、実の兄から仕送りを受けたため、福祉事務所長による、月額600円の生活扶助打ち切りによる保護変更決定が、生活保護法および憲法25条に反するとして争われた事例である。

　上告中に上告人が死亡したことから、運動家の2人が相続人となったが、保護受給権は一身専属の権利であり、相続の対象とはなりえない旨判示した。同判示に続けて、「なお、念のために」と述べたうえで、前掲食糧管理法違反事件最高裁判決を引用しながら、生存権は「具体的権利としては、憲法の規定の

趣旨を実現するために制定された生活保護法によつて、はじめて与えられて」いるのであって、「何が健康で文化的な最低限度の生活であるかの認定判断は、いちおう、厚生大臣の合目的的な裁量に委されて」いる。ゆえに、「現実の生活条件を無視して著しく低い基準を設定する等憲法および生活保護法の趣旨・目的に反し、法律によつて与えられた裁量権の限界をこえた場合または裁量権を濫用した場合には、違法な行為として司法審査の対象となることをまぬかれない」旨判断し、広範な行政裁量を認めた。

(2) 堀木訴訟（最大判昭57・7・7民集36巻7号1235頁）

本件は、夫と離別後、1人で子育てしていた視覚障害者（上告人）による、当時の国民年金法に基づく障害福祉年金と児童扶養手当の併給禁止規定が25条に反するとして争われたものである。

(1)と同じように、前掲食糧管理法違反事件最高裁判決を引用したうえで、「『健康で文化的な最低限度の生活』なるものは、きわめて抽象的・相対的な概念」であるため、「その具体的内容は、その時々における文化の発達の程度、経済的・社会的条件、一般的な国民生活の状況等との相関関係において判断決定されるべきもの」であって、「国の財政事情を無視することができず、また、多方面にわたる複雑多様な、しかも高度の専門技術的な考察とそれに基づいた政策的判断を必要とするものである。したがって、……具体的にどのような立法措置を講ずるかの選択決定は、立法府の広い裁量にゆだねられており、それが著しく合理性を欠き明らかに裁量の逸脱・濫用と見ざるをえないような場合を除き、裁判所が審査判断するのに適しない事柄である」として、立法裁量を広く認めた。

(3) 旭川市国民健康保険条例事件（最大判平18・3・1民集60巻2号587頁、第2章も参照）

主として自営業者等が加入する医療保険である国民健康保険の被保険者である上告人が、保険料の減免対象には当たらないとしてなされた市長による処分の取消等を求めた事案である。

これに対し、国民健康保険法の委任を受けて制定された市条例の定めは、「恒常的に生活が困窮している状態にある者については生活保護法による医療扶助等の保護を予定して、これを市町村が行う国民健康保険の被保険者としな

いものとしていること」等から、「25条、14条に違反しないし、また、上告人について保険料の減免を認めなかったことは、憲法25条に違反するものではない」とした。

### (4)　旭川市介護保険料減免訴訟（最3小判平18・3・28集民219号989頁）

市町村民税非課税者、かつ介護保険第1号被保険者（区域内に住所を有する65歳以上の者）である上告人は、保険者である市から介護保険料の賦課処分を受け、また、老齢基礎年金から前記保険料を特別徴収（年金からの天引き）により、徴収されることとなった。本件は、同人が、この処分及び徴収は違憲、違法であると主張して、市および国を相手取って国家賠償を求めた事例である。

(2)事件を踏襲し、災害を受けた場合の保険料の徴収の猶予や減免、さらに生活保護受給者に対しては、生活扶助に保険料の実費が上乗せ支給される等から、市の条例には「低所得者に対して配慮した規定が置かれているのであり」、「市町村民税が非課税とされる者について、一律に保険料を賦課しないものとする旨の規定又は保険料を全額免除する旨の規定を設けていないとしても、それが著しく合理性を欠くということはできないし、また、経済的弱者について合理的な理由のない差別をしたものということはでき」ず、したがって、当該「条例が上記の規定を設けていないことは、憲法14条、25条に違反しない」と述べた。くわえて、「介護保険の第1号被保険者の保険料は、高齢期の要介護リスクに備えるために高齢者に課されるものであり、その日常生活の基礎的な経費に相当する」ものであって、特別徴収の対象となるのは年額18万以上の老齢基礎年金等の老齢退職年金給付であることからすれば、「特別徴収の制度は、著しく合理性を欠くということはできないし、経済的弱者を合理的な理由なく差別したものではないから、憲法14条、25条に違反しない」と判断した。

### (5)　学生無年金訴訟（最2小判平19・9・28民集61巻6号2345頁）

1985年の年金法の大改正以後、民間企業労働者や公務員、その被扶養配偶者以外の20歳以上60歳未満の者は国民年金第1号被保険者とされたが、学生は任意加入とされたため（1991年から強制加入）、国民年金に加入しなかった結果、障害を負ったにもかかわらず、障害基礎年金を受給することができなかった者（学生無年金障害者）がいた。そのため、こうした学生無年金障害者が、①20歳

以上の学生を強制加入させなかった等の扱い、②20歳以上の学生に対し無拠出制の年金を支給する旨の規定を設けるなどの措置を講じなかった立法不作為が憲法14条、25条に反するとして争ったものが本件である。

　(2)事件を引用したうえで、①につき、「国民年金事業の財政及び国の財政事情にも密接に関連する事項であって、立法府は、これらの事項の決定について広範な裁量を有するというべきである」。さらに、②についても「立法府の裁量の範囲に属する事柄というべきであって、そのような立法措置を講じなかったことが、著しく合理性を欠くということはできない。また、無拠出制の年金の受給に関し上記のような20歳以上の学生と20歳前障害者との間に差異が生じ

---

**コラム ——外国人の社会保障と生存権——**

　かつて社会保障立法には国籍条項（社会保障給付の受給にあたって日本国籍を有する者に限るとの定め）が存在したが、外国人には日本人と同一の社会保障制度を適用すべきなのだろうか。同条項があったころの国民年金法の合憲性が争われた塩見訴訟（最1小判平元・3・2集民156号271頁、第5章も参照）では、「国は、特別の条約の存しない限り、……その限られた財源の下で福祉的給付を行うに当たり、自国民を在留外国人より優先的に扱うことも、許されるべきことと解される」として、こうした扱いは25条に反しないとされた。

　わが国は、1981年に難民の地位に関する条約を批准した後、多くの社会保障立法から国籍条項を削除した（ただし、生活保護法は従来行政措置によって永住許可を受けた外国人には「準用」されていたことから、例外として国籍条項が存在する）。そのため、現在は、被用者保険か住民保険かで異なるが、一定の要件のもとにわが国に滞在する外国人も日本人と同じ制度が適用される。同条項削除の効果が遡及されないことの合憲性が争われた第2次塩見訴訟（最3小判平13・3・13訟月48巻8号1961頁）では広い立法裁量を認め、また、不法残留者への生活保護法不適用の合憲性が争われた最3判平13・9・25集民203号1頁（第5章も参照）では、同法の適用対象としないことは25条に反しないとされた。

　外国人への社会保障制度の適用を検討するにあたっては、社会権は国家を前提とした権利である以上、普遍的な人権と解するのは難しいこと、社会保障については基本的にはその外国人の属する政府の責任であること、さらに、制度の性格（年金、医療保険、介護等）や在留資格（永住資格があるか等）を考慮すべきであろう。わが国に滞在する外国人の数が増えている今日、日本人と同一の制度を外国人に適用することがはたして妥当なのか、改めて考えてみる必要があるだろう。

るとしても、両者の取扱いの区別が、何ら合理的理由のない不当な差別的取扱いであるということもできない」として、①②のいずれの点についても、憲法25条、14条1項に反することはない旨判示した。

(6)　生活保護老齢加算廃止訴訟（最3小判平24・2・28民集66巻3号1240頁）

70歳以上の被保護者が受給する生活扶助に上乗せされる老齢加算の廃止が、憲法25条に反する等として、保護変更決定の取消しを求めて提訴された事例である。

(2)事件を踏まえ、さらに本件とかかわる生活保護法の条文の趣旨を述べたうえで、「憲法25条の趣旨を具体化した生活保護法3条又は8条2項の規定に違反するものではない以上、これと同様に憲法25条に違反するものでもないと解するのが相当」とした。

なお、本件と同様の福岡事件（最2小判平24・4・2民集66巻6号2367頁）があるが、憲法問題には触れずに判断している。

# IV　労働者の権利

27条に労働権［勤労権］、28条に労働基本権［労働三権〈団結権、団体交渉権及び団体行動権〉］といった、労働者に関わる権利が憲法に定められているのは、世界的にも珍しい。ここでは、主に労働基本権をみてみよう。

## (1)　労働運動と労働基本権

戦前の労働運動は、戦時体制により弾圧されたが、戦後は労働組合法の制定により、一転して保護されることとなった。こうしたなかで指導的な役割を果たしたのが公務員の労働組合であった。しかし、日本経済復興を目的に掲げた連合国軍総司令部（GHQ）は、激しい労働運動がその妨げとなると考えた結果、1947年の2・1ゼネスト（総同盟罷業）決行前日に中止命令を出すに至り、労働組合育成という方針を大きく転換し、政府に対し、公務員の労働基本権を制約するよう指示を出した。これを受け、政府は翌1948年に政令201号を制定し、自衛隊員、警察職員、消防職員、海上保安庁職員、刑事施設職員および消防職員には労働基本権のいずれも認めず、また、現業か非現業かで異なるが、国家公務員、地方公務員ともにその制約がなされることとなった（詳しくはV参照）。

労働組合は企業別で組織されることが多く、この点が産業別で組織されることの多いアメリカやヨーロッパと大きく異なる。高度経済成長期には労働組合が労働条件の向上に大きな役割を果たしてきたが、1980年代に入り組織率が低下した結果、労働組合が社会に与える影響力は弱まっている。

### (2) 労働基本権とは

労働基本権は労働三権とも呼ばれ、労働組合等を結成し、団結する権利（団体権）、賃金等について使用者と団体交渉する権利（団体交渉権）、争議行為に代表される団体行動を行う権利（団体行動権）からなる。これらが正当に行われている限り、使用者は不利益を被ったとして労働組合や労働組合員に損害賠償請求することはできず（民事免責）、また、団体交渉の場面等で形式的には脅迫罪等の刑事罰に該当したとしても、労働組合や労働組合員は刑事責任を問われない（刑事免責）。

民事免責および刑事免責といった28条の効力は、労働者・労働組合、使用者・使用者団体に直接及ぶが、同条をさらに具体化するための法律として労働組合法が制定されており、使用者による組合への支配介入等を不当労働行為として禁止し（労組7条）、中央労働委員会および都道府県労働委員会が不当労働行為事件の審査や争議行為のあっせん等を行い、労働組合を保護している（労組19条以下）。

## V 労働基本権をめぐる判例

### (1) 全逓東京中郵事件（最大判昭41・10・26刑集20巻8号901頁）

郵便法79条1項に定める郵便物不取扱いを教唆した被告人らの行為が、当時の公共企業体等労働関係法により禁止されたものであるとして、教唆の罪で起訴された事件である。

まず、「労働基本権は、……何らの制約も許されない絶対的なものではないのであって、国民生活全体の利益の保障という見地からの制約を当然の内在的制約として内包しているもの」である。そのうえで、「労働基本権の制限は、労働基本権を尊重確保する必要と国民生活全体の利益を維持増進する必要とを比較衡量して、両者が適正な均衡を保つことを目途として決定すべきである」。「その制限は、合理性の認められる必要最小限度のものにとどめなければ

なら」ず、「国民生活に重大な障害をもたらすおそれのあるものについて、これを避けるために必要やむを得ない場合について考慮されるべきである」。ついで、「労働基本権の制限違反に伴う法律効果、すなわち、違反者に対して課せられる不利益については、必要な限度をこえないように、十分な配慮がなされなければならない。とくに、勤労者の争議行為等に対して刑事制裁を科することは、必要やむを得ない場合に限られるべきであ」って、「職務または業務の性質上からして、労働基本権を制限することがやむを得ない場合には、これに見合う代償措置が講ぜられなければならない」と述べた。

(2)　**東京都教組事件**（最大判昭44・4・2刑集23巻5号305頁）

本件は、T教職員組合が、公立学校の教職員に対する勤務評定の実施に反対するため、特定の日に一斉に年次有給休暇を取得する、一斉休暇闘争を行うこととしたが、同組合の役員である被告人らがなした闘争指令の配布等が、地方公務員法によって禁止されたあおり行為であるとして、起訴された事例である。

(1)事件を踏襲し、地方公務員による争議行為に対し、憲法による「必要やむをえない限度をこえて争議行為を禁止し、かつ、必要最小限度にとどめなければならないとの要請を無視し、その限度をこえて刑罰の対象としているものとして、……違憲の疑を免れない」。また、「あおり行為等にもさまざまの態様があり、その違法性が認められる場合にも、その違法性の程度には強弱さまざまのものがありうる。それにもかかわらず、これらのニュアンスを一切否定して一律にあおり行為等を刑事罰をもつてのぞむ違法性があるものと断定することは許されないというべきである。ことに、争議行為そのものを処罰の対象とすることなく、あおり行為等にかぎつて処罰すべきものとしている地公法61条4号の趣旨からいつても、争議行為に通常随伴して行なわれる行為のごときは、処罰の対象とされるべきものではない」とする二重のしぼり論とよばれる論理を用いた。

(3)　**全農林警職法事件**（最大判昭48・4・25刑集27巻4号547頁）

非現業の国家公務員で組織されるZ労働組合の役員である被告人らは、警職法改正に反対するため、各県の本部あてにピケットを張り、職場大会に参加するよう働きかけたとして、こうした行為は国家公務員法が禁止するあおり行

為に該当するとして起訴された。最高裁は、(1)および(2)事件による公務員の労働基本権をできるだけ認めようとする流れを大きく変え、次のように判断し、国家公務員の労働基本権の制約を全面的に合憲とする解釈を行った。

「公務員の地位の特殊性と職務の公共性にかんがみるときは、これを根拠として公務員の労働基本権に対し必要やむをえない限度の制限を加えることは、十分合理的な理由がある」。「公務員は、公共の利益のために勤務するものであり、……公務員が争議行為に及ぶことは、……公務の停廃をもたらし、その停廃は勤労者を含めた国民全体の共同利益に重大な影響を及ぼすか、またはその虞れがあるからである」。私企業の労働者と異なって、「公務員の場合は、その給与の財源は国の財政とも関連して主として税収によつて賄われ、……その勤務条件はすべて政治的、財政的、社会的その他諸般の合理的な配慮により適当に決定されなければならず、しかもその決定は民主国家のルールに従い、立法府において論議のうえなされるべきもので」ある。また、公務員には、私企業における市場での抑止力が働くことがないため、「公務員の争議行為は場合によつては一方的に強力な圧力となり、この面からも公務員の勤務条件決定の手続をゆがめることとなる」。くわえて、国家公務員の労働基本権が制限されている代償措置として、国家公務員法は「勤務条件についての周到詳密な規定を設け、さらに中央人事行政機関として準司法機関的性格をもつ人事院を設けて」おり、不利益処分がなされたとき等には人事院に審査請求ができること等から、「公務員は、労働基本権に対する制限の代償として、制度上整備された生存権擁護のための関連措置による保障を受けている」。

以上から、「国公法98条5項がかかる公務員の争議行為およびそのあおり行為等を禁止するのは、勤労者をも含めた国民全体の共同利益の見地からするやむをえない制約というべきであつて、憲法28条に違反するものではない」。

(4) **岩手県教組事件**（最大判昭51・5・21刑集30巻5号1178頁）

I教員組合の役員である被告人らは、全国中学校一斉学力調査の実施に反対するため、各支部あてに争議行為を行うよう働きかけたが、それが、地方公務員法の禁止するあおり行為となるとして起訴されたものが本件である。

(3)事件を踏襲し、勤務条件条例主義から、非現業の地方公務員の労働基本権の制約を合憲とした。

⑸　**全逓名古屋中郵事件**（最大判昭52・5・4刑集31巻3号901頁）

　Ｚ労働組合が、勤務時間にくい込む職場大会による闘争を行った際に、同組合の役員である被告人らが、組合員に対して、同大会に参加するよう促した行為が、郵便法79条1項に定める郵便物不取扱いの幇助にあたるとして起訴された事件である。

　最高裁は、⑶事件を踏襲し、勤務条件法定主義および議会制民主主義から、公共企業体等労働関係法の適用を受ける5現業（①郵政事業、②造幣事業、③日本銀行券等の印刷事業、④国有林野事業、⑤アルコール専売事業）および3公社（日本国有鉄道〈国鉄〉、日本専売公社〈専売公社〉、日本電信電話公社〈電電公社〉）の職員の労働基本権も制約を受けるとした。

⑹　**三井美唄事件**（最大判昭43・12・4刑集22・13号1425頁）

　Ｍ労働組合の役員である被告人らが、地方議会議員の選挙にあたり、統一候補を決定して、選挙運動を進めていたが、その候補からもれた組合員が、組合の方針に反し立候補しようとした。これに対し、被告人らはその組合員を説得しようとしたが、翻意することはなかったことから、組合の統制を乱したとして、1年間組合員としての権利を停止する処分を行い、その内容を鉱山内に掲示した。こうした被告人らの行為は、公職選挙法225条3号に定める選挙の自由妨害罪に該当するとして、起訴されものが本件である。

　「労働組合が正当な団体行動を行なうにあたり、労働組合の統一と一体化を図り、その団結力の強化を期するためには、その組合員たる個々の労働者の行動についても、組合として、合理的な範囲において、これに規制を加えることが許されなければならない〈以下、これを組合の統制権とよぶ〉」。ゆえに、「憲法28条による労働者の団結権保障の効果として、労働組合は、その目的を達成するために必要であり、かつ、合理的な範囲内において、その組合員に対する統制権を有するものと解すべきである」。

　「労働組合は、その目的を達成するために必要な政治活動等を行なうことを妨げられるわけではない」が、「労働組合が行使し得べき組合員に対する統制権には、当然、一定の限界が存する」。そのため、「公職選挙における立候補の自由は、憲法15条1項の趣旨に照らし、基本的人権の1つとして、憲法の保障する重要な権利であるから、これに対する制約は、特に慎重でなければなら

ず、組合の団結を維持するための統制権の行使に基づく制約であつても、その必要性と立候補の自由の重要性とを比較衡量して、その許否を決すべきである」。

そのうえで、「当該組合員に対し、勧告または説得の域を超え、立候補を取りやめることを要求し、これに従わないことを理由に当該組合員を統制違反者として処分するがごときは、組合の統制権の限界を超えるものとして、違法」であるとした。

> **コラム ――労働権の今日的意義――**
>
> 27条1項は、労働権を定めているが、その権利性をめぐって、本文で述べた生存権と同様にプログラム規定説や立法不作為の違憲確認請求ができるとの具体的権利説が存在した。現在では、国は、労働者に対しなんらかの雇用機会を保障する措置をとるよう義務づけられ、使用者に対しては、解雇の自由を制限するとの効力が認められるとする説が有力となっている。
>
> 近時、わが国の全労働者のうち、非正規労働者が4割を占めるまでになり、また、2021年には改正高年齢者等の雇用の安定等に関する法律が施行され、事業主には70歳までの定年年齢の引き上げ等の就業確保措置を行う努力義務が課されることとなった。くわえて、現在の第4次産業革命においては、Uber Eats 等のクラウドワーカーやフリーランスといった、これまでとは異なる働き方をする者が増えつつある。
>
> このように、これまで雇用労働、なかでも正規労働者を念頭に議論されてきた労働権について、非正規労働者や従来の労働者像とは異なる働き方をする者にも保障すべきか、かりに保障するにしてもどのように行うのか検討しなければならないだろう。

# 第13章　学問の自由と教育を受ける権利

## I　学問の自由とは

### (1) 学問の自由の意義と射程

　憲法23条は、学問の自由を保障する。学問の自由には、研究活動の自由、研究発表の自由、研究成果を教授する自由（教授の自由）が含まれていると解されている。

　学問の自由が保障される主たる場所は大学とされるが、この前提には、研究・教育の中核を大学が担っているという理解がある。高等学校以下の教育内容は、私たちの先人がこれまで培ってきた学問の成果のうち、一定の共通認識として社会に受容されているものにより形成されている（II(2)参照）。そして現代において学問の成果を培う役割を担う機関が、大学である（II(1)参照）。

　では高等学校以下の教師に、学問の自由、特に教授の自由は保障されていないのか。この点旭川学テ事件は、普通教育においても「例えば教師が公権力によつて特定の意見のみを教授することを強制されないという意味において、また、子どもの教育が教師と子どもとの間の直接の人格的接触を通じ、その個性に応じて行われなければならないという本質的要請に照らし、教授の具体的内容及び方法につきある程度自由な裁量が認められなければならないという意味において」は一定程度の教授の自由の保障の必要性が「肯定できないではない」としつつ、大学生と普通教育における児童生徒の間に存在する批判能力・教師の影響力及び支配力・教師を選択する余地の有無についての差、そして普通教育に要請される全国一定の教育水準の充足の観点から見れば「普通教育における教師に完全な教授の自由を認めることは、とうてい許されない」とする（IV(1)参照）。

### (2) 学問の自由の限界

　学問の自由が保障されているとはいっても、学問の枠組みの中であればどんなことをしてもよいのかは議論の対象となる。典型的な問題意識は、動物実

験・人体実験（治験）を必然的に伴う研究や武器として直接用いられうる技術に関する研究が、学問研究の自由の保障のもとでどこまで許されるかということであるが、中でも極限的な問題を生じさせているのは先端的な生命科学技術の領域の問題である。

　日本では平成12年にヒトに関するクローン技術等の規制に関する法律が制定された。遺伝子情報の保有や操作により人類そのものの生物学的性質が変化させられることによるリスクの実態を把握することは困難であり、むしろそのリスクを確かめるためにも学問の発展が必要であるとする考え方もあるが、変更を加えられた遺伝情報が人類に組み込まれていくと取り返しがつかないため、慎重な対応が要求されている。

### (3)　大学の自治

　大学の自治は制度的保障の1つであると考えられており、制度の具体的な内容は法律において確定されるが、その本質的な保障内容については判例においても言及されている。大学の自治についてのリーディングケース（Ⅱ(1)参照）は、大学の自治が①大学の教授その他の研究者の人事、②大学の施設と学生の管理について認められるとする（なお最高裁は、①よりも②の方が保障の程度が低いと解される表現を採用している）。

　2003年制定の国立大学法人法により、国立大学の法的位置づけが変化したことで、大学の自治のあり方も問い直されている。従来は行政機関であった国立大学が独立行政法人となったことによって、財政面の自由度が増す一方、中期計画の策定や評価という新たなプロセスが要求されるようになったためである。

## Ⅱ　学問の自由をめぐる判例

### (1)　ポポロ事件（最大判昭38・5・22刑集17巻4号370頁）

　本件は、学問の自由と大学の自治についての代表的な判決である。大学公認団体である「劇団ポポロ」が大学の許可を得たうえで、大学の教室を用いて、松川事件（列車往来妨害事件に関して労組関係者が多数逮捕されたものの全員が無罪となった事件）を題材とした演劇発表会を開催した。ここに1年半以上前から同大学構内に潜入して情報収集活動を行っていた警察官らが、入場券を買い私

服で立ち入った（この潜入を、以下、本件立入行為とする）。本件立入行為に気が付いた学生らは、警察官らと争いになったが、その中で逃走しようとした警察官Aの右手をおさえて手拳で腹部を突きオーバーのボタンをもぎ取り、また警察官Bの両手をおさえて衣服内の警察手帳を引っ張って付属のひもを引きちぎるという暴行を加えたことを理由として、学生の1人であるXが起訴された。

　特に問題となったのは、本件立入行為が大学の自治を侵害するのではないかという点である。この点について最高裁は、「大学の学問の自由と自治は、大学が学術の中心として深く真理を探求し、専門の学芸を教授研究することを本質とすることに基づくから、直接には教授その他の研究者の研究、その結果の発表、研究結果の教授の自由とこれらを保障するための自治とを意味すると解される。大学の施設と学生は、これらの自由と自治の効果として、施設が大学当局によって自治的に管理され、学生も学問の自由と施設の利用を認められる」としたうえで、「大学における学生の集会も、右の範囲において自由と自治を認められるものであつて、大学の公認した学内団体であるとか、大学の許可した学内集会であるとかいうことのみによつて、特別な自由と自治を享有するものではな」く、「学生の集会が真に学問的な研究またはその結果の発表のためのものでなく、実社会の政治的社会的活動に当る行為をする場合には、大学の有する特別の学問の自由と自治は享有しない」とし、「その集会が学生のみのものでなく、とくに一般の公衆の入場を許す場合には、むしろ公開の集会と見なされるべきであり、すくなくともこれに準じるものというべきである」と述べ、本件の演劇発表会は公開の集会またはこれに準じるものであると判断した。

(2)　**昭和女子大学事件**（最3小判昭49・7・19民集28巻5号790頁）

　大学の自治が認められる場面では、大学内部で発生したトラブルに裁判所がどのように関与できるのか、ということが新たに問題となる。政治活動を理由に学生が退学処分となった本件では、私立大学における退学処分に対する司法審査のあり方が問題となった。

　最高裁は、三菱樹脂事件判決（最大判昭48・12・12民集27巻11号1536頁、第5・6・7章も参照）を念頭において私人間の問題である私立大学の退学処分に憲法違反を「論ずる余地はない」としたうえで、「大学は、国公立であると私立

であるとを問わず、学生の教育と学術の研究を目的とする公共的な施設であり、法律に格別の規定がない場合でも、その設置目的を達成するために必要な事項を学則等により一方的に制定し、これによつて在学する学生を規律する包括的権能を有する」ところ、「特に私立学校においては、建学の精神に基づく独自の伝統ないし校風と教育方針とによつて社会的存在意義が認められ、学生もそのような伝統ないし校風と教育方針のもとで教育を受けることを希望して当該大学に入学するものと考えられるのであるから……学生としてもまた、当該大学において教育を受けるかぎり、かかる規律に服することを義務づけられるものといわなければならない」とし、「私立大学のなかでも、学生の勉学専念を特に重視しあるいは比較的保守的な校風を有する大学が、その教育方針に照らし学生の政治的活動はできるだけ制限するのが教育上適当であるとの見地から、学内及び学外における学生の政治的活動につきかなり広範な規律を及ぼすこととしても、これをもつて直ちに社会通念上学生の自由に対する不合理な制限であるということはできない」と判断した。私立大学の校風を根拠として、憲法上保障された政治的表現を理由とした退学処分も含めた措置を行う広範な権限を大学側に認めた事例である。

(3)　**富山大学事件**（最 3 判昭52・3・15民集31巻 2 号234頁、第 4 章も参照）

(2)は私立大学の事例であったが、国立大学はどうか。本件では国立大学の単位不認定処分に対する司法審査のあり方が問題となった（なお訴訟当時の国立大学は行政機関の一種であり、現在とは異なる性質を持つ）。

最高裁は部分社会論を前提に、「大学は、国公立であると私立であるとを問わず、学生の教育と学術の研究とを目的とする教育研究施設であつて、その設置目的を達成するために必要な諸事項については、法令に格別の規定がない場合でも、学則等によりこれを規定し、実施することのできる自律的、包括的な権能を有し、一般市民社会とは異なる特殊な部分社会を形成しているのであるから、このような特殊な部分社会である大学における法律上の係争のすべてが当然に裁判所の司法審査の対象になるものではなく、一般市民法秩序と直接の関係を有しない内部的な問題は右司法審査の対象から除かれるべき」とし、「単位授与（認定）行為が常に一般市民民法秩序と直接の関係を有するものであるということはできない」ため、本件で問題となった単位認定行為は「裁判

所の司法審査の対象にはならない」と判断した。

(4)　家永訴訟（第1次上告審最大判平5・3・16民集47巻5号3483頁）

　高等学校までの授業で用いられる教科書は、大学を中心として形成される学問の成果を一定のカリキュラムに応じて編さんした内容が記載されており、国家による審査を経て教科書に採用される（この審査を「教科書検定」と呼ぶ）。教科書検定の問題点を、生涯を通じて争った日本史研究者がいた。家永三郎氏である。本件は、第1次から第3次まで32年にわたって争われた家永氏の訴訟のうち、第1次の訴訟である。本件で家永氏は、学習指導要領を前提とした教科書検定制度およびこれを前提とした自身の著作の教科書としての不合格処分等について、憲法21条、23条、26条等に違反するとして国家賠償訴訟（国家に対する損害賠償請求訴訟）を起こした。

　最高裁は、教科書検定が研究発表の自由を侵害するかという点について、「教科書は、教科課程の構成に応じて組織排（原文ママ）列された教科の主たる教材として、普通教育の場において使用される児童、生徒用の図書であって、学術研究の結果の発表を目的とするものではなく、本件検定は、申請図書に記述された研究結果が、たとい執筆者が正当と信ずるものであったとしても、いまだ学界において支持を得ていなかったり、あるいは当該学校、当該教科、当該科目、当該学年の児童、生徒の教育として取り上げるにふさわしい内容と認められないときなど旧検定基準の各条件に違反する場合に、教科書の形態における研究結果の発表を制限するにすぎない」と述べ、教科書検定の違憲性を否定した。

## Ⅲ　教育を受ける権利

### (1)　教育を受ける権利の意義と射程

　憲法26条1項は、教育を受ける権利を保障する。教育は私たち1人ひとりが自らの幸せを追求するために役立つだけでなく、民主主義を成り立たせるための最低限の知識を各国民が持つためにも必要である。そのため日本においては教育を受ける権利が憲法上の権利として保障されており、教育基本法をはじめとする各法令が整備されている。

　教育を受ける権利は、第一に国家に対する請求を内容とする社会権に分類さ

れることが一般的である。教育を受ける権利を実質的に保障するためには、教師や学校施設などの配備が必要だからである。ただし、たとえば憲法26条１項に基づいて具体的に特定の地域に学校をつくるよう要求することは国家の財政的限界や立法政策的観点から認められないとする考えが有力であり、憲法26条１項は抽象的権利であるといわれる（なおこれは憲法26条１項の社会権的側面の性質であり、すでに自身が学生として所属する学校で自由に学ぶことを妨げられないという自由権的側面、また人種や障がいを理由として他の学生と不当に差別されないという平等権的側面も、教育を受ける権利の保障に含まれると考えられる）。

### (2) 普通教育を受けさせる義務の意義

教育を受ける権利は、１人ひとりの子どもが家庭で養育されることを前提としている。しかし、国家が主導する教育と各家庭での教育方針が異なる場合もある。たとえば「義務教育を受ける必要はない」という教育方針をもつ家庭があったとして、国家はどのような対応をすることができるだろうか。

> **コラム ──日本に住む外国人・外国に住む日本人の教育を受ける権利──**
>
> 　教育を受ける権利は、日本に住む外国人や外国に住む日本人にも保障されるのだろうか（ここでいう「外国人」は外国籍のみを有する者、「日本人」は日本国籍を有する者をいう）。この点、憲法26条１項は、日本に住む外国人や外国に住む日本人を射程としていないとする考えが有力であり、実際の法制度や行政の運用においても同様の立場が採用されている。教育を受ける権利の実質的な保障のためには、公費で教師や学校施設を整備する必要があり、そこでは税金や公有地が利用されるためである。
>
> 　ただしこれは、あくまでも憲法上の保障の話に過ぎない。社会権規約や児童の権利に関する条約に基づき、日本に住む外国人の子どもが希望する場合には公立の小学校や中学校へ入学することが認められており、授業料の無償や教科書配布の無償についても日本人と同様の処遇を受ける（なお言うまでもないが、入学後は人種や国籍により不合理な差別を行うことは憲法上許されない）。
>
> 　一方で外国に住む日本人が、日本に住む日本人と同様の義務教育を受けることができる法律上の制度は存在しない。しかし「憲法の精神に沿っ」た「政策上の配慮により」、文部科学省及び外務省が協力して支援を行っている。具体的には、文部科学省が国内義務教育教科書の無償給与、在外教育施設への教員の派遣、教材整備補助・帰国児童生徒の受入れにかかる支援など、外務省が在外教育施設の校舎借料・現地採用講師謝金援助などを実施している。

(1)のとおり、日本国憲法における基本的な教育は、子どもが自分自身の人生を決めていく能力の基礎を培うために必要であると考えられている。このような能力は、子どもが自分自身の幸せを追求するために必要な能力であることはもちろん、民主主義に参画する国民の1人として必要な知識や思考力でもある。そのため、このような能力を獲得することにより、子どもが将来1人の自立した市民として社会に貢献することが可能となるという意義がある。そこで憲法26条2項前段は、保護者がその子女に普通教育を受けさせる義務を定め、普通教育を受けさせるという範囲では家庭の教育方針は制限されることを明らかにした。ただし、教育に対する国家と家庭の権能の所在については議論があり（いわゆる「国家の教育権」説と「国民の教育権」説の争い）、最高裁は両者に配慮した判決を下している（IV(1)参照）。

### (3) 義務教育無償化の意義と射程

さらに憲法26条2項後段は、義務教育無償化を定める。各家庭における金銭的な事情により最低限の教育さえ受けられない子どもが出てくることを防ぐことが、この規定の意義である。

しかし給食費や文房具代、教科書代などの無償化まで、この規定により保障されているのだろうか。この点については争いがあるが、最高裁は憲法26条2項後段を「国が義務教育を提供するにつき有償としないこと」を定めたものと解し、ここにいう「無償とは授業料不徴収の意味」であって「教科書、学用品その他教育に必要な一切の費用まで無償としなければならないことを定めたもの」ではないと解している（最大判昭39・2・26民集18巻2号343頁）。なおこれはあくまでも憲法上の帰結にすぎず、現在では法律上、義務教育にて用いられる教科書は無償とされている（義務教育諸学校の教科用図書の無償措置に関する法律）。

## IV　教育を受ける権利をめぐる判例

### (1) 旭川学テ事件（最大判昭51・5・21刑集30巻5号615頁）

現在も実施されている全国学力テストの原型となった一斉学力調査がはじめて実施されたのは昭和36年10月26日であったが、各地の教職員組合はこれに対して全国的に反対運動を展開していた。反対の主たる理由は①調査の目的が教

育に対する国家権力の介入であること、②テスト中心主義を助長すること、③実施のための根拠規定を法律上欠くことなどである（本件第一審旭川地判昭41・5・25判時453号16頁）。本件はこの反対運動の中で、北海道旭川市のある中学校における学力テスト実施を阻止するために校長の制止を無視して校舎に入り、校長らに暴行・脅迫を加えてテストの実施を妨害したＸらの行為が、刑法上の罪（建造物侵入罪・暴行罪・公務執行妨害罪）にあたるとして起訴された事件であり、その中で一斉学力調査の違憲性・違法性が争われた。

　最高裁は、「わが国の法制上子どもの教育の内容を決定する権能が誰に帰属するとされているかについては、二つの極端に対立する見解があり……一の見解は、子どもの教育は、親を含む国民全体の共通関心事であり、公教育制度は、このような国民の期待と要求に応じて形成、実施されるものであつて、そこにおいて支配し、実現されるべきものは国民全体の教育意思であるが、この国民全体の教育意思は、憲法の採用する議会制民主主義の下においては、国民全体の意思の決定の唯一のルートである国会の法律制定を通じて具体化されるべきものである」と考える。一方「他の見解は、子どもの教育は、憲法26条の保障する子どもの教育を受ける権利に対する責務として行われるべきもので、このような責務をになう者は、親を中心とする国民全体であり、公教育としての子どもの教育は、いわば親の教育義務の共同化ともいうべき性格をもつのであつて……権力主体としての国の子どもの教育に対するかかわり合いは、右のような国民の教育義務の遂行を側面から助成するための諸条件の整備に限られ、子どもの教育の内容及び方法については、国は原則として介入権能をもた」ないところ、最高裁はこの「二つの見解はいずれも極端かつ一方的であり、そのいずれをも全面的に採用することはできない」とした。

　理由としては、憲法26条が「子どもに与えるべき教育の内容は、国の一般的な政治的意思決定手続によつて決定されるべきか、それともこのような政治的意思の支配、介入から全く自由な社会的、文化的領域内の問題として決定、処理されるべきかを、直接一義的に決定していると解すべき根拠は、どこにもみあたらない」こと、憲法23条が「学校において現実に子どもの教育の任にあたる教師は、教授の自由を有し、公権力による支配、介入を受けないで自由に子どもの教育内容を決定することができるとする見解も、採用することができな

い」ことが挙げられた（Ⅰ(1)参照）。

　その上で具体的な子どもの成長と教育について「子どもはその成長の過程において他からの影響によつて大きく左右されるいわば可塑性をもつ存在であるから、子どもにどのような教育を施すかは、その子どもが将来どのような大人に育つかに対して決定的な役割をはたすものである」ところ、憲法が教育内容についての「矛盾対立を一義的に解決すべき一定の基準を明示的に示していない」以上、「憲法の次元におけるこの問題の解釈としては、右の関係者らのそれぞれの主張のよつて立つ憲法上の根拠に照らして各主張の妥当すべき範囲を画するのが、最も合理的な解釈態度」とする。ここから「一般に社会公共的な問題について国民全体の意思を組織的に決定、実現すべき立場にある国は、国政の一部として広く適切な教育政策を樹立、実施すべく、また、しうる者として、憲法上は、あるいは子ども自身の利益の擁護のため、あるいは子どもの成長に対する社会公共の利益と関心にこたえるため、必要かつ相当と認められる範囲において、教育内容についてもこれを決定する権能を有する」と判断して、一斉学力調査の違憲性・違法性を否定した。

### (2)　伝習館高校事件（最大判平2・1・18民集44巻1号1頁）

　地域や教員によらず一定の質を保った教育を受ける権利を実質的に保障するために、教科書や学習指導要領は重要な役割を果たしているが（Ⅱ(4)参照）、これらの存在を無視して教育を行う学校や教員はどのように評価されるのだろうか。

　本件は、指定の教科書を使用せず学習指導要領を無視した教育を行ったことや、生徒に適切な指導をしなかったことなどを理由として、福岡県立高校の社会科教師であるXらが懲戒免職処分を受けたことが争われた事件である。事件の背景には、福岡県内の高校における福岡県教育委員会と福岡県高等学校教職員組合の抗争があった。

　最高裁は、法律上の「懲戒事由がある場合に、懲戒処分を行うかどうか、懲戒処分を行うときにいかなる処分を選ぶかは……懲戒権者の裁量に任せられて」おり、懲戒権者は「懲戒事由に該当すると認められる行為の原因、動機、性質、態様、結果、影響等のほか、当該公務員の右行為の前後における態度、懲戒処分等の処分歴、選択する処分が他の公務員及び社会に与える影響等、諸般

の事情を総合的に考慮して、懲戒処分をすべきかどうか、また、懲戒処分をする場合にいかなる処分を選択すべきかを、その裁量的判断によつて決定することができるものと解すべきである」とした。

その上で、「裁判所が右の処分の適否を審査するに当つては、懲戒権者と同一の立場に立つて懲戒処分をすべきであつたかどうか又はいかなる処分を選択すべきであつたかについて判断し、その結果と懲戒処分とを比較してその軽重を論ずべきものではなく、懲戒権者の裁量権の行使に基づく処分が社会観念上著しく妥当を欠き、裁量権の範囲を逸脱しこれを濫用したと認められる場合に限り、違法であると判断すべきものである」との基準から、懲戒処分が裁量権の範囲を逸脱したものとは認められないとして、Xらの懲戒処分の適法性を肯定した。この審査の中では、教科書を用いずに授業を行ったことや試験内容が学習指導要領から著しく逸脱していることから「法規違反の程度は決して軽いものではない」と判断されている。

# 第14章　国際法と憲法

## I　条約の意義

　憲法98条2項は「日本国が締結した条約及び確立された国際法規」を「誠実に遵守する」旨規定する。条約および慣習国際法の国内的効力についてはわが国の裁判所でも認められていると考えられる。

　本章での重要なポイントは、条約および当該法規の憲法上の位置付けについて具体的に理解する必要がある、ということである。本章では、まず条約に留意し、その成立手続および形式上の効力、とりわけ、憲法・法律との効力関係（の優劣）ならびに条約に対する裁判所による違憲審査権行使の可否について説明する。次いで、確立された国際法規たる慣習国際法について説明する。

　条約法に関するウィーン条約2条1項（a）によれば、条約は、一定の手続に従って締結された国家間の合意文書であり、国際法により規律されるものである。その名称には、他に協定、協約、宣言または憲章などがあるが、いずれも条約である。なお、わが国においては、条約の総称として国際約束という文言も頻繁に使用されているが、本章では、「国際約束」も含め、特に断りのない場合には「条約」という文言を使用する。さて、条約には、二国間で締結される二国間条約（たとえば、日米安保条約など）および三か国以上の国の間で締結される多数国間条約（たとえば、ウィーン外交関係条約など）があり、多数国間条約には、国連などの国際機関への加入または一定の枠組みへの参加（たとえば、国連海洋法条約など）という形態が採られるものもある。

　条約は国際法上の法形式であり、国内的効力を直ちに有するわけでない。もっとも、国家間関係の緊密化または多数国間による枠組みの増大化に伴い、条約の国内法体系への影響も増大し、国内的効力が認められる国も多い。

　わが国の憲法は、先述した憲法98条2項に加え、憲法7条1号において天皇による公布について規定することから、条約は国法の一形式と認められると解される。すなわち、わが国において条約は国内的効力を有すると解される。一

方で、条約が国内的効力を有するということは、条約がわが国国内においてただちに適用可能であることを意味しない。一般に、ある条約により規定される内容が十分に具体的であり、当該条約がそのまま国内法として適用可能な条約（自動執行条約またはセルフ・エグゼキューティング（self-executing）条約）と、国内法として適用可能とするために法律の制定が必要とされる条約（ノン・セルフ・エグゼキューティング条約）があると解されている。

---

**コラム** ——自動執行条約：その適用・裁判所による違憲審査権限——

　先述したように、条約がそのまま国内法として適用可能な条約は自動執行条約と呼ばれる。しかしながら、自動執行条約に位置づけられる条約であっても、当該条約の担保法として国内法化されないことは、外交実務上、あまり見受けられない。その理由は、わが国が条約を締結したとしても、当該条約には、国内の責任を有する機関の指定、または法的根拠の明示などに関わる規定が存在すること自体、極めてまれなためである。私人の活動を制約するような条約については、それが犯罪に関わるのであれば、罪刑法定主義の観点から、必然的に法律を整備することが求められる。

　ところで、そういった事情にもかかわらず、わが国も締約国である国際人権条約と呼ばれる条約類型には、担保法がないようにみえる。たしかに、国際人権条約の多くが詳細な規定を具備しており、一見すると、自動執行条約とも認識されるかもしれない。ただし、自動執行条約の要件については争いがあるとはいえ、裁判例をみる限り、これらの条約が裁判において「直接適用」にかかわり、肯定的に触れられた事例でさえ、実際にはわずかしかないとされている（たとえば、「受刑者接見妨害国家賠償請求事件」高松高判平９・11・25判時1653号117頁）。国際人権条約と呼ばれる条約に関わる多くの裁判例においては、せいぜい「間接適用」と呼ばれる手法がとられるにすぎない（近年の事例としては、ヘイトスピーチに関わる高松高判平28・４・25　ウエストロージャパン2016WLJP-CA04256002）。すなわち、訴訟において問題とされている法令の解釈に際し、関連する国際人権条約の条文の趣旨に適合するように、当該法令を解釈する、という手法である。

　以上のことからすれば、条約を対象とする裁判所による違憲審査権行使に関わる学説のうち、後述する肯定説において主張される、自動執行条約に対する裁判所による違憲審査権行使の可能性が、どの程度、現実的な論点となりうるかについては、慎重な検討がなされるべきであろう。

## Ⅱ　成立手続

### (1)　国会による承認

　わが国では、条約は、いわゆる①国会承認条約と②行政取極（行政協定）とに大別される。いずれの条約かによって、成立手続も異なる。なお、外交関係の処理に当然含まれる日常的・事務的文書、または、首脳会談の後に発出される共同声明ならびに共同コミュニケなどの政治文書はそもそも国際約束には含まれない。憲法73条 3 号は、条約の成立手続において、内閣による締結と国会による承認を要求する。当該条約が国会承認条約を意味する。なお、条約の締結は条約に拘束されることについての国の同意の表明である。他方、憲法73条 2 号の内閣の外交処理権限により処理される条約は行政取極と呼ばれる。国際法上、いずれも条約としての効力は変わらない。

　国会承認条約と行政取極の区別については、憲法上、規定は存在しない。国会承認の必要な条約か否かの判断は、政府見解としては、昭和49年大平外務大臣が国会において行った答弁、いわゆる「大平三原則」に基づいてなされている。当該原則によれば、国会による承認の必要な条約とは、①法律事項を含む条約、②財政事項を含む条約、または（国家の基本的な関係を規定するといった）③政治的に重要である条約の、 3 つの類型のいずれかに属する条約である。はじめの 2 つの事項については、条約に規定される事項と国会との権限との関係から、国会の承認が必要とされていると解される。最後の政治的に重要である条約には、たとえば、1956年日ソ共同宣言、1965年日韓基本関係条約または1978年日中平和友好条約などが含まれる。

　条約の締結はもともと行政府の専権事項とされてきた。たとえば、大日本帝国憲法13条においては、条約締結権限は天皇に属し、帝国議会は直接的にこれに関与できなかった。しかし、今日の民主主義国家においては、一定の範囲の条約について議会が何らかの形態で関与する制度を採用していることが多いとされている。わが国においても、国民主権の下における外交の民主的統制という理念に基づき、条約締結権限については内閣に帰属させる一方で、その権限の行使については、国会の統制の下に服させたといえよう。なお、国会の承認については、予算と同様に、憲法61条により憲法60条 2 項が準用されることにより、衆議院の優越が認められている（なお、予算とは異なり、先議権が認められ

るわけではない)。したがって、衆議院での再可決も必要とされない。

　さて、憲法73条3号によれば、「事前に、時宜によっては事後に」国会による承認がなされると規定される。事前・事後は条約の締結時を基準としており、批准の必要な条約の場合、批准前が事前、批准後が事後、ということになる。

　もっとも、先に締結した条約が国会により事後的に承認されなかった場合には、他の条約当事国との間で困難な問題が生じかねない。当該論点については学説上の議論もさかんになされてきた。とはいえ、基本的には、国会による承認は事前に行われる必要があり、事後の承認は、やむを得ない事情を除くほか、困難と解されるべきであろう。また、事前・事後にかかわらず、条約規定の修正を伴う国会による承認の可否が重要な論点となりえよう。

　国会承認の必要な条約の締結手続は、①条約交渉、②署名(二国間条約)・採択(多国間条約)に次いで、③国会承認を経て、④条約締結(批准、受諾・承認、加入など)、すなわち、条約に拘束されることの国の同意の表明を行い、⑤条約の定める方法によるか、批准書の交換、外交上の公文の交換、相互の通告、批准書・受諾書・承認書または加入書の寄託により、条約に拘束されることについての国の同意が確定的なものとされたときに、その効力を発生する、という順序をたどる。したがって、条約の締結前に国会による承認が得られなかった場合の条約の効力については、憲法上、困難な問題は生じない。とはいえ、特に多数国間条約の場合には、すでに国際会議などで採択された条文の修正は困難であり、内閣は、条約を締結しない、または条約の締結に際して、一定の条文に留保を付すといった対応を迫られることになろう。

　ところで、条約の締結後に国会による承認が得られなかった場合の条約の効力について、学説は、①有効説と②無効説の間で対立してきた。①有効説は、国際法と国内法をそれぞれ別次元の法体系とみなし、国会による承認が得られなくとも、換言すれば、国内手続における瑕疵にかかわらず、対象の条約が国際法上、有効に成立するとする説である。事後の不承認によって国際法の効力が影響を受け、国際法の安定性が阻害されることを回避することを重視する。但し、かかる厳格な二元論を採る見解は、今日極めて少数であるとされている。他方、②無効説は、国際法と国内法を一元的に捉え、国内手続における瑕

疵により、対象の条約が国際法上も無効となるとする。ただし、当該学説についても、条約の他の当事国の立場を無視するのに等しい学説といえよう。

1969年条約法に関するウィーン条約46条は、かかる学説上の対立について、折衷的な立場から解決を与えたものとして評価される。具体的には、③条件付無効説においては、国内手続が、通常どの国でも必要とされている重要なものであり、当該手続が条約の他の当事国に周知されている、または、当該他の当事国も予想しうる場合には、当該国内手続における瑕疵により、対象となる条約の国際法上の効力が無効となる、とするものである。以下、参考までに条約法に関するウィーン条約の該当条文を示す。

**条約法に関するウィーン条約46条1**　いずれの国も、条約に拘束されることについての同意が条約を締結する権能に関する国内法の規定に違反して表明されたという事実を、当該同意を無効にする根拠として援用することができない。ただし、違反が明白でありかつ基本的な重要性を有する国内法の規則に係るものである場合は、この限りでない。
2　違反は、条約の締結に関し通常の慣行に従いかつ誠実に行動するいずれの国にとっても客観的に明らかであるような場合には、明白であるとされる。

さらに、関連して、国会による条約修正の可否が論点となる。当該論点については、学説は①肯定説と②否定説とに分かれている。肯定説は、憲法61条により両院協議会の手続が義務として要求されていることが、当協議会による条約修正を意図していると解されることの根拠とする。他方、通説の立場を占める否定説は、条約の内容確定が内閣の権限に帰属するとし、国会による条約修正を否定する。もっとも、国会による修正を認めるとしても、条約締結権限は内閣に帰属しており、国会による修正決議の履行を内閣に求めるという効果を及ぼすに過ぎないと解される。

## (2)　国会の承認が必要な条約（国会承認条約）の内閣による締結

条約の締結権限は、憲法73条3号により内閣に属する。条約の締結方法には批准、受諾、承認または加入などがある。いずれの締結方法が選ばれるのかについては、条約自身の定めに従うのが通常である。

国会承認条約のうち、政治的に重要な条約の締結手続においては、最も重く厳格な手続である批准が用いられる。当該条約の成立までに、内閣による他

国・国際会議における交渉、全権保持者による署名、次いで憲法73条3号但書による国会による承認を経て、内閣による批准と憲法7条8号により天皇による認証をもって締結されたこととなる。条約が有効に成立すると、憲法73条1号により天皇がこれを交付する。

　条約の締結、すなわち、国家として条約に拘束されることについての国の同意の表明としては、批准のほかに、受諾および承認と呼ばれる方式がある。当該手続においては、批准による締結とは異なり簡略化がされており、天皇による認証は必要とされない。国際法上、当該手続については批准とその効果において変わりはない。加入は、すでに発行している多数国間条約に拘束されることについての国の同意の表明であり、手続は受諾及び承認と変わりはない。

　もっとも、先述したように、効力発生に至るまでの手続については、条約の定める方法のほか、二国間条約の場合には、批准書の交換、外交上の公文の交換、または相互の通告などが必要となる。他方、多数国間条約の場合には、批准書、受諾書、承認書または加入書の寄託が必要となる。

### (3)　国会の承認が必要ない条約（行政取極）の内閣による締結

　国会の承認が必要ない条約は、憲法73条2号により内閣の外交処理権限の一環として処理されるが、国際約束、すなわち、条約であることに変わりはない。その範囲について、先述した政府見解である「大平三原則」によれば、国会の承認が必要ない条約とは、①既に国会の承認を経た条約の範囲内で実施しうる国際約束、②すでに国会の議決を経た予算の範囲内で実施しうる国際約束、③国内法の範囲内で実施しうる国際約束、と解されている。しかしながら、これまでもいくつかの条約について、国会承認条約か否かが国会の場において問題とされてきた。ここでは、関連する判例として、砂川事件（最大判昭34・12・16刑集13巻13号3225頁、第1・3・4章も参照）をみていきたい。この事案は次のものである。すなわち、旧日米安保条約3条に基づく行政協定（昭和27年発効）は、米国による施設・区域の使用および在日米軍の特権・免除などについて定める。本件では、当該協定が国会承認を経ず、行政取極として締結されたことから、当該協定の合憲性が争われた。当該行政協定は国会の承認を経ない、行政取極めにあたる。とはいえ、政府による衆議院外務委員会への行政協定に関わる議事録の提出、その後の、同委員会および衆議院法務委員会な

どにおける種々の質疑応答を経て、衆議院および参議院の双方において、議論がなされてきたことが、裁判所によって言及されている。また、当該行政協定が国会承認を経べきか否かに関わり、参議院本会議においては、当該行政協定が憲法73条による条約であるから、同条の規定によって国会の承認を経べきものである旨の決議案が否決され、また、衆議院本会議においては、当該行政協定は安全保障条約3条により政府に委任された米軍の配備規律の範囲を越え、その内容は憲法73条による国会の承認を経べきものである旨の決議案が否決されていることについても、裁判所によって言及されている。裁判所は、以上の事実から、米軍の配備を規律する条件を規定した行政協定が、すでに国会の承認を経た安全保障条約3条の委任の範囲内のものであると認められ、これにつき特に国会の承認を経なかったからといって、違憲無効であるとは認められない、と判示した。

　以上の最高裁の判示から、「大平三原則」における「条約の範囲内」または最高裁の（条約の）「委任の範囲内」の精緻化が論点となりうる。もっとも、当該判決で言及される限りにおいては、条約の国会承認の是非に関わり国会において議論されたか否かという事実が最高裁により重要視されており、改めて条約の国会承認手続を要することについては否定的に解されるようにも考えられる。

　なお、本件の後も、政治的に重要な合意文書について国会承認の是非が国会において議論となったことは幾度もある。たとえば、1997年に改定された「日米防衛協力のための指針」（新ガイドライン）や、支出規模の大きい開発途上国への円借款供与などの経済協力関係の交換公文などをあげることができよう。

　当該論点に関連し、明確に①条約の明示的な委任（授権）に基づく場合、②条約の規定の実施（実施細目）に関する事項を定める場合（明示的に委任していないとしてもその条約の実施細目を定めることが当然に予定されている場合）、③純然たる行政事項に関する場合（純然たる行政事項として外交諸機関が当然に行いうることが国際法・国際慣行上認められる事項に関する場合）に限定すべきである、との指摘がある点には留意されねばならない。

# Ⅲ 形式的効力

## (1) 条約と法律の優劣関係

　条約は国際法上の形式であることから、憲法・法律などの他の法形式との関係、とりわけ、優劣関係が論点となりうる。

　国際法と国内法との法的関係に関わる議論においては、憲法上、明文規定がないこともあり、国際法と国内法を同一次元にあると考える（一元論）か、別次元にあると考える（二元論）かについて対立があった。現時点では、一元論の理解に基づき、条約に国内的効力を認める学説が有力である。次いで、条約と法律および条約と憲法の優劣関係が論点となりうる。学説上、条約と法律の優劣関係については、通説は条約優位であり、条約と憲法の優劣関係については、憲法優位という理解が一般的である。憲法73条3号による条約の国会承認の要請、憲法7条1号による公布、および憲法98条2項の国際法規の誠実遵守義務により、条約は法律に優先すると解される。

## (2) 条約と憲法の優劣関係

　当該論点のうち、条約と憲法の優劣関係については、憲法優位説と条約優位説があり、現在では、憲法優位説が通説と解されている。実務上も、わが国の締結した条約の一部の規定に対する留保を根拠として通説を裏付ける見解も見られる。他方で、ポツダム宣言またはサンフランシスコ平和条約のような国家形成・自国の存立の前提となるような条約については、例外的に、条約が憲法に優位するという見解も有力に主張されるなど、今日においても条約と憲法の関係について議論が行われている点には留意すべきであろう。

　条約優位説の論拠は次のように集約できる。①憲法98条2項の誠実遵守義務の実効性確保のために国内法により条約の実施が妨げられてはならない、②憲法81条および98条1項に条約という文言はないことから、条約との関係における最高法規性には疑義が生じる、③条約締結権が規定される憲法73条2号・3号において条約の効力について規定されているとまでは解されない、④憲法の採用する国際協調主義の立場から条約優位説が妥当である、となろう。

　他方で、憲法優位説の論拠は次のように集約できる。すなわち、①憲法98条2項により条約と憲法の効力関係が規定されているとまでは解されない、②憲法99条により憲法尊重義務が課されている、③条約締結権は憲法によって規定

された国家機関としての権能であり、当該規定を根拠に憲法を変更することはできない、④憲法の国際協調主義により条約優位が必然的に導かれるものではない、⑤憲法改正手続には両議院の議決・国民投票が必要とされるのに対し、条約の成立には内閣の締結・国会の承認で足る、⑥憲法81条および98条1項から条約の憲法に対する優位が必然的に導き出されるとは解されない、となろう。

## Ⅳ 裁判所による違憲審査権行使の対象としての条約

　条約と憲法の優劣関係に関わり、先述した条約優位説に立てば、わが国が締約国たる条約を対象とする、裁判所による違憲審査権の行使は困難である。しかしながら、先述したように、今日、憲法優位説が通説とされている。当該学説が前提となることにより、わが国が締約国たる条約を対象とする裁判所による違憲審査権の行使が可能となるのである。ただし、憲法優位説の立場のなかであっても、裁判所による違憲審査の対象に条約が含まれるか否かについての学説は、①否定説、②肯定説および③部分的肯定説の三説に分かれる。当該学説のうち、③部分的肯定説が多数説とされている。

　①否定説は、憲法81条に条約という文言が含まれていないこと、国家間の合意という条約の特質、加えて、条約が極めて政治的な内容を含むことを根拠として挙げる。以上の見解は条約優位説と結果的に変わらない。

　②肯定説は、憲法81条を例示規定と解すべきであること、条約により憲法改正が生じるような場合に裁判所の違憲審査権が条約に及ばないと解するのは憲法の最高法規性に反すること、これに加え、裁判所が条約を違憲と判断する場合においてもそのこと自体は条約の国内的効力を否定するのにとどまり、国際法上の効力を否定するものではないこと、以上の三点を根拠として挙げる。

　③部分的肯定説は、一定の場合、たとえば、ある条約が人権保障を侵害するような内容を規定するような場合には、裁判所による違憲審査権の行使が認められると解する。条約であることそれ自体をもって裁判所による違憲審査権の行使を否定するのではない。

　前述の砂川事件に関わり、本件の1審東京地裁判決（［伊達判決］東京地判昭34・3・30下刑1巻3号776頁、第1章も参照）において、裁判所は駐留米軍と憲

法9条の関係を考察するにあたり、米軍駐留の根拠となる旧日米安保条約が裁判所による違憲審査権行使の対象となるか否かについて判断せずに、駐留米軍について憲法9条2項前段に反すると判示した。当該判示に対し、刑事訴訟規則254条1項に基づき、検察官により最高裁判所へ跳躍上告がなされた事件である。当該上告審において裁判所は、旧日米安保条約が高度の政治性を有するものであり、また、当該条約の内容の違憲か否かの判断については、純司法的機能をその使命とする司法裁判所の審査には原則として馴染まない性質のものであり、一見極めて明白に違憲無効であると認められない限りは、裁判所の違憲審査権の範囲外のものであると判示した。

　本件において最高裁判所は、旧日米安保条約を対象とする裁判所による違憲立法審査権の行使について、条約であることそれ自体をもって当該権限の行使を否定している、とまでは解されえないと考えられる。むしろ、憲法上、条約を対象とする裁判所による違憲審査権の行使を担保したうえで、当該事件で問題となった条約が高度の政治性を有するがゆえに、当該権限の行使を否定していると解される。

　同時に、当該条約に関わり、条約が一見極めて明白に違憲無効であると認められる場合には、裁判所による違憲審査権の行使が認められる、と判示されていることから、条約を対象とする裁判所による違憲立法審査権の行使の可否を判断するにあたっては、高度の政治性がある場合には、条約が一見極めて明白に違憲無効か否かについて、まず判断されねばならず、一見極めて明白に違憲無効であれば、次いで、裁判所による違憲審査権行使が可能となると解されるのである。もっとも、当該事件における裁判所の多数意見が統治行為論に関わり判示した立論については、首尾一貫しているとはいいがたく、本件の個別意見や学説においても多くの批判にさらされている。

　以上みてきたように、条約に対する違憲審査権行使の可否については、砂川事件における最高裁判所による判示からも、①否定説、②肯定説および③部分的肯定説のうち、③部分的肯定説が支持されているように考えられる。

## Ⅴ　確立された国際法規

　慣習国際法は、国際司法裁判所規程38条1項(b)により「法として認められた

一般慣行の証拠としての国際慣習」とも規定される不文法である。慣習国際法の特質は、国際司法裁判所によれば、「まさにその性質上、国際社会のすべての構成国に対して等しく効力をもたなければならず、自己の都合のために任意にいずれかの国によって一方的に排除しえないものである」と位置づけられるように、新独立国さえ拘束する。わが国においても、憲法98条2項により、確立された国際法規としての慣習国際法は当然、かつ、条約とは異なり、特段の国内的手続を要せず、国内的効力を有すると解される。

　関連する裁判例として、尹秀吉事件（最2小判昭51・1・26民集117号15頁）がある。本件は、留学目的で韓国から密入国したX（尹秀吉）が南北朝鮮平和統一運動に傾倒するなかで、密入国の容疑による東京入国管理事務所への収容、入国審査官による旧外国人登録令16条1項1号に該当するとの認定、法務大臣に対する異議申立ての棄却の裁決、そして主任審査官から送還先を韓国とした退去強制令書発付処分を経て、本件処分の取消しを求めて訴えを提起した裁判例である。当該処分の取消請求に際し、その根拠の1つとして主張された政治犯罪人不引渡の原則の慣習国際法化に関わり、当該処分が慣習国際法により拘束されうる可能性もありうることから、当該原則の慣習法化について裁判所により検討されたのである。もっとも、裁判所により当該原則の慣習国際法化自体は否定された。

　また、パキスタン貸金請求事件（最2小判平18・7・21民集60巻6号2542頁）もあげられよう。この事案は次のものである。すなわち、わが国の私企業Xが、外国国家Y当局の関連会社・代理人であるAとの間において、Yに対し高性能コンピューターなどを売り渡す旨の売買契約を締結し、売買の目的物を引き渡した後、売買代金債務を消費貸借の目的とする準消費貸借契約を締結した。しかしながら、Yは貸金の弁済を行わなかったため、Xは貸金元金などの支払いを求め、訴えを提起した裁判例である。当該請求に対し、Yはわが国の民事裁判権からの主権免除を主張し、本件訴えの却下を主張した。

　本件においては、慣習国際法としての主権免除に関わり、絶対免除主義（大決昭3・12・28大民集7巻1128頁、第15章も参照）が変更され、制限免除主義が採用されることが明示され、適用された事例と考えられる。なお、わが国は平成19年に国連国家免除条約に署名し、平成21年に外国等に対するわが国の民事裁

判権に関する法律が成立した。

　以上、2つの裁判例のいずれにおいても、憲法98条2項の確立された国際規則には慣習国際法が含まれ、当該規則が国内的効力を有すると考えられる。もっとも、いずれの裁判例からも示されるように、慣習国際法と憲法との関係、とりわけ、優劣関係が明確であるとはいえないであろう。当該論点については、少なくとも論理的には、内閣による条約締結権・国会による条約承認の文脈を除いた、憲法上の条約に関わる取扱いに準じると考えられる。

# 第15章　新しい人権

## I　明文規定のない基本的人権の保障

　本章では、日本国憲法には明文規定がないけれども、基本的人権として保障すべきかどうかが議論となっているものに関して、みていきたい。

　第5章で述べたところであるが、憲法13条前段の「個人の尊重」原理を踏まえて、同条後段では、「生命、自由及び幸福の追求に対する国民の権利」を定めている。一般には、これを「幸福追求権」と理解して、憲法上に明文規定のない基本的人権を「幸福追求権」に含まれるものとして保障している。

　基本的人権として保障される利益に関しては、学説では、人格的自律説と一般的自由説がある。人格的自律説は、基本的人権の対象を個人の人格的自律に必要不可欠な利益に限定したうえで、公共の福祉による制約も厳格に考えようとするものである。それに対して、一般的自由説は、およそ個人の自由を広く基本的人権の対象に含めたうえで、公共の福祉による制約も広く認めるものである。人格的自律説のように、はじめから基本的人権の対象を限定してしまうと、社会の変化に応じて新しく基本的人権を保障しようとするニーズに十分に応えられないかもしれない。しかし、一般的自由説のように基本的人権の対象を広く捉えるならば、基本的人権のインフレ化が生じ、また、公共の福祉による制限を緩やかに認めてしまうことになれば、せっかく基本的人権として保障した意義が乏しくなる懸念もある。そのため、いずれの立場が適切かどうかは、難しい問題となっている。判例がいずれの立場であるのかは、必ずしも明確ではない。

　さて、日本国憲法に明文規定がないにもかかわらず、憲法13条を根拠に基本的人権の保障を認めた初期の判例として、京都府学連事件がある。

　これは、デモ行進の許可条件違反の違法状況の視察採証に従事していた警察官がデモ行進の状況を写真撮影したところ、デモ行進に参加していた学生がその警官を旗竿で突き、傷害を負わせ、公務の執行を妨害したとして起訴された

事案である。

　この事案について最高裁（最大判昭44・12・24刑集23巻12号1625頁、第14章も参照）は、「憲法13条は、『すべて国民は、個人として尊重される。生命、自由及び幸福追求に対する国民の権利については、公共の福祉に反しない限り、立法その他の国政の上で、最大の尊重を必要とする。』と規定しているのであって、これは、国民の私生活上の自由が、警察権等の国家権力の行使に対しても保護されるべきことを規定しているものということができる。そして、個人の私生活上の自由の一つとして、何人も、その承諾なしに、みだりにその容ぼう・姿態（以下「容ぼう等」という。）を撮影されない自由を有するものというべきである。これを肖像権と称するかどうかは別として、少なくとも、警察官が、正当な理由もないのに、個人の容ぼう等を撮影することは、憲法13条の趣旨に反し、許されないものといわなければならない」とした。つまり、憲法13条を根拠として、明文規定のない基本的人権（承諾なしに、みだりにその容ぼう等を撮影されない自由）の保障を認めたのである。

　かつては、日本国憲法13条を包括的人権規定と考えることに批判的な学説も有力であった。しかし、この京都府学連事件最高裁判決（最大判昭44・12・24刑集23巻12号1625頁）以降、日本国憲法13条を包括的人権規定と理解する立場が一般的になったといえる。

　なお、本件事案そのものに関して最高裁は、「しかしながら、個人の有する右自由も、国家権力の行使から無制限に保護されるわけでなく……警察官が犯罪捜査の必要上写真を撮影する際、その対象の中に犯人のみならず第三者である個人の容ぼう等が含まれても、これが許容される場合がありうる」とし、「現に犯罪が行なわれもしくは行なわれたのち間がないと認められる場合であって、しかも証拠保全の必要性および緊急性があり、かつその撮影が一般的に許容される限度をこえない相当な方法をもって行なわれるとき」には、「警察官による写真撮影は、その対象の中に、犯人の容ぼう等のほか、犯人の身辺または被写体とされた物件の近くにいたためこれを除外できない状況にある第三者である個人の容ぼう等を含むことになっても、憲法13条、35条に違反しない」として、警察官による本件撮影行為を合憲としている。

## Ⅱ　プライバシー権

　では、憲法上に明文規定がないけれども基本的人権として憲法上の保障を受けられるものとして、どのようなものが議論されているのだろうか。

　ここでは、そのことに関連する主要な判決をみていきたい。

　まず、プライバシー権についてである。

　プライバシー権に関する外国での議論は、日本でも、すでに戦前に英米法学者の末延三次によって紹介されていた。しかし、日本で本格的に議論されるようになったのは、「宴のあと」事件がきっかけといってよいだろう。

　「宴のあと」は、外務大臣経験もあった人物に関するモデル小説であり、それは私生活の内容も含むものであった。そのため、モデルとされた者が、この小説の作家と出版社に対して損害賠償請求を求めた事案である。その事案では、被告である作家も原告も、著名な人物であったこともあり、社会的にも注目された。

　この事案について裁判所は、次のように述べている。すなわち、「近代法の根本理念の１つであり、また日本国憲法のよつて立つところでもある個人の尊厳という思想は、相互の人格が尊重され、不当な干渉から自我が保護されることによつてはじめて確実なものとなるのであつて、そのためには、正当な理由がなく他人の私事を公開することが許されてはならないことは言うまでもな」く、「このことの片鱗はすでに成文法上にも明示されているところであつて、たとえば他人の住居を正当な理由がないのにひそかにのぞき見る行為は犯罪とせられており（軽犯罪法１条１項23号）その目的とするところが私生活の場所的根拠である住居の保護を通じてプライバシーの保障を図るにあることは明らかであり」、「ここに挙げたような成文法規の存在と前述したように私事をみだりに公開されないという保障が、今日のマスコミユニケーシヨンの発達した社会では個人の尊厳を保ち幸福の追求を保障するうえにおいて必要不可欠なものであるとみられるに至つていることとを合わせ考えるならば、その尊重は……不法な侵害に対しては法的救済が与えられるまでに高められた人格的な利益であると考えるのが正当であり、それはいわゆる人格権に包摂されるものではあるけれども、なおこれを１つの権利と呼ぶことを妨げるものではない」としたうえで、民法709条の不法行為としての「プライバシーの侵害に対し法的な救済

が与えられるためには、公開された内容が（イ）私生活上の事実または私生活上の事実らしく受け取られるおそれのあることがらであること、（ロ）一般人の感受性を基準にして当該私人の立場に立つた場合公開を欲しないであろうと認められることがらであること……、（ハ）一般の人々に未だ知られていないことがらであることを必要とし、このような公開によつて当該私人が実際に不快、不安の念を覚えたことを必要とする」とした。そのうえで、本件事案について不法行為の成立を認めたのである（東京地判昭39・9・28判時385号12頁）。

　つまり、この判決では、日本国憲法の個人の尊厳の思想を強調したうえで、「私生活（私事）をみだりに公開されない権利」としてのプライバシー権を認め、その不法行為の成立要件として、（イ）（ロ）（ハ）の3要件を示したのである。「私生活（私事）をみだりに公開されない権利」としてのプライバシー権は、その後の最高裁判決などでも用いられている。

　ただし、今日、最高裁は、必ずしも（イ）（ロ）（ハ）の3要件を用いているわけではない。しかし、「私生活（私事）をみだりに公開されない権利」としてのプライバシー権をイメージするにあたってわかり易いこともあり、今日でも、しばしば、紹介されている。

　なお、「宴のあと」事件は、一審判決後、原告が死亡し、原告遺族と被告らとの間で和解が成立したため、判決はこの一審判決で終わっている。

　同じくモデル小説が争われた事案に、「石に泳ぐ魚」事件がある。

　「石に泳ぐ魚」は、私人に関するモデル小説であるが、これには、顔の腫瘍について否定的な表現があり、また、私的な事柄も多く記載されていたとして、プライバシー侵害と名誉毀損を理由に損害賠償と出版の差止めを請求した事案である。

　これについて、控訴審で損害賠償および差止め請求が認められたが、最高裁でも、「公共の利益に係わらない被上告人のプライバシーにわたる事項を表現内容に含む本件小説の公表により公的立場にない被上告人の名誉、プライバシー、名誉感情が侵害されたものであって、本件小説の出版等により被上告人に重大で回復困難な損害を被らせるおそれがあるというべきである。したがって、人格権としての名誉権等に基づく被上告人の各請求を認容した判断に違法はなく、この判断が憲法21条1項に違反するものでないことは」、先例の「の

趣旨に照らして明らかである」として、損害賠償および差止請求を認めている（最 3 小判平14・9・24集民207号243頁。なお、ここでいう「被上告人」が一審「原告」にあたる）。

　なお、公人や公的存在である場合には、一定程度、プライバシー権が制限される点には注意が必要である。

　さて、今日、プライバシー権に関する学説では、「私生活をみだりに公開されない権利」を超えて、自己に関する情報を管理・コントロールする権利として捉える「自己情報コントロール権」説が有力である。最高裁は、必ずしも明確に自己情報コントロール権説の立場にあるとはいえないが、それを推察させる判決は、いくつかある。

　たとえば、早稲田大学名簿提出事件がある。

　これは、早稲田大学が外国の要人の講演会を主催するにあたって、警視庁から、警備のために、参加希望の学生の学籍番号、氏名、住所、電話番号を記載した参加希望者の名簿を提出するように要請を受け、それに応じて、早稲田大学が、参加希望の学生の同意なしに名簿を警視庁に提出した事案である。

　この事案について最高裁は、次のように述べている。すなわち、「学籍番号、氏名、住所および電話番号は、早稲田大学が個人識別等を行うための単純な情報であって、その限りにおいては、秘匿されるべき必要性が必ずしも高いものではない」が、「しかし、このような個人情報についても、本人が、自己が欲しない他者にはみだりにこれを開示されたくないと考えることは自然なことであり、そのことへの期待は保護されるべきものであるから、本件個人情報は、上告人らのプライバシーに係る情報として法的保護の対象となるというべきである」としたうえで、「同大学が本件個人情報を警察に開示することをあらかじめ明示した上で本件講演会参加希望者に本件名簿へ記入させるなどして開示について承諾を求めることは容易であったものと考えられ、それが困難であった特別の事情がうかがわれない本件においては、本件個人情報を開示することについて上告人らの同意を得る手続を執ることなく、上告人らに無断で本件個人情報を警察に開示した同大学の行為は、上告人らが任意に提供したプライバシーに係る情報の適切な管理についての合理的な期待を裏切るものであり、上告人らのプライバシーを侵害するものとして不法行為を構成するという

べきである」としたのである（最2小判平15・9・12民集57巻8号973頁）。

## Ⅲ　自己決定権

　患者の真摯な宗教的信念を理由に患者が手術の際の輸血を拒否していたにもかかわらず、医師が輸血をしたことが問題となった事案で、最高裁は、次のように述べている。すなわち、「医師らが……医療水準に従った相当な手術をしようとすることは、人の生命及び健康を管理すべき業務に従事する者として当然のことである」が、「しかし、患者が、輸血を受けることは自己の宗教上の信念に反するとして、輸血を伴う医療行為を拒否するとの明確な意思を有している場合、このような意思決定をする権利は、人格権の一内容として尊重されなければならない」とした。そして、本件事案は、「医師らは、本件手術に至るまでの約1か月の間に、手術の際に輸血を必要とする事態が生ずる可能性があることを認識したにもかかわらず」、患者に輸血以外に救命手段がない場合には患者や家族の許諾なしに輸血する旨の病院の方針を患者や家族に説明せず、かつ「輸血する可能性があることを告げないまま本件手術を施行し、右方針に従って輸血をした」ものであり、したがって、医師らは説明義務を怠ったことにより、患者「が輸血を伴う可能性のあった本件手術を受けるか否かについて意思決定をする権利を奪ったものといわざるを得ず、この点において同人の人格権を侵害したものとして、同人がこれによって被った精神的苦痛を慰謝すべき責任を負うものというべきである」とした（最2小判平12・2・29民集54巻2号582頁）。

　この判決は、少なくとも、形式上、憲法上の基本的権利として自己決定権を認めたわけではない。また、内容的にも、患者の自己決定権を認めたというべきか、それとも、医師によるインフォームド・コンセントの必要性を述べたものなのかに関しては、今後の判例展開も含めて検討すべきところである。

　ただし、実質的には、患者の自己決定の権利を進めた判例の1つと考えられる。

## Ⅳ　性別の取扱いの変更

　自分らしく生きられるということは、まさに幸福追求権の中核的な内容だと

いえるだろう。たとえば、身体的性別に違和感がある場合、自己の意識における性別に変更することも、基本的人権の1つとして理解すべきものかもしれない。そして、そうした権利が認められるとすれば、それは、自己決定権というよりも、むしろ、自己定義権というべきものかもしれない。

　さて、現行法でも、性別の取扱いの変更は認められているが、そのための要件の1つに「生殖腺がないこと又は生殖腺の機能を永続的に欠く状態にあること」とする規定がある。

　そのことが争われた事案で最高裁は、次のように述べている。すなわち、そうした規定の下では、「性同一性障害者が当該審判を受けることを望む場合には一般的には生殖腺除去手術を受けていなければならないこととなる」。そのため、「性同一性障害者によっては、上記手術まで望まないのに当該審判を受けるためやむなく上記手術を受けることもあり得るところであって、その意思に反して身体への侵襲を受けない自由を制約する面もあることは否定できない」としながらも、「もっとも、本件規定は、当該審判を受けた者について変更前の性別の生殖機能により子が生まれることがあれば、親子関係等に関わる問題が生じ、社会に混乱を生じさせかねないことや、長きにわたって生物学的な性別に基づき男女の区別がされてきた中で急激な形での変化を避ける等の配慮に基づくものと解され」、「本件規定の目的、上記の制約の態様、現在の社会的状況等を総合的に較量すると、本件規定は、現時点では、憲法13条、14条1項に違反するものとはいえない」としている（［性別変更手術要件訴訟］最2小決平31・1・23集民261号1頁）。

　ただし、こうした要件については、国際機関でも批判されているところであり、世界的な潮流からしても、見直しに向けて議論されるべきものだといえるだろう。

## V　文化享有権

　二風谷地域を含む沙流川流域はアイヌ民族の聖地であることなどから、原告らが沙流川水系二風谷ダム建設工事のための土地の権利取得裁決と明渡裁決の取消しを求めた事案で、裁判所は、次のように述べている。すなわち、国際人権規約の「B規約は、少数民族に属する者に対しその民族固有の文化を享有す

る権利を保障するとともに、締約国に対し、少数民族の文化等に影響を及ぼす
おそれのある国の政策の決定及び遂行に当たっては、これに十分な配慮を施す
責務を各締約国に課したものと解するのが相当である。そして、アイヌ民族
は、文化の独自性を保持した少数民族としてその文化を享有する権利をB規約
27条で保障されているのであって、我が国は憲法98条2項の規定に照らしてこ
れを誠実に遵守する義務があるというべきである」。そして、憲法13条は、「多
様性ないし相異を前提として、相異する個人を、形式的な意味ではなく実質的
に尊重し、社会の一場面において弱い立場にある者に対して、その場面におい
て強い立場にある者がおごることなく謙虚にその弱者をいたわり、多様な社会
を構成し維持して全体として発展し、幸福等を追求しようとしたものにほかな
ら」ず、「少数民族にとって民族固有の文化は、多数民族に同化せず、その民
族性を維持する本質的なものであるから、その民族に属する個人にとって、民
族固有の文化を享有する権利は、自己の人格的生存に必要な権利ともいい得る
重要なものであって、これを保障することは、個人を実質的に尊重することに
当たるとともに、多数者が社会的弱者についてその立場を理解し尊重しようと
する民主主義の理念にかなうものと考えられ」、「このように解することは……
国際社会の潮流……に合致するものといえ」、「そうとすれば、原告らは、憲法
13条により、その属する少数民族たるアイヌ民族固有の文化を享有する権利を
保障されていると解することができる」とした。そのうえで、「本件において
起業者の代理人であるとともに認定庁である建設大臣は、本件事業計画の達成
により得られる利益がこれによって失われる利益に優越するかどうかを判断す
るために必要な調査、研究等の手続を怠り、本来最も重視すべき諸要素、諸価
値を不当に軽視ないし無視し、したがって、そのような判断ができないにもか
かわらず、アイヌ文化に対する影響を可能な限り少なくする等の対策を講じな
いまま、安易に前者の利益が後者の利益に優越するものと判断し、結局本件事
業認定をしたことになり……裁量権を逸脱した違法があるというほかはない」
とした（［二風谷ダム訴訟］札幌地判平9・3・27判時1598号33頁、第6章も参照）。

　本判決では、いわゆる事情判決として請求そのものは棄却しているが、しか
し、国際人権規約B規約などを踏まえつつ、憲法13条に基づき、憲法上の基本
的人権の1つとして、文化享有権（少数民族がその固有の文化を享有する権利）を

認めた点は、注目すべきであろう。

　文化享有権は、まだまだ議論の余地の多いものである。しかし、同時に、それは、グローバル化の進むなかで、多様な文化的背景をもつ人たちと暮らしていくにあたって、いっそう重要なものとなるものと思われる。

## Ⅵ　環境権

　環境権に関しては、学説では、憲法13条に加えて、25条も根拠として、二重に包装して根拠付けようとする二重包装論が有力である。しかしながら、最高裁判決では、少なくとも正面から憲法上の権利として環境権を認めたものはない。ただし、判例上も、騒音公害などは人格権侵害として不法行為法上の救済を受けることはできる。また、不法行為法上の利益として、景観権（景観利益）、すなわち、良好な景観の恵沢を享受する利益も認められている。

　次に、この景観権に関する判例をみていきたい。

　これは、地域のシンボル的存在であった大学通りの一角に高さ40メートルを超える14階建てのマンションが建設されたところ、当該大学通り周辺の景観についての景観権あるいは景観利益を侵害されたとして、マンションの20メートルを超える部分の撤去と損害賠償を求めた事案である。

　一審判決（東京地判平14・12・18判時1829号36頁）は、（憲法上の権利としては否定したものの）景観利益を法的利益と認めたうえで、高さ20メートルを超える部分の撤去と損害賠償を認めた。しかし、控訴審判決（東京高判平16・10・27判時1877号40頁）では、「特定の場所からの眺望が格別に重要な価値を有し、その眺望利益の享受が社会通念上客観的に生活利益として承認されるべきものと認められる場合には、法的保護の対象になり得る」としながらも、本件事案はそのようなものではないとして、一審原告らの訴えを否定している。

　そして、最高裁は、次のように判断している。すなわち、「都市の景観は、良好な風景として、人々の歴史的又は文化的環境を形作り、豊かな生活環境を構成する場合には、客観的価値を有するものというべきである」とし、景観法などを踏まえたうえで、「良好な景観に近接する地域内に居住し、その恵沢を日常的に享受している者は、良好な景観が有する客観的な価値の侵害に対して密接な利害関係を有するものというべきであり、これらの者が有する良好な景

観の恵沢を享受する利益（以下「景観利益」という。）は、法律上保護に値するものと解するのが相当である」とした。そのうえで、不法行為法上、「ある行為が景観利益に対する違法な侵害にあたるといえるためには、少なくとも、その侵害行為が刑罰法規や行政法規の規制に違反するものであったり、公序良俗違反や権利の濫用に該当するものであるなど、侵害行為の態様や程度の面において社会的に容認された行為としての相当性を欠くことが求められると解するのが相当である」とした。ただし、本件事案に関しては、「本件建物の建築は、行為の態様その他の面において社会的に容認された行為としての相当性を欠くものとは認め難く、上告人らの景観利益を違法に侵害する行為に当たるということはできない」としている（「国立高層マンション訴訟最高裁判決」最１小判平18・3・30民集60巻3号948頁）。

　以上のように、本件最高裁判決は、上告人ら（一審原告ら）の請求を認めなかったが、しかし、憲法上の基本的権利としてではないけれども、不法行為法上の法的利益として景観利益がありうることを認めたのである。

　さて、本件最高裁判決は、必ずしも憲法上の基本的権利として、新しい権利・利益を認めたものではない。しかし、プライバシー権もそうであったが、裁判で認められた当初は不法行為法上の利益であったとしても、それをきっかけとして、憲法上の基本的権利として認められることもある。

　また、近時は、盛んにSDGs（Sustainable Development Goals）やESG（Environment、Social、Governance）が議論されている。それらのことを踏まえれば、特に景観権や環境権に関する今後の判例の展開が注目されるといえるだろう。

# 第16章　判例のリサーチ方法

## I　判例とは

　実社会においては、様々な紛争が起こっている。これら紛争解決のために裁判所は、法を適用して判断を下す。「判例」とは、このような裁判所の判断のうち、広く裁判例一般をいう場合や、先例としての価値のある裁判例のことをいう場合など、様々な意味で使用される。そこで、本章では、判例検索について解説するため、便宜上、判例集、判例雑誌、判例データベースに収録される裁判例も含めて広く裁判例一般を判例ということにする。

　判例の調査等（判例リサーチ）を行うことは、次のような点で重要である。たとえば、判例を調査し、分析することにより、現在または将来の実際の裁判の当事者にとっては、当該裁判における当事者の主張の根拠とすることや、裁判所が下す判断の根拠にもなりうる。また、裁判の当事者だけでなく、企業法務にとっては、予防法務に有用であろうし、研究する者にとっては、判例研究などの法学研究に有用であろう。さらに、これら専門職に就いている者ではなく、一般人にとっても、判例を調査し、分析すること自体、日常生活での留意すべき点などに参考となるであろうし、最高裁判所の裁判官に対する国民審査の判断材料としても有用であろう。

　したがって、必要な判例を効率よく検索できることが重要となる。そこで、ここでは、判例検索における基本的な内容について紹介しておきたい。

　なお、「裁判」という言葉が多義的なものである点には、注意が必要である。法令用語研究会編『法律用語辞典〔第5版〕』（有斐閣、2020年）によると、法律用語として「裁判」とは、「通常は、司法機関である裁判所又は裁判官が具体的事件についてする公権的な判断。訴訟事件の本案に関する判断はもとより、訴訟に付随しこれから派生する事項についての判断も含まれる。」とされる。そこで、ⅣおよびⅤ(2)における「裁判」は、「司法機関である裁判所又は裁判官が具体的事件についてする公権的な判断」という意味で使用する。

ただし、以下、本章のそれ以外では、「裁判」は、「裁判所等が、法を適用して紛争を解決する手続（制度）」という、しばしば、日常的に用いられているであろう意味で使用する。

## Ⅱ　実際の裁判件数と判例の公開件数

　日本においては、実際に裁判はどれくらい存在し、判例として公開されているのであろうか。

　裁判には様々な種類が存在するため、正確な件数を算出し、一概に比較することは難しいが、司法統計によると、令和2年度の既済事件（民事・行政、刑事、家事、少年事件の総数。判決、決定だけでなく、和解等も含む。）の合計は、3,320,099件であったのに対して、裁判所ウェブサイトに公開された判例件数は、わずか28,642件であった（2021/10/3現在）。なお、裁判所HP司法統計サイトにある「○○年度」（司法年度）は、○○年1月1日から○○年12月31日までであることに注意が必要である。当該既済事件のうちすべてを公開対象とするか、または、対象を特定するかなどは今後の課題と思われるが、少なくともこのように現実の既済事件に比して、その公開件数は非常に少ないといえるだろう。

　そのため、日本においては、実際になされている裁判に対して、公開されている判例が少ないという批判もある。さらに、以下で紹介する判例集、判例雑誌、オンライン判例データベース等で網羅的に判例を検索したとしても、それらの収録媒体には、すべての判例が収録されている訳ではないため、日本におけるすべての判例を検索したことにはならないことに注意が必要である。

　一方で、現在、判例の公開を増加させる動きとして、民事判決のオープンデータ化が推進されている。具体的には、日弁連法務研究財団の下に「民事判決のオープンデータ化検討プロジェクトチーム」が立ち上げられ、2020年3月27日より会合が開催されている。このような民事判決のオープンデータ化により、これまで以上の判例の公開が期待されるであろう。

## Ⅲ　裁判の種類と仕組み

　裁判は、民事裁判、刑事裁判に大別できよう。

　民事裁判とは、個人や企業間の権利義務関係の争いに対して、法を適用して紛争を解決する裁判である。たとえば、貸金の返還、不動産の明渡し、人身損害に対する損害賠償を求める訴えなどの財産権に関する紛争などがある。その途中で話合いにより解決する「和解」もできる。訴える側を原告、訴えられた側を被告という。

　刑事裁判とは、罪を犯した疑いのある者について、裁判所が、起訴状に書かれた事実について判断し、有罪・無罪や有罪の場合の刑罰を判断する裁判である。訴える側は原則として検察官であり、訴えられる側は被告人となる。

　その他、行政裁判、家事事件・少年事件等の区別がある。また、司法裁判所以外の裁判として、衆参両議院による国会議員の資格に関する裁判、衆参両議院による構成で裁判官罷免を行う弾劾裁判などがある。

　日本の裁判は、いわゆる三審制を採用している。すなわち、第一審、第二審、第三審の３つの審級の裁判所を設けて、当事者が望めば、原則的に３回までの裁判を受けられるという制度を採用している。第一審の裁判所の判決に不服のある当事者は、第二審の裁判所に、第二審の裁判所の判決にも不服のある当事者は、さらに第三審の裁判所に不服申立てをすることができる。第一審から第二審への不服申立てを控訴といい、第二審から第三審への不服申立てを上告という。この控訴と上告を併せて上訴という。

## Ⅳ　判例の内容

　判例には、主に以下の事項が記載されている。

### (1)　裁判年月日

　裁判年月日とは、判決などが下された年月日である。なお、刑事裁判では、民事裁判と異なり、判決言渡しの時点で、判決書ができている必要はないため、判決書がなくても判決を宣告できる。そのため、刑事裁判では、判決が宣告された日と判決書が作成された日が異なることがある。

### (2)　裁判所名

　裁判所名とは、裁判が行われた裁判所の名称であり、日本においては、最高裁判所を頂点として、４種類の下級裁判所がある。

　最高裁判所は、大法廷と小法廷の別があり、法令等の憲法適合性審査や判例

変更がなされる場合などには大法廷で審理される。

　下級裁判所は、高等裁判所、地方裁判所、家庭裁判所、簡易裁判所の別がある。詳細は以下、裁判所HP「各地の裁判所」（https://www.courts.go.jp/courthouse/map/index.html）を参照されたい。

### ⑶　事件番号

　訴えが提起された場合、各裁判所は、事件番号によって当該事件を管理する。この事件番号は、訴えが提起された年（元号）、事件の種類によって分類される事件記録符号、当該符号毎に受け付けられた順番の番号の組み合わせである。

　裁判所と事件番号の両方を特定することで、原則的には、日本の裁判所が受け付けた事件を特定することができることになる。

　事件記録符号は、各事件の記録符号規程に基づいて付される。たとえば、民事事件記録符号規程によれば、「カタカナ」が付され（漢字まじりも含む）、刑事事件記録符号規程によれば、「ひらがな」が付され、行政事件記録符号規程によれば、「行」＋「カタカナ」が付され、家庭事件記録符号規程によれば、「家」＋「カタカナ」（家事事件）、「少」＋「カタカナ」（少年事件）が付されることが多い（主要な事件記録符号については、本章末尾の資料「事件記録符号」を参照されたい。また、詳細は、裁判所HP「各判例について」（https://www.courts.go.jp/app/picture/hanrei_help.html）も参照のこと）。

　たとえば、令和3年に、ある地方裁判所に訴えが提起された場合で、123番目に受け付けられた民事事件の通常訴訟事件（事件記録符号＝ワ）である場合、事件番号は、「令和3年（ワ）第123号」となる。

　判例検索においては、この事件記録符号を把握しておけば、一見しただけで、たとえば、民事事件か刑事事件等の区別がつけられよう。また、オンライン判例データベース等による検索において、当該事件記録符号を入力して検索することができれば、当該事件の種類に絞った検索ができることになる。

### ⑷　裁判の形式（判決、決定、命令）

　裁判の形式について、判決とは、主体が裁判所による裁判であり、終局的解決をはかるために、原則的には口頭弁論を経たうえで、言渡し（宣告）によって成立するものである。決定や命令は、必ずしも口頭弁論を経る必要はなく、

決定は、主体が裁判所による裁判であり、仮処分などになされる。

なお、裁判の形式には、命令もある。命令は、決定と同じく必ずしも口頭弁論を経る必要はないが、主体が裁判官による裁判であり、被疑者の勾留などになされる。

判決は、終局的解決を目的としており、必ずその理由を付さなければならない。一方、決定や命令は、簡易・迅速な裁判を目的としており、常に理由を付さなければならないわけではない。

(5)　事件名

事件名とは、裁判所が付す事件の名称である。たとえば、民事裁判では、「損害賠償請求事件」、刑事裁判では「殺人被告事件」などがある。また、裁判所が付す事件名の他に、判例集・判例雑誌の出版社やデータベース会社などが付すニックネームがある。たとえば、「宇奈月温泉事件」、「むささび・もま事件」などがある。

(6)　主　文

主文とは、裁判の結論を述べた部分であり、民事裁判では「請求認容」、「請求棄却」など、刑事裁判では「無罪」「有罪」（懲役○○年に処する。）などがある。

(7)　理　由

理由には、当該裁判の主文を導いた法律判断が記載される。最高裁判所では、原則として事実の審理は行わず、法律の解釈・適用が審理される。そのため、最高裁判所においては、「事実」を項目として立てない。下級裁判所では、事実の審理がなされることもあることから、その場合には、「理由」の他に事実認定の内容を示した項目を立てている。

最高裁判所の裁判官で多数を形成した意見が、最高裁判所としての判断となる。ただし、最高裁判所では、意見表示制度があり、次にみるように、個々の裁判官の意見を付すことができる（下級裁判所においては、個々の裁判官の意見を付すことはできない）。

(8)　意見表示制度（補足意見、意見、反対意見）

最高裁判所では、結論や意見を異にする裁判官がある場合には、多数意見の他に、少数意見が付される。少数意見には、補足意見、意見、反対意見があ

る。

　補足意見とは、多数意見に賛成しており、それを補足する意見である。

　それに対して、意見とは、多数意見と結論は同じであるが、理由が異なる意見である。

　そして、反対意見とは、多数意見の結論および理由に反対の意見である。

　最高裁判所の裁判官の個々の考えが付されることにより、最高裁判所裁判官の国民審査にあたっての判断材料を提供でき、また、現在の反対意見が、将来、多数意見を形成することもあるため、こうした意見表示制度は重要な意味をもつ。

## V　判例の収録媒体と引用表記

### (1)　判例集・判例雑誌およびオンライン判例データベース

　判例の収録媒体には、紙媒体による判例集・判例雑誌、オンライン判例データベースがあげられる。目的の判例を検索するに当たって、当該判例がどのような媒体に収録されているのか把握しておくことは肝要であろう。ここでは、代表的な収録媒体について紹介することとする。

　判例が引用された際、当該判例が収録されている媒体を出典といい、紙媒体の公式判例集には、代表的なものとして、「最高裁判所民事判例集」、「最高裁判所刑事判例集」等がある。民間出版社が作成している代表的な判例雑誌として、「判例時報」や「判例タイムズ」等がある。これら判例集や判例雑誌は、各基準によって判例を選択して収録しているが、以下で紹介するオンライン判例データベースに比べると紙幅の関係などもあり、厳選されている。

　なお、これら、紙媒体による判例集・判例雑誌は、近時、インターネットの普及の影響からか廃刊になっているものも少なくない。よって、これら廃刊になった紙媒体も含めて調査する場合などには、当該紙媒体が所蔵されている図書館を調査することが効率的な方法の1つであろう（国立国会図書館には、遠隔複写サービスがある。当該サービスは、国会図書館に所蔵されているサービス対象資料に対して、国会図書館に来館することなく、有料で、郵送又は宅配便で複写物を受け取ることができるサービスである。https://www.ndl.go.jp/jp/copy/remote/index.html）。

　オンライン判例データベースには、無料データベースと有料データベースが

ある。

　第 1 に、無料データベースを紹介する。

　公的機関による判例全文が検索できるデータベースとして、以下のものがある。

① 　最高裁判所裁判例検索（裁判所ウェブサイト）（https://www.courts.go.jp/index.html）
② 　知的財産高等裁判所裁判例検索（https://www.ip.courts.go.jp/index.html）
③ 　中央労働委員会命令・裁判例データベース（https://www.mhlw.go.jp/churoi/meirei_db/h_index.html）
④ 　情報公開・個人情報保護関係　判決データベース検索（https://koukai-hogo-db.soumu.go.jp/judge/;jsessionid=3BA52F316A6443A7A9E0FC07549B4ED1）

　兵庫県弁護士会による判例全文が検索できるデータベースとして、「兵庫県弁護士会 消費者問題判例検索システム」（http://www.hyogoben.or.jp/hanrei/）がある。

　第 2 に、有料データベースを紹介する。

　民間企業においては、有料の判例全文検索データベースを構築している。代表的なデータベースとして、以下のものがある。

① 　ウエストロー・ジャパン株式会社による「WestlawJapan」（https://www.westlawjapan.com/）
② 　第一法規出版株式会社による「D1Law.com」（https://dtp-cm.d1-law.com/）
③ 　株式会社 TKC による「TKC ローライブラリ」　https://www.tkc.jp/law/lawlibrary/TKC 株式会社
④ 　株式会社 LIC による「判例秘書インターネット」（https://www.hanreihisho.com/hhi/）
⑤ 　レクシスネクシス・ジャパン株式会社による「LexisAsONE」（https://www.lexis-asone.jp/access/login?ReturnUrl=%2F）

　オンライン判例データベースは、紙媒体に比して、収録スピードが速い傾向にあり、判例の収録量が多く、効果的な機能を実装している。特に有料データベースでは、より多くの判例収録や、より効果的な検索機能などを実装しているものもあり、便利である（本章Ⅵ参照）。なお、有料データベースについては、大学図書館や公共図書館において利用可能な場合もある。

## (2) 引用表記

これらの判例を引用する場合の引用表記を確認しておく。

引用表記方法は、各執筆者の要領等で異なっており、一定の傾向はあるように思われるが、定まってはいない。たとえば、以下の【例】の場合、裁判所名「最高裁大法廷」、裁判の形式「判決」、裁判年月日「令和3年4月1日」、出典「最高裁判所民事判例集第74巻8号2229頁」という意味になる。

【例】最大判令3・4・1民集74巻8号2229頁

なお、出典表記につき、判例集や判例雑誌について引用する際は、略称で表記されることが多い。たとえば、「最高裁判所民事判例集」、「最高裁判所刑事判例集」は「民集」、「刑集」と略され、「判例時報」、「判例タイムズ」は「判時」、「判タ」などと略される。また、オンライン判例データベースの出典表記は、正式名称または略称を用いるもの、文献番号を記載するものなど様々である。これら出典にかかる、判例集・判例雑誌の紹介やその略称を含む引用表記方法等については、以下、法律編集者懇話会による「法律文献等の出典の表示方法［2014年］」（https://www.houkyouikushien.or.jp/katsudo/pdf/houritubunken2014a.pdf）を参照されたい。

# VI　オンライン判例データベースの特徴と判例収録媒体の活用法

オンライン判例データベースは、各データベース毎に特徴があり、それぞれの判例検索の利便性は著しく向上しているといえよう。当該オンライン判例データベースの特徴としては、たとえば、次のようなものがあげられる。

第1に、収録スピードが速いということである。たとえば、裁判所ウェブサイトへの収録については、判決が下された日に収録されることもあり、紙媒体ではこのようなスピードの収録は難しいであろう。

第2に、収録量について、原則的には限界がなく、収録場所に苦労することがないということである。現在、オンライン判例データベースの中でも、特に有料データベースにおいては、30万件を超える収録をしているものもあり、これらの判例全文を紙に収録するには相当の場所の確保が必要となろう。また、インターネット等の検索環境が整っていれば、これらの大量の判例に対して、日本国外も含めてどこからでもアクセスし検索できることも特徴といえる。

　第 3 に、キーワードによる網羅的検索など、高度な検索が可能ということである。特に有料データベースにおいては、30万件を超える収録判例を検索対象にすることができ、当該検索にあたっては、民事・刑事裁判や法分野による分類検索、判決等の年月日・裁判所名などの判例に記載される項目による絞り込み検索、シソーラス機能による検索、これらの検索を複数組み合わせた高度な検索など様々な機能が実装されている場合もあり、より効果的な検索が可能となる。

　一方で、当該オンライン判例データベースにおける検索においては、次の点に注意が必要である。すなわち、①当該判例全文には、プライバシーへの配慮等から当事者を特定されないように、仮名処理を施している場合があり、当該当事者を検索対象としても、ヒットしないことがあること、②図や表などは、画像として、収録されている場合もあり、これらは検索にヒットしないこともあること、③現在は、判例全文中の読点には、「，」が使用されており、「，」を含むキーワードを、「、」を入力して検索した場合には、ヒットしないこともある、ということである（ただし、収録媒体の編集上、表記方法が異なる場合もある。なお、本書では、判例全文の引用は「、」で統一している）。

　第 4 に、リンク機能等により、検索した判例にかかる関連情報にスムーズにアクセスできるということである。これらの関連情報へのアクセスは、過去の情報だけでなく、データが更新されることによる未来の情報へのアクセスも可能である。

　たとえば、第一審判決について、検索当時は控訴審判決の収録がなかった場合でも、当該第一審判決にかかる控訴審判決が収録された場合には、第一審判決のデータに、控訴審判決がリンクされることになる。

　また、出典・評釈情報が追加された場合も同様で、当該判例についての追加された解説記事情報を把握できるし、当該評釈情報のフルテキストが収録されれば、当該評釈本文を確認できる。

　さらに、当該判例が引用された場合、引用された側の判例（被引用判例）も確認でき、判例変更の把握や、当該判例の射程確認も効率的に行うことができる。

　このような、オンライン判例データベースにおいては、上述の民事判決オー

プンデータ化の影響もあり、従前以上の頻度でより多くの判例を収録できるようになることが予想される。そして、当該データベースは、今後も AI 機能の追加などにより、進化するであろうし、様々な機能に期待ができよう。

　一方で、オンライン判例データベースにもデメリットがある。たとえば、当該検索は、インターネット環境がない場合や、PC やスマートフォン等のデバイスに不具合がある場合には、検索できないこともある。また、判例全文がPDF ではなく、テキストデータのみで収録されている場合、頁が分からないので引用する際には不便なこともあろう。さらに、現状では、上告理由書や上告趣意書など、判例全文に付随する有益な情報や、当該判例にかかる有益な解説記事フルテキストなども、紙媒体のみでの収録で、オンライン判例データベースには収録されていないこともある。そのため、現状では、オンライン判例データベースと紙媒体の両方を併用して検索するのがよいものと考えられる。

## 【事件記録符号】
## 民事事件記録符号規程
（制定：平成13年最高裁判所規程第 1 号、改正：平成28年最高裁判所規程第 1 号）

### 簡易裁判所

| | |
|---|---|
| イ | 和解事件 |
| ロ | 督促事件 |
| ハ | 通常訴訟事件 |
| 手ハ | 手形訴訟事件及び小切手訴訟事件 |
| 少コ | 少額訴訟事件 |
| 少エ | 少額訴訟判決に対する異議申立て事件 |
| ハレ | 控訴提起事件 |
| ハツ | 飛躍上告提起事件 |
| 少テ | 少額異議判決に対する特別上告提起事件 |
| ニ | 再審事件 |
| ヘト | 公示催告事件 |
| ト | 保全命令事件 |
| ハソ | 抗告提起事件 |
| 借 | 借地非訟事件 |
| ノ | 民事一般調停事件 |
| ユ | 宅地建物調停事件 |
| セ | 農事調停事件 |
| メ | 商事調停事件 |
| ス | 鉱害調停事件 |
| 交 | 交通調停事件 |
| 公 | 公害等調停事件 |
| 特ノ | 特定調停事件 |
| 少ル | 少額訴訟債権執行事件 |
| ア | 過料事件 |
| キ | 共助事件 |
| サ | 民事雑事件 |

### 地方裁判所

| | |
|---|---|
| ワ | 通常訴訟事件 |
| 手ワ | 手形訴訟事件及び小切手訴訟事件 |
| ワネ | 控訴提起事件 |
| ワオ | 飛躍上告提起事件 |
| ワ受 | 飛躍上告受理申立て事件 |
| カ | 再審事件 |

| | |
|---|---|
| ヘ | 公示勧告事件 |
| ヨ | 保全命令事件 |
| レ | 控訴事件 |
| レツ | 上告提起事件 |
| ソ | 抗告事件 |
| ソラ | 抗告提起事件 |
| チ | 民事非訟事件 |
| ヒ | 商事非訟事件 |
| 借チ | 借地非訟事件 |
| シ | 罹災都市借地借家臨時処理事件及び接収不動産に関する借地借家臨時処理事件 |
| 配チ | 配偶者暴力等に関する保護命令事件 |
| 労 | 労働審判事件 |
| ノ | 民事一般調停事件 |
| ユ | 宅地建物調停事件 |
| セ | 農事調停事件 |
| メ | 商事調停事件 |
| ス | 鉱害調停事件 |
| 交 | 交通調停事件 |
| 公 | 公害等調停事件 |
| 特ノ | 特定調停事件 |
| リ | 事情届に基づいて執行裁判所が実施する配当等手続事件 |
| ヌ | 不動産、船舶、航空機、自動車、建設機械及び小型船舶に対する強制執行事件 |
| ル | 債権及びその他の財産権に対する強制執行事件 |
| ケ | 不動産、船舶、航空機、自動車、建設機械及び小型船舶を目的とする担保権の実行としての競売等事件 |
| ナ | 債権及びその他の財産権を目的とする担保権の実行及び行使事件 |
| 財チ | 財産開示事件 |
| ヲ | 執行雑事件 |
| 企 | 企業担保権実行事件 |

| フ | 破産事件 | ラク | 特別抗告提起事件 |
|---|---|---|---|
| 再 | 再生事件 | ラ許 | 許可抗告申立て事件 |
| 再イ | 小規模個人再生事件 | ム | 再審事件 |
| 再ロ | 給与所得者等再生事件 | ツ | 上告事件 |
| ミ | 会社更生事件 | ツテ | 特別上告提起事件 |
| 承 | 承認援助事件 | ノ | 民事一般調停事件 |
| 船 | 船舶所有者等責任制限事件 | ユ | 宅地建物調停事件 |
| 油 | 油濁損害賠償責任制限事件 | セ | 農事調停事件 |
| 集 | 簡易確定事件 | メ | 商事調停事件 |
| 集ワ | 簡易確定決定に対する異議申立て提起事件 | ス | 鉱害調停事件 |
| ホ | 過料事件 | 交 | 交通調停事件 |
| エ | 共助事件 | 公 | 公害等調停事件 |
| 仲 | 仲裁関係事件 | ウ | 民事雑事件 |
| モ | 民事雑事件 | 人ナ | 人身保護事件 |
| 人 | 人身保護事件 | 人ウ | 人身保護雑事件 |
| 人モ | 人身保護雑事件 | | |

**高等裁判所**

| ワ | 通常訴訟事件 |
|---|---|
| ネ | 控訴事件 |
| ネオ | 上告提起事件 |
| ネ受 | 上告受理申立て事件 |
| ラ | 抗告事件 |

**最高裁判所**

| オ | 上告事件 |
|---|---|
| 受 | 上告受理事件 |
| テ | 特別上告事件 |
| ク | 特別抗告事件 |
| 許 | 許可抗告事件 |
| ヤ | 再審事件 |
| マ | 民事雑事件 |

## 刑事事件記録符号規程

（制定：平成13年最高裁判所規程第2号、改正：平成20年最高裁判所規程第3号）

**簡易裁判所**

| い | 略式事件 |
|---|---|
| ろ | 公判請求事件 |
| は | 証人尋問請求事件 |
| に | 証拠保全請求事件 |
| ほ | 再審請求事件 |
| へ | 共助事件 |
| と | 刑事補償請求事件 |
| ち | 訴訟費用免除申立て事件 |
| り | 交通事件即決裁判手続請求事件 |
| ぬ | 費用補償請求事件 |
| こ | 訴訟費用負担請求事件 |
| る | 雑事件 |

**地方裁判所**

| わ | 公判請求事件 |
|---|---|
| か | 証人尋問請求事件 |
| よ | 証拠保全請求事件 |
| た | 再審請求事件 |
| れ | 共助事件 |
| そ | 刑事補償請求事件 |
| つ | 起訴強制事件 |
| ね | 訴訟費用免除申立て事件 |
| な | 費用補償請求事件 |
| え | 訴訟費用負担請求事件 |
| 損 | 刑事損害賠償命令事件 |
| む | 雑事件 |

| 高等裁判所 | | 最高裁判所 | |
|---|---|---|---|
| う | 控訴事件 | あ | 上告事件 |
| の | 第一審事件 | さ | 非常上告事件 |
| お | 再審請求事件 | き | 再審請求事件 |
| く | 抗告事件 | ゆ | 上告受理申立て事件 |
| ら | 抗告受理申立て事件 | め | 移送許可申立て事件 |
| や | 費用補償請求事件 | み | 判決訂正申立て事件 |
| ま | 刑事補償請求事件 | し | 特別抗告事件 |
| け | 決定に対する異議申立て事件 | ひ | 費用補償請求事件 |
| ふ | 訴訟費用免除申立て事件 | も | 刑事補償請求事件 |
| て | 雑事件 | せ | 訴訟費用免除申立て事件 |
| | | す | 雑事件 |

## 行政事件記録符号規程
（制定：昭和38年最高裁判所規程第 3 号、改正：平成 8 年最高裁判所規程第 2 号）

| 簡易裁判所 | | 行ノ | 上告受理申立て事件 |
|---|---|---|---|
| 行ア | 共助事件 | 行シ | 特別上告提起事件 |
| 行イ | 雑事件 | 行ス | 抗告事件 |
| | | 行セ | 特別抗告提起事件 |
| 地方裁判所 | | 行ハ | 許可抗告申立て事件 |
| 行ウ | 訴訟事件 | 行ソ | 再審事件 |
| 行ヌ | 控訴提起事件 | 行タ | 雑事件 |
| 行エ | 飛躍上告提起事件及び上告提起事件 | | |
| 行ネ | 飛躍上告受理申立て事件 | 最高裁判所 | |
| 行オ | 再審事件 | 行チ | 訴訟事件（第一審） |
| 行カ | 抗告提起事件 | 行ツ | 上告事件 |
| 行キ | 共助事件 | 行ヒ | 上告受理事件 |
| 行ク | 雑事件 | 行テ | 特別上告事件 |
| | | 行ト | 特別抗告事件 |
| 高等裁判所 | | 行フ | 許可抗告事件 |
| 行ケ | 訴訟事件（第一審） | 行ナ | 再審事件 |
| 行コ | 控訴事件 | 行ニ | 雑事件 |
| 行サ | 上告提起事件 | | |

## 家庭事件記録符号規程
（制定：昭和26年最高裁判所規程第 8 号、改正：平成25年最高裁判所規程第 3 号）

| 家庭裁判所 | | 家ホ | 人事訴訟事件 |
|---|---|---|---|
| 家 | 家事審判事件 | 家ヘ | 通常訴訟事件 |
| 家イ | 家事調停事件 | 家ヌ | 子の返還申立事件 |

| | | | | |
|---|---|---|---|---|
| 家ニ | 家事抗告提起事件 | 少ハ | 準少年保護事件 |
| 家ト | 民事控訴提起等事件 | 少ニ | 少年審判等共助事件 |
| 家チ | 再審事件 | 少ロ | 少年審判雑事件 |
| 家リ | 保全命令事件 | | |
| 家ハ | 家事共助事件 | **高等裁判所** | |
| 家ロ | 家事雑事件 | 家 | 家事審判事件 |
| 少 | 少年保護事件 | 家イ | 家事調停事件 |

# 参考文献

## 教科書

新井誠・曽我部真裕・佐々木くみ・横大道聡『憲法Ⅰ・Ⅱ〔第2版〕』（日本評論社、2021年）

荒木尚志『労働法〔第4版〕』（有斐閣、2020年）

安藤高行・木村俊夫・近藤敦・竹宮崇・角松生史・大江正昭・井上亜紀『憲法Ⅱ　基本的人権』（法律文化社、2001年）

市川正人『基本講義憲法』（新世社、2014年）

指宿信・齊藤正彰監修『リーガル・リサーチ〔第5版〕』（日本評論社、2016年）

宇賀克也『地方自治法〔第9版〕』（有斐閣、2021年）

宇賀克也『行政法概説Ⅲ〔第5版〕』（有斐閣、2021年）

榎透・大江一平・大林啓吾編著『時事法学〔新版〕』（北樹出版、2011年）

大石眞・大沢秀介編『判例憲法〔第3版〕』（有斐閣、2016年）

大石眞『憲法講義Ⅰ〔第3版〕』（有斐閣、2014年）

大久保卓治・小林直三・奈須祐治・大江一平・守谷賢輔編『憲法入門！市民講座』（法律文化社、2020年）

大沢秀介編著『はじめての憲法』（成文堂、2003年）

笠木映里・嵩さやか・中野妙子・渡邊絹子『社会保障法』（有斐閣、2018年）

川岸令和ほか『憲法〔第4版〕』（青林書院、2016年）

川出敏裕『判例講座　刑事訴訟法〔捜査・証拠篇〕』（立花書房、2016年）

菊池馨実『社会保障法〔第2版〕』（有斐閣、2018年）

君塚正臣編『高校から大学への憲法〔第2版〕』（法律文化社、2016年）

君塚正臣編『大学生のための憲法』（法律文化社、2018年）

駒村圭吾編『プレステップ憲法〔第3版〕』（弘文堂、2021年）

孝忠延夫・大久保卓治編『憲法実感！ゼミナール』（法律文化社、2014年）

澤野義一・小林直三編『テキストブック憲法〔第2版〕』（法律文化社、2017年）

宍戸常寿・曽我部真裕編著『憲法演習サブノート210問』（弘文堂、2021年）

渋谷秀樹・赤坂正浩『憲法1・2〔第7版〕』〈有斐閣アルマ〉（有斐閣、2019年）

自治体法務検定委員会基本法務編集委員『自治体法務検定公式テキスト　基本法務編』（第一法規、2021年）

初宿正典編『基本判例憲法25講〔第4版〕』（成文堂、2015年）

杉原高嶺『国際法学講義〔第2版〕』（有斐閣、2013年）

砂原庸介・稗田健志・多湖淳『政治学の第一歩〔新版〕』〈有斐閣ストゥディア〉（有斐閣、2020年）

高橋和之・高見勝利・野中俊彦・中村睦男『憲法Ⅰ・Ⅱ〔第5版〕』（有斐閣、2012年）

田高寛貴・原田昌和・秋山靖浩『リーガル・リサーチ＆リポート〔第2版〕』（有斐閣、2021年）

中谷実編『憲法訴訟の基本問題――基礎用語の解説』（法曹同人、1989年）

中谷実編『ハイブリッド憲法』（勁草書房、1995年）

中野次雄『判例とその読み方〔三訂版〕』（有斐閣、2019年）

西谷敏『労働法〔第3版〕』（日本評論社、2020年）

野中俊彦・中村睦男・高橋和之・高見勝利『憲法Ⅰ・Ⅱ〔第5版〕』（有斐閣、2012年）

野呂充・野口貴美子・飯島淳子・湊二郎『行政法〔第2版〕』〈有斐閣ストゥディア〉（有斐閣、2020年）

長谷部恭男編著『憲法〔第7版〕』（新世社、2018年）

防衛大学校安全保障学研究会『安全保障学入門〔新訂第5版〕』（亜紀書房、2019年）

毛利透『グラフィック憲法入門〔第2版〕』（新世社・2021年）

檮木純二・金谷重樹・吉川寿一編著『改訂版　新・学習憲法』（晃洋書房、2010年）

横大道聡編著『憲法判例の射程〔第2版〕』（弘文堂、2020年）

吉田仁美・渡辺暁彦編『憲法判例クロニクル』（ナカニシヤ出版、2016年）

渡辺康行・宍戸常寿・松本和彦・工藤達朗『憲法Ⅰ・Ⅱ』（日本評論社、2016年・2020年）

## 概説書

板垣勝彦『自治体職員のための　ようこそ地方自治法〔第3版〕』（第一法規、2020年）

戸松秀典・今井功編『論点体系　判例憲法3　裁判に憲法を活かすために』（第一法規、2013年）

長谷部恭男編著『リーディングズ現代の憲法』（日本評論社、1995年）

## 体系書

芦部信喜、高橋和之補訂『憲法〔第七版〕』（岩波書店、2019年）

清宮四郎『憲法Ⅰ〔第三版〕』（有斐閣、1979年）

佐藤功『憲法（下）〔新版〕』（有斐閣、1984年）

佐藤幸治『日本国憲法論〔第2版〕』（成文堂、2020年）

渋谷秀樹『憲法〔第3版〕』（有斐閣、2017年）

高橋和之『立憲主義と日本国憲法〔第5版〕』（有斐閣、2020年）

辻村みよ子『憲法〔第7版〕』（日本評論社、2021年）

松井茂記『日本国憲法〔第3版〕』（有斐閣、2007年）

宮沢俊義『憲法Ⅱ〔新版〕』（有斐閣、1971年）

## 論文・論文集・判例解説

大坪和敏「民事判決オープンデータ化プロジェクトの始動」ジュリスト1546号（2020

年）62-63頁

君塚正臣『司法権・憲法訴訟論（上）（下）』（法律文化社、2018年）

斎藤民徒「ヘイトスピーチと人種差別撤廃条約（高松高裁平成28年4月25日判決）」『平成29年度重要判例解説』〈ジュリスト臨時増刊1518号〉296-297頁

阪田雅裕編著『政府の憲法解釈』（有斐閣、2013年）

中内康夫「条約の国会承認に関する制度・運用と国会における議論―条約締結に対する民主的統制の在り方とは」立法と調査330号（2012年）3-18頁

増田雅史ほか「民事判決オープンデータ化に関する取組みと判決データの利活用の可能性～各国の状況と日本における現状と展望～」NBL1183号（2020年）44-50頁

町村泰貴「民事判決オープンデータ化の期待と展望」NBL1172号（2020年）28-30頁

松井茂記『表現の自由に守る価値はあるか』（有斐閣、2020年）

松田誠「実務としての条約締結手続」『新世代法政策学研究』10号（2011年）301-330頁

山田健太『法とジャーナリズム〔第4版〕』（勁草書房、2021年）

渡辺康行『「内心の自由」の法理』（岩波書店、2019年）

## 注釈書

芹沢斉・市川正人・阪口正二郎編『新基本法コンメンタール　憲法』（日本評論社、2011年）

長谷部恭男編『注釈日本国憲法（2）（3）』（有斐閣、2017年・2020年）

## 判例集・資料集

浅野博宣・尾形健・小島慎司・宍戸常寿・曽我部真裕・中林暁夫・山本龍彦（憲法判例研究会）『判例プラクティス　憲法〔増補版〕』（信山社、2018年）

上田健介・尾形健・片桐直人『START UP 憲法判例50！』（有斐閣・2016年）

小寺彰・森川幸一・西村弓編『国際法判例百選〔第2版〕』（有斐閣、2011年）

初宿正典・辻村みよ子編『新 解説世界憲法集〔第5版〕』（三省堂、2020年）

高木八尺・末延三次・宮沢俊義『人権宣言集』（岩波書店、1957年）

高橋和之編『〔新版〕世界憲法集〔第2版〕』（岩波書店、2012年）

戸松秀典・初宿正典編著『憲法判例〔第8版〕』（有斐閣、2018年）

長谷部恭男・石川健治・宍戸常寿編『憲法判例百選Ⅰ・Ⅱ〔第7版〕』（有斐閣、2019年）

薬師寺公夫・坂元茂樹・浅田正彦・酒井啓亘編『判例国際法〔第3版〕』（東信堂、2019年）

## Web サイト

文部科学省ホームページ：https://www.mext.go.jp/a_menu/shotou/clarinet/004/005.htm

裁判所ホームページ「司法統計」：https://www.courts.go.jp/app/sihotokei_jp/search

# 事項索引

# 判例索引

## 地方裁判所

## 簡易裁判所

資料

# 日 本 国 憲 法

朕は、日本国民の総意に基いて、新日本建設の礎が、定まるに至つたことを、深くよろこび、枢密顧問の諮詢及び帝国憲法第七十三条による帝国議会の議決を経た帝国憲法の改正を裁可し、ここにこれを公布せしめる。

　御 名 御 璽

　　昭和21年11月3日

| 内閣総理大臣兼<br>外 務 大 臣 | | 吉 田 　 茂 |
|---|---|---|
| 国 務 大 臣 | 男爵 | 幣原喜重郎 |
| 司 法 大 臣 | | 木村篤太郎 |
| 内 務 大 臣 | | 大村 清一 |
| 文 部 大 臣 | | 田中耕太郎 |
| 農 林 大 臣 | | 和田 博雄 |
| 国 務 大 臣 | | 斎藤 隆夫 |
| 逓 信 大 臣 | | 一松 定吉 |
| 商 工 大 臣 | | 星島 二郎 |
| 厚 生 大 臣 | | 河合 良成 |
| 国 務 大 臣 | | 植原悦二郎 |
| 運 輸 大 臣 | | 平塚常次郎 |
| 大 蔵 大 臣 | | 石橋 湛山 |
| 国 務 大 臣 | | 金森徳次郎 |
| 国 務 大 臣 | | 膳 桂之助 |

## 日本国憲法

日本国民は、正当に選挙された国会における代表者を通じて行動し、われらとわれらの子孫のために、諸国民との協和による成果と、わが国全土にわたつて自由のもたらす恵沢を確保し、政府の行為によつて再び戦争の惨禍が起ることのないやうにすることを決意し、ここに主権が国民に存することを宣言し、この憲法を確定する。そもそも国政は、国民の厳粛な信託によるものであつて、その権威は国民に由来し、その権力は国民の代表者がこれを行使し、その福利は国民がこれを享受する。これは人類普遍の原理であり、この憲法は、かかる原理に基くものである。われらは、これに反する一切の憲法、法令及び詔勅を排除する。

日本国民は、恒久の平和を念願し、人間相互の関係を支配する崇高な理想を深く自覚するのであつて、平和を愛する諸国民の公正と信義に信頼して、われらの安全と生存を保持しようと決意した。われらは、平和を維持し、専制と隷従、圧迫と偏狭を地上から永遠に除去しようと努めてゐる国際社会において、名誉ある地位を占めたいと思ふ。われらは、全世界の国民が、ひとしく恐怖と欠乏から免かれ、平和のうちに生存する権利を有することを確認する。

われらは、いづれの国家も、自国のことのみに専念して他国を無視してはならないのであつて、政治道徳の法則は、普遍的なものであり、この法則に従ふことは、自国の主権を維持し、他国と対等関係に立たうとする各国の責務であると信ずる。

日本国民は、国家の名誉にかけ、全力をあげてこの崇高な理想と目的を達成することを誓ふ。

## 第1章　天　　皇

第1条〔天皇の地位、国民主権〕　天皇は、日本国の象徴であり日本国民統合の象徴で

217

あつて、この地位は、主権の存する日本国民の総意に基く。

**第2条**〔皇位の継承〕　皇位は、世襲のものであつて、国会の議決した皇室典範の定めるところにより、これを継承する。

**第3条**〔天皇の国事行為に対する内閣の助言と承認〕　天皇の国事に関するすべての行為には、内閣の助言と承認を必要とし、内閣が、その責任を負ふ。

**第4条**〔天皇の権能の限界・天皇の国事行為の委任〕　①　天皇は、この憲法の定める国事に関する行為のみを行ひ、国政に関する権能を有しない。

②　天皇は、法律の定めるところにより、その国事に関する行為を委任することができる。

**第5条**〔摂政〕　皇室典範の定めるところにより摂政を置くときは、摂政は、天皇の名でその国事に関する行為を行ふ。この場合には、前条第一項の規定を準用する。

**第6条**〔天皇の任命権〕　①　天皇は、国会の指名に基いて、内閣総理大臣を任命する。

②　天皇は、内閣の指名に基いて、最高裁判所の長たる裁判官を任命する。

**第7条**〔天皇の国事行為〕　天皇は、内閣の助言と承認により、国民のために、左の国事に関する行為を行ふ。

1　憲法改正、法律、政令及び条約を公布すること。

2　国会を召集すること。

3　衆議院を解散すること。

4　国会議員の総選挙の施行を公示すること。

5　国務大臣及び法律の定めるその他の官吏の任免並びに全権委任状及び大使及び公使の信任状を認証すること。

6　大赦、特赦、減刑、刑の執行の免除及び復権を認証すること。

7　栄典を授与すること。

8　批准書及び法律の定めるその他の外交文書を認証すること。

9　外国の大使及び公使を接受すること。

10　儀式を行ふこと。

**第8条**〔皇室の財産授受〕　皇室に財産を譲り渡し、又は皇室が、財産を譲り受け、若しくは賜与することは、国会の議決に基かなければならない。

## 第2章　戦争の放棄

**第9条**〔戦争の放棄、軍備及び交戦権の否認〕

①　日本国民は、正義と秩序を基調とする国際平和を誠実に希求し、国権の発動たる戦争と、武力による威嚇又は武力の行使は、国際紛争を解決する手段としては、永久にこれを放棄する。

②　前項の目的を達するため、陸海空軍その他の戦力は、これを保持しない。国の交戦権は、これを認めない。

## 第3章　国民の権利及び義務

**第10条**〔国民の要件〕　日本国民たる要件は、法律でこれを定める。

**第11条**〔基本的人権の享有〕　国民は、すべての基本的人権の享有を妨げられない。この憲法が国民に保障する基本的人権は、侵すことのできない永久の権利として、現在及び将来の国民に与へられる。

**第12条**〔自由・権利の保持の責任とその濫用の禁止〕　この憲法が国民に保障する自由及び権利は、国民の不断の努力によつて、これを保持しなければならない。又、国民

は、これを濫用してはならないのであつて、常に公共の福祉のためにこれを利用する責任を負ふ。

**第13条**〔個人の尊重、生命・自由・幸福追求の権利の尊重〕　すべて国民は、個人として尊重される。生命、自由及び幸福追求に対する国民の権利については、公共の福祉に反しない限り、立法その他の国政の上で、最大の尊重を必要とする。

**第14条**〔法の下の平等、貴族制度の否認、栄典〕　①　すべて国民は、法の下に平等であつて、人種、信条、性別、社会的身分又は門地により、政治的、経済的又は社会的関係において、差別されない。

②　華族その他の貴族の制度は、これを認めない。

③　栄誉、勲章その他の栄典の授与は、いかなる特権も伴はない。栄典の授与は、現にこれを有し、又は将来これを受ける者の一代に限り、その効力を有する。

**第15条**〔公務員の選定及び罷免権、公務員の本質、普通選挙・秘密投票の保障〕　①　公務員を選定し、及びこれを罷免することは、国民固有の権利である。

②　すべて公務員は、全体の奉仕者であつて、一部の奉仕者ではない。

③　公務員の選挙については、成年者による普通選挙を保障する。

④　すべて選挙における投票の秘密は、これを侵してはならない。選挙人は、その選択に関し公的にも私的にも責任を問はれない。

**第16条**〔請願権〕　何人も、損害の救済、公務員の罷免、法律、命令又は規則の制定、廃止又は改正その他の事項に関し、平穏に請願する権利を有し、何人も、かかる請願をしたためにいかなる差別待遇も受け

ない。

**第17条**〔国及び公共団体の賠償責任〕　何人も、公務員の不法行為により、損害を受けたときは、法律の定めるところにより、国又は公共団体に、その賠償を求めることができる。

**第18条**〔奴隷的拘束及び苦役からの自由〕　何人も、いかなる奴隷的拘束も受けない。又、犯罪に因る処罰の場合を除いては、その意に反する苦役に服させられない。

**第19条**〔思想及び良心の自由〕　思想及び良心の自由は、これを侵してはならない。

**第20条**〔信教の自由、国の宗教活動の禁止〕

①　信教の自由は、何人に対してもこれを保障する。いかなる宗教団体も、国から特権を受け、又は政治上の権力を行使してはならない。

②　何人も、宗教上の行為、祝典、儀式又は行事に参加することを強制されない。

③　国及びその機関は、宗教教育その他いかなる宗教的活動もしてはならない。

**第21条**〔集会・結社・表現の自由、検閲の禁止、通信の秘密〕　①　集会、結社及び言論、出版その他一切の表現の自由は、これを保障する。

②　検閲は、これをしてはならない。通信の秘密は、これを侵してはならない。

**第22条**〔居住・移転及び職業選択の自由、外国移住・国籍離脱の自由〕　①　何人も、公共の福祉に反しない限り、居住、移転及び職業選択の自由を有する。

②　何人も、外国に移住し、又は国籍を離脱する自由を侵されない。

**第23条**〔学問の自由〕　学問の自由は、これを保障する。

**第24条**〔家庭生活における個人の尊厳と両性の平等〕　①　婚姻は、両性の合意のみに

基いて成立し、夫婦が同等の権利を有する
ことを基本として、相互の協力により、維
持されなければならない。

② 配偶者の選択、財産権、相続、住居の選
定、離婚並びに婚姻及び家族に関するその
他の事項に関しては、法律は、個人の尊厳
と両性の本質的平等に立脚して、制定され
なければならない。

第25条〔生存権、国の社会的使命〕 ① す
べて国民は、健康で文化的な最低限度の生
活を営む権利を有する。

② 国は、すべての生活部面について、社会
福祉、社会保障及び公衆衛生の向上及び増
進に努めなければならない。

第26条〔教育を受ける権利、教育を受けさせる
義務、義務教育の無償〕 ① すべて国民
は、法律の定めるところにより、その能力
に応じて、ひとしく教育を受ける権利を有
する。

② すべて国民は、法律の定めるところによ
り、その保護する子女に普通教育を受けさ
せる義務を負ふ。義務教育は、これを無償
とする。

第27条〔勤労の権利及び義務、勤労条件の基
準、児童酷使の禁止〕 ① すべて国民
は、勤労の権利を有し、義務を負ふ。

② 賃金、就業時間、休息その他の勤労条件
に関する基準は、法律でこれを定める。

③ 児童は、これを酷使してはならない。

第28条〔勤労者の団結権・団体交渉権その他の
団体行動権〕 勤労者の団結する権利及び
団体交渉その他の団体行動をする権利は、
これを保障する。

第29条〔財産権〕 ① 財産権は、これを
侵してはならない。

② 財産権の内容は、公共の福祉に適合する
やうに、法律でこれを定める。

③ 私有財産は、正当な補償の下に、これを
公共のために用ひることができる。

第30条〔納税の義務〕 国民は、法律の定め
るところにより、納税の義務を負ふ。

第31条〔法定手続の保障〕 何人も、法律の
定める手続によらなければ、その生命若し
くは自由を奪はれ、又はその他の刑罰を科
せられない。

第32条〔裁判を受ける権利〕 何人も、裁判
所において裁判を受ける権利を奪はれな
い。

第33条〔逮捕の要件〕 何人も、現行犯とし
て逮捕される場合を除いては、権限を有す
る司法官憲が発し、且つ理由となつてゐる
犯罪を明示する令状によらなければ、逮捕
されない。

第34条〔抑留、拘禁の要件、不法拘禁に対する
保障〕 何人も、理由を直ちに告げら
れ、且つ、直ちに弁護人に依頼する権利を
与へられなければ、抑留又は拘禁されな
い。又、何人も、正当な理由がなければ、
拘禁されず、要求があれば、その理由は、
直ちに本人及びその弁護人の出席する公開
の法廷で示されなければならない。

第35条〔住居侵入・捜索・押収に対する保障〕

① 何人も、その住居、書類及び所持品につ
いて、侵入、捜索及び押収を受けることの
ない権利は、第33条の場合を除いては、正
当な理由に基いて発せられ、且つ捜索する
場所及び押収する物を明示する令状がなけ
れば、侵されない。

② 捜索又は押収は、権限を有する司法官憲
が発する各別の令状により、これを行ふ。

第36条〔拷問及び残虐刑の禁止〕 公務員に
よる拷問及び残虐な刑罰は、絶対にこれを
禁ずる。

第37条〔刑事被告人の権利〕 ① すべて刑

事事件においては、被告人は、公平な裁判所の迅速な公開裁判を受ける権利を有する。

② 刑事被告人は、すべての証人に対して審問する機会を充分に与へられ、又、公費で自己のために強制的手続により証人を求める権利を有する。

③ 刑事被告人は、いかなる場合にも、資格を有する弁護人を依頼することができる。被告人が自らこれを依頼することができないときは、国でこれを附する。

第38条〔自己に不利益な供述の強要禁止、自白の証拠能力〕　① 何人も、自己に不利益な供述を強要されない。

② 強制、拷問若しくは脅迫による自白又は不当に長く抑留若しくは拘禁された後の自白は、これを証拠とすることができない。

③ 何人も、自己に不利益な唯一の証拠が本人の自白である場合には、有罪とされ、又は刑罰を科せられない。

第39条〔遡及処罰の禁止、一事不再理〕　何人も、実行の時に適法であつた行為又は既に無罪とされた行為については、刑事上の責任を問はれない。又、同一の犯罪について、重ねて刑事上の責任を問はれない。

第40条〔刑事補償〕　何人も、抑留又は拘禁された後、無罪の裁判を受けたときは、法律の定めるところにより、国にその補償を求めることができる。

# 第4章　国　　会

第41条〔国会の地位、立法権〕　国会は、国権の最高機関であつて、国の唯一の立法機関である。

第42条〔両院制〕　国会は、衆議院及び参議院の両議院でこれを構成する。

第43条〔両議院の組織〕　① 両議院は、全国民を代表する選挙された議員でこれを組織する。

② 両議院の議員の定数は、法律でこれを定める。

第44条〔議員及び選挙人の資格〕　両議院の議員及びその選挙人の資格は、法律でこれを定める。但し、人種、信条、性別、社会的身分、門地、教育、財産又は収入によつて差別してはならない。

第45条〔衆議院議員の任期〕　衆議院議員の任期は、4年とする。但し、衆議院解散の場合には、その期間満了前に終了する。

第46条〔参議院議員の任期〕　参議院議員の任期は、6年とし、3年ごとに議員の半数を改選する。

第47条〔選挙に関する事項の法定〕　選挙区、投票の方法その他両議院の議員の選挙に関する事項は、法律でこれを定める。

第48条〔両院議員兼職の禁止〕　何人も、同時に両議院の議員たることはできない。

第49条〔議員の歳費〕　両議院の議員は、法律の定めるところにより、国庫から相当額の歳費を受ける。

第50条〔議員の不逮捕特権〕　両議院の議員は、法律の定める場合を除いては、国会の会期中逮捕されず、会期前に逮捕された議員は、その議院の要求があれば、会期中これを釈放しなければならない。

第51条〔議員の発言・表決の無責任〕　両議院の議員は、議院で行つた演説、討論又は表決について、院外で責任を問はれない。

第52条〔常会〕　国会の常会は、毎年1回これを召集する。

第53条〔臨時会〕　内閣は、国会の臨時会の召集を決定することができる。いづれかの議院の総議員の4分の1以上の要求があ

れば、内閣は、その召集を決定しなければ
ならない。

第54条〔衆議院の解散、特別会、参議院の緊急
集会〕　①　衆議院が解散されたとき
は、解散の日から40日以内に、衆議院議員
の総選挙を行ひ、その選挙の日から30日以
内に、国会を召集しなければならない。

②　衆議院が解散されたときは、参議院は、
同時に閉会となる。但し、内閣は、国に緊
急の必要があるときは、参議院の緊急集会
を求めることができる。

③　前項但書の緊急集会において採られた措
置は、臨時のものであつて、次の国会開会
の後10日以内に、衆議院の同意がない場合
には、その効力を失ふ。

第55条〔議員の資格争訟〕　両議院は、各ゝ
その議員の資格に関する争訟を裁判する。
但し、議員の議席を失はせるには、出席議
員の3分の2以上の多数による議決を必要
とする。

第56条〔議事議決の定足数・表決〕　①　両
議院は、各ゝその総議員の3分の1以上の
出席がなければ、議事を開き議決すること
ができない。

②　両議院の議事は、この憲法に特別の定の
ある場合を除いては、出席議員の過半数で
これを決し、可否同数のときは、議長の決
するところによる。

第57条〔会議の公開・会議の記録・表決の会議
録への記載〕　①　両議院の会議は、公開
とする。但し、出席議員の3分の2以上の
多数で議決したときは、秘密会を開くこと
ができる。

②　両議院は、各ゝその会議の記録を保存
し、秘密会の記録の中で特に秘密を要する
と認められるもの以外は、これを公表し、
且つ一般に頒布しなければならない。

③　出席議員の5分の1以上の要求があれ
ば、各議員の表決は、これを会議録に記載
しなければならない。

第58条〔議長等の選任・議院の自律権〕

①　両議院は、各ゝその議長その他の役員を
選任する。

②　両議院は、各ゝその会議その他の手続及
び内部の規律に関する規則を定め、又、院
内の秩序をみだした議員を懲罰することが
できる。但し、議員を除名するには、出席
議員の3分の2以上の多数による議決を必
要とする。

第59条〔法律案の議決・衆議院の優越〕

①　法律案は、この憲法に特別の定のある場
合を除いては、両議院で可決したとき法律
となる。

②　衆議院で可決し、参議院でこれと異なつ
た議決をした法律案は、衆議院で出席議員
の3分の2以上の多数で再び可決したとき
は、法律となる。

③　前項の規定は、法律の定めるところによ
り、衆議院が、両議院の協議会を開くこと
を求めることを妨げない。

④　参議院が、衆議院の可決した法律案を受
け取つた後、国会休会中の期間を除いて60
日以内に、議決しないときは、衆議院は、
参議院がその法律案を否決したものとみな
すことができる。

第60条〔衆議院の予算先議・予算議決に関する
衆議院の優越〕　①　予算は、さきに衆議
院に提出しなければならない。

②　予算について、参議院で衆議院と異なつ
た議決をした場合に、法律の定めるところ
により、両議院の協議会を開いても意見が
一致しないとき、又は参議院が、衆議院の
可決した予算を受け取つた後、国会休会中
の期間を除いて30日以内に、議決しないと

きは、衆議院の議決を国会の議決とする。

第61条〔条約の国会承認・衆議院の優越〕
　条約の締結に必要な国会の承認について
は、前条第2項の規定を準用する。

第62条〔議院の国政調査権〕　　両議院は、各
　国政に関する調査を行ひ、これに関して、
　証人の出頭及び証言並びに記録の提出を要
　求することができる。

第63条〔国務大臣の議院出席の権利と義務〕
　内閣総理大臣その他の国務大臣は、両議院
　の1に議席を有すると有しないとにかかは
　らず、何時でも議案について発言するため
　議院に出席することができる。又、答弁又
　は説明のため出席を求められたときは、出
　席しなければならない。

第64条〔弾劾裁判所〕　　①　国会は、罷免の
　訴追を受けた裁判官を裁判するため、両議
　院の議員で組織する弾劾裁判所を設ける。
②　弾劾に関する事項は、法律でこれを定め
　る。

# 第5章　内　　閣

第65条〔行政権〕　　行政権は、内閣に属す
　る。

第66条〔内閣の組織・国会に対する連帯責任〕
①　内閣は、法律の定めるところにより、そ
　の首長たる内閣総理大臣及びその他の国務
　大臣でこれを組織する。
②　内閣総理大臣その他の国務大臣は、文民
　でなければならない。
③　内閣は、行政権の行使について、国会に
　対し連帯して責任を負ふ。

第67条〔内閣総理大臣の指名・衆議院の優越〕
①　内閣総理大臣は、国会議員の中から国会
　の議決で、これを指名する。この指名は、
　他のすべての案件に先だつて、これを行

ふ。
②　衆議院と参議院とが異なつた指名の議決
　をした場合に、法律の定めるところによ
　り、両議院の協議会を開いても意見が一致
　しないとき、又は衆議院が指名の議決をし
　た後、国会休会中の期間を除いて10日以内
　に、参議院が、指名の議決をしないとき
　は、衆議院の議決を国会の議決とする。

第68条〔国務大臣の任命及び罷免〕　　①　内
　閣総理大臣は、国務大臣を任命する。但
　し、その過半数は、国会議員の中から選ば
　れなければならない。
②　内閣総理大臣は、任意に国務大臣を罷免
　することができる。

第69条〔衆議院の内閣不信任〕　　内閣は、衆
　議院で不信任の決議案を可決し、又は信任
　の決議案を否決したときは、10日以内に衆
　議院が解散されない限り、総辞職をしなけ
　ればならない。

第70条〔内閣総理大臣の欠缺・総選挙後の総辞
　職〕　　内閣総理大臣が欠けたとき、又は
　衆議院議員総選挙の後に初めて国会の召集
　があつたときは、内閣は、総辞職をしなけ
　ればならない。

第71条〔総辞職後の内閣の職務〕　　前2条の
　場合には、内閣は、あらたに内閣総理大臣
　が任命されるまで引き続きその職務を行
　ふ。

第72条〔内閣総理大臣の職権〕　　内閣総理大
　臣は、内閣を代表して議案を国会に提出
　し、一般国務及び外交関係について国会に
　報告し、並びに行政各部を指揮監督する。

第73条〔内閣の職権〕　　内閣は、他の一般行
　政事務の外、左の事務を行ふ。
　1　法律を誠実に執行し、国務を総理する
　　こと。
　2　外交関係を処理すること。

3　条約を締結すること。但し、事前に、時宜によつては事後に、国会の承認を経ることを必要とする。

4　法律の定める基準に従ひ、官吏に関する事務を掌理すること。

5　予算を作成して国会に提出すること。

6　この憲法及び法律の規定を実施するために、政令を制定すること。但し、政令には、特にその法律の委任がある場合を除いては、罰則を設けることができない。

7　大赦、特赦、減刑、刑の執行の免除及び復権を決定すること。

第74条〔法律・政令の署名〕　法律及び政令には、すべて主任の国務大臣が署名し、内閣総理大臣が連署することを必要とする。

第75条〔国務大臣の訴追〕　国務大臣は、その在任中、内閣総理大臣の同意がなければ、訴追されない。但し、これがため、訴追の権利は、害されない。

# 第6章　司　　法

第76条〔司法権、特別裁判所の禁止、裁判官の職務の独立〕　①　すべて司法権は、最高裁判所及び法律の定めるところにより設置する下級裁判所に属する。

②　特別裁判所は、これを設置することができない。行政機関は、終審として裁判を行ふことができない。

③　すべて裁判官は、その良心に従ひ独立してその職権を行ひ、この憲法及び法律にのみ拘束される。

第77条〔最高裁判所の規則制定権〕　①　最高裁判所は、訴訟に関する手続、弁護士、裁判所の内部規律及び司法事務処理に関する事項について、規則を定める権限を有す

る。

②　検察官は、最高裁判所の定める規則に従はなければならない。

③　最高裁判所は、下級裁判所に関する規則を定める権限を、下級裁判所に委任することができる。

第78条〔裁判官の身分の保障〕　裁判官は、裁判により、心身の故障のために職務を執ることができないと決定された場合を除いては、公の弾劾によらなければ罷免されない。裁判官の懲戒処分は、行政機関がこれを行ふことはできない。

第79条〔最高裁判所の裁判官・国民審査〕

①　最高裁判所は、その長たる裁判官及び法律の定める員数のその他の裁判官でこれを構成し、その長たる裁判官以外の裁判官は、内閣でこれを任命する。

②　最高裁判所の裁判官の任命は、その任命後初めて行はれる衆議院議員総選挙の際国民の審査に付し、その後10年を経過した後初めて行はれる衆議院議員総選挙の際更に審査に付し、その後も同様とする。

③　前項の場合において、投票者の多数が裁判官の罷免を可とするときは、その裁判官は、罷免される。

④　審査に関する事項は、法律でこれを定める。

⑤　最高裁判所の裁判官は、法律の定める年齢に達した時に退官する。

⑥　最高裁判所の裁判官は、すべて定期に相当額の報酬を受ける。この報酬は、在任中、これを減額することができない。

第80条〔下級裁判所の裁判官〕　①　下級裁判所の裁判官は、最高裁判所の指名した者の名簿によつて、内閣でこれを任命する。その裁判官は、任期を10年とし、再任されることができる。但し、法律の定める年齢

に達した時には退官する。

② 下級裁判所の裁判官は、すべて定期に相当額の報酬を受ける。この報酬は、在任中、これを減額することができない。

第81条〔最高裁判所の法令等審査権〕　最高裁判所は、一切の法律、命令、規則又は処分が憲法に適合するかしないかを決定する権限を有する終審裁判所である。

第82条〔裁判の公開〕　① 裁判の対審及び判決は、公開法廷でこれを行ふ。

② 裁判所が、裁判官の全員一致で、公の秩序又は善良の風俗を害する虞があると決した場合には、対審は、公開しないでこれを行ふことができる。但し、政治犯罪、出版に関する犯罪又はこの憲法第3章で保障する国民の権利が問題となつてゐる事件の対審は、常にこれを公開しなければならない。

## 第7章　財　　政

第83条〔財政処理の基本原則〕　国の財政を処理する権限は、国会の議決に基いて、これを行使しなければならない。

第84条〔課税の要件〕　あらたに租税を課し、又は現行の租税を変更するには、法律又は法律の定める条件によることを必要とする。

第85条〔国費の支出及び債務負担〕　国費を支出し、又は国が債務を負担するには、国会の議決に基くことを必要とする。

第86条〔予算〕　内閣は、毎会計年度の予算を作成し、国会に提出して、その審議を受け議決を経なければならない。

第87条〔予備費〕　① 予見し難い予算の不足に充てるため、国会の議決に基いて予備費を設け、内閣の責任でこれを支出することができる。

② すべて予備費の支出については、内閣は、事後に国会の承諾を得なければならない。

第88条〔皇室財産、皇室の費用〕　すべて皇室財産は、国に属する。すべて皇室の費用は、予算に計上して国会の議決を経なければならない。

第89条〔公の財産の支出又は利用の制限〕　公金その他の公の財産は、宗教上の組織若しくは団体の使用、便益若しくは維持のため、又は公の支配に属しない慈善、教育若しくは博愛の事業に対し、これを支出し、又はその利用に供してはならない。

第90条〔決算審査・会計検査院〕　① 国の収入支出の決算は、すべて毎年会計検査院がこれを検査し、内閣は、次の年度に、その検査報告とともに、これを国会に提出しなければならない。

② 会計検査院の組織及び権限は、法律でこれを定める。

第91条〔財政状況の報告〕　内閣は、国会及び国民に対し、定期に、少くとも毎年1回、国の財政状況について報告しなければならない。

## 第8章　地方自治

第92条〔地方自治の基本原則〕　地方公共団体の組織及び運営に関する事項は、地方自治の本旨に基いて、法律でこれを定める。

第93条〔地方公共団体の機関とその直接選挙〕

① 地方公共団体には、法律の定めるところにより、その議事機関として議会を設置する。

② 地方公共団体の長、その議会の議員及び法律の定めるその他の吏員は、その地方公共団体の住民が、直接これを選挙する。

第94条〔地方公共団体の権能〕　地方公共団体は、その財産を管理し、事務を処理し、及び行政を執行する権能を有し、法律の範囲内で条例を制定することができる。

第95条〔一の地方公共団体のみに適用される特別法〕　一の地方公共団体のみに適用される特別法は、法律の定めるところにより、その地方公共団体の住民の投票においてその過半数の同意を得なければ、国会は、これを制定することができない。

## 第9章　改　　正

第96条〔憲法改正の手続・憲法改正の公布〕
① この憲法の改正は、各議院の総議員の3分の2以上の賛成で、国会が、これを発議し、国民に提案してその承認を経なければならない。この承認には、特別の国民投票又は国会の定める選挙の際行はれる投票において、その過半数の賛成を必要とする。
② 憲法改正について前項の承認を経たときは、天皇は、国民の名で、この憲法と一体を成すものとして、直ちにこれを公布する。

## 第10章　最高法規

第97条〔基本的人権の本質〕　この憲法が日本国民に保障する基本的人権は、人類の多年にわたる自由獲得の努力の成果であつて、これらの権利は、過去幾多の試錬に堪へ、現在及び将来の国民に対し、侵すことのできない永久の権利として信託されたものである。

第98条〔憲法の最高法規性、条約・国際法規の遵守〕　① この憲法は、国の最高法規であつて、その条規に反する法律、命令、詔勅及び国務に関するその他の行為の全部又は一部は、その効力を有しない。
② 日本国が締結した条約及び確立された国際法規は、これを誠実に遵守することを必要とする。

第99条〔憲法尊重擁護の義務〕　天皇又は摂政及び国務大臣、国会議員、裁判官その他の公務員は、この憲法を尊重し擁護する義務を負ふ。

## 第11章　補　　則

第100条〔憲法の施行期日・準備手続〕
① この憲法は、公布の日から起算して6箇月を経過した日から、これを施行する。
② この憲法を施行するために必要な法律の制定、参議院議員の選挙及び国会召集の手続並びにこの憲法を施行するために必要な準備手続は、前項の期日よりも前に、これを行ふことができる。

第101条〔経過規定〕　この憲法施行の際、参議院がまだ成立してゐないときは、その成立するまでの間、衆議院は、国会としての権限を行ふ。

第102条〔同前〕　この憲法による第一期の参議院議員のうち、その半数の者の任期は、これを三年とする。その議員は、法律の定めるところにより、これを定める。

第103条〔同前〕　この憲法施行の際現に在職する国務大臣、衆議院議員及び裁判官並びにその他の公務員で、その地位に相応する地位がこの憲法で認められてゐる者は、法律で特別の定をした場合を除いては、この憲法施行のため、当然にはその地位を失ふことはない。但し、この憲法によつて、後任者が選挙又は任命されたときは、当然その地位を失ふ。

■著者紹介 （執筆順、※編者）

※薄井信行 （うすい・のぶゆき）　名古屋市立大学大学院人間文化研究科博士後期課程　序章、4章、16章

※小林直三 （こばやし・なおぞう）　名古屋市立大学大学院人間文化研究科教授　序章、5章、8章、15章

※大江一平 （おおえ・いっぺい）　東海大学法学部教授　序章、6章、7章

　塩見佳也 （しおみ・よしなり）　静岡文化芸術大学文化政策学部准教授　1章、3章、10章

　中村隆志 （なかむら・たかし）　東海大学政治経済学部講師　2章

　小林直樹 （こばやし・なおき）　姫路獨協大学人間社会学群教授　9章

　小西葉子 （こにし・ようこ）　高知大学教育研究部助教　11章、13章

　根岸　忠 （ねぎし・ただし）　高知県立大学文化学部准教授　12章

　吉原　司 （よしはら・つかさ）　姫路獨協大学人間社会学群准教授　14章

Horitsu Bunka Sha

判例で学ぶ憲法

2022年4月25日　初版第1刷発行

編　者　小林直三・大江一平
　　　　薄井信行

発行者　畑　　光

発行所　株式会社 法律文化社

〒603-8053
京都市北区上賀茂岩ヶ垣内町71
電話 075(791)7131　FAX 075(721)8400
https://www.hou-bun.com/

印刷：中村印刷㈱／製本：㈲坂井製本所
装幀：奥野　章

ISBN 978-4-589-04205-7

ⓒ 2022 N. Kobayashi, I. Ooe, N. Usui Printed in Japan

| | |
|---|---|
| 大久保卓治・小林直三・奈須祐治・大江一平<br>守谷賢輔編<br><br># 憲法入門！市民講座<br><br>A5判・228頁・2420円 | 「憲法はなぜ必要なのか」「憲法9条と自衛隊はどう関係しているのか」「国会・内閣・裁判所はどういう仕組みでなにをしている所なのか」「基本的人権はどのような場面で問題になるのか」など、市民の素朴な疑問、「分からない」に応える。 |
| 澤野義一・小林直三編<br><br># テキストブック憲法〔第2版〕<br><br>A5判・212頁・2420円 | 憲法の基本的な知識を網羅したベーシックテキストの改訂版。最新の判例や関連立法の動向も収録し、平易かつ簡潔に解説。総論・統治制度・基本的人権の3部16章構成で、憲法の全体像をつかめる。 |
| 孝忠延夫・大久保卓治編<br><br># 憲法実感！ゼミナール<br><br>A5判・274頁・2640円 | 憲法の基本知識・条文・判例を、実社会とからめて軽やかな文体で簡潔に紹介。各章末には、論点理解や背景知識を一歩深める会話形式のゼミ風景を収録。憲法初学者も、既習者も、このテキストで憲法を実感！しよう。 |

## 〈18歳から〉シリーズ ◉学問の世界への第一歩

具体的な事象を18歳の目線でとらえ、基礎となるエッセンスを解説。

＊B5判・カバー巻・100～120頁

| | | |
|---|---|---|
| 18歳からはじめる憲法〔第2版〕 | 水島朝穂 著 | 2420円 |
| 18歳から考える人権〔第2版〕 | 宍戸常寿 編 | 2530円 |
| 18歳からはじめる民法〔第4版〕 | 潮見佳男・中田邦博・松岡久和 編 | 2420円 |
| 18歳から考える家族と法 | 二宮周平 著 | 2530円 |
| 18歳から考える消費者と法〔第2版〕 | 坂東俊矢・細川幸一 著 | 2420円 |
| 18歳からはじめる情報法 | 米丸恒治 編 | 2530円 |
| 18歳から考えるワークルール〔第2版〕 | 道幸哲也・加藤智章・國武英生 編 | 2530円 |
| 18歳からはじめる環境法〔第2版〕 | 大塚 直 編 | 2530円 |
| 18歳から考える知的財産法 | 大石 玄・佐藤 豊編 | 2530円 |
| 18歳から考える日本の政治〔第3版〕 | 五十嵐 仁 著 | 2530円 |

—— 法律文化社 ——

表示価格は消費税10%を含んだ価格です